T0287492

Historias de lecturas y lectores

Los caminos de los que sí leen

Nueva edición aumentada

Historias de lecturas y lectores
Los caminos de los que sí leen
Nueva edición aumentada

Primera edición: septiembre, 2014

Coedición: Consejo Nacional para la Cultura y las Artes-
Dirección General de Publicaciones /
Editorial Océano de México, S.A. de C.V.

© 2014 Juan Domingo Argüelles

Diseño de la colección: Francisco Ibarra Meza π

D.R. © 2014, Editorial Océano de México, S.A. de C.V.
Blvd. Manuel Ávila Camacho 76, piso 10
11000 México, D.F., México
www.oceano.mx
www.oceanotravesia.mx

D.R. © 2014, Consejo Nacional para la Cultura y las Artes
Dirección General de Publicaciones
Avenida Paseo de la Reforma 175, Col. Cuauhtémoc
C.P. 06500, México, D.F.
www.conaculta.gob.mx

ISBN: 978-607-735-312-6 Editorial Océano de México
ISBN: 978-607-516-683-4 CONACULTA

HECHO EN MÉXICO / MADE IN MEXICO
IMPRESO EN MÉXICO / PRINTED IN MEXICO

Historias de lecturas y lectores

Los caminos de los que sí leen

Nueva edición aumentada

JUAN DOMINGO ARGÜELLES

Conversaciones con
Efraín Bartolomé, Rodolfo Castro, Alí Chumacero,
Fernando Escalante Gonzalbo, Julieta Fierro, Felipe Garrido,
Gregorio Hernández Zamora, Francisco Hinojosa, José Agustín,
Mónica Lavín, Carlos Lomas, Juan Mata, Carlos Monsiváis,
Michèle Petit, Elena Poniatowska y Eduardo del Río, Rius

CONACULTA

DIRECCIÓN GENERAL
DE PUBLICACIONES

OCEANO travesía

Para Rosy, Claudina y Juan,
lectores,
una y otra vez,
una y otra vez,
más allá de estadísticas

Leer es un acto creativo, un continuo ejercicio de la imaginación que presta carne, sentimiento y color a las palabras muertas de la página; tenemos que recurrir a la experiencia de todos nuestros sentidos para crear un mundo en nuestra mente, y no podemos hacerlo sin involucrar a nuestro subconsciente y desnudar nuestro ego. En suma, cuando leemos somos extremadamente vulnerables.

STEPHEN VIZINCZEY

Todo lector que leyendo una novela se preocupa de saber cómo acabarán los personajes de ella sin preocuparse de saber cómo acabará él, no merece que se satisfaga su curiosidad.

MIGUEL DE UNAMUNO

Cada lector tiene el escritor que se merece.

ESTEBAN CARLOS MEJÍA

Índice

PRÓLOGO

Las voces del libro, los ecos de la lectura

En la concepción, reunión y ordenamiento de estas dieciséis historias de vidas lectoras hay un propósito básico: ofrecer a los interesados las versiones directas de cómo se construye un determinado tipo de lector; es decir, mostrar que no todos los lectores son iguales, del mismo modo que no todos llegan a la lectura por la misma vía.

Desde un inicio, *Historias de lecturas y lectores* se propuso ser la consecuencia lógica de una investigación que comenzó con el libro *¿Qué leen los que no leen?* (2003) y siguió con el volumen *Leer es un camino* (2004). En éstos, llevo a cabo una serie de reflexiones en torno al tema de la lectura, y cuestiono ciertas mitografías cultas —generalmente bienintencionadas pero no por ello exentas de equívocos— que han venido exigiendo su legitimación como verdades indiscutibles.

En *Historias de lecturas y lectores* busco las respuestas (nunca únicas) de aquello que sólo se puede desentrañar con la colaboración práctica de quienes admiten, sin ninguna duda, ser denominados "lectores". Ante dieciséis lectores de diversa formación, mis reflexiones pueden confrontarse, pero lo más importante es que quienes lean este libro encuentren en él las voces que puedan dar respuesta a sus dudas o extrañezas en torno de la lectura.

Este libro quiere mostrar, en sus dieciséis tiempos, cómo se construye un lector y a qué causas y condiciones obedece esta construcción. Las historias de vida de este volumen nos ofrecen dieciséis visiones particulares sobre el libro, la lectura y la escritura. A través de las palabras de los entrevistados, las voces del libro son los ecos de la lectura, o más precisamente de las lecturas, que los transformaron profundamente y los convirtieron en lectores, es decir, en personas que ya no pueden concebir el mundo sin su respectiva bibliografía: que ya no pueden estar sin leer libros, revistas, periódicos y, en fin, toda suerte de publicaciones impresas o electrónicas las cuales, desde luego, eligen y discriminan.

Éste es un elemento fundamental: el de la elección. Los lectores que se confiesan en estas páginas tienen un punto en común: el de escoger lo que leen. Ello los vuelve, en efecto, lectores consumados o maduros, o para decirlo con la definición que suscribe la International Reading Association: aquellos que poseen un alto nivel de competencia en la lectura, que les permite "proceder con bastante facilidad, así como en la comprensión, para captar e interpretar los significados, en reaccionar en forma racional ante las ideas aprendidas, y en aplicar estas ideas con juicios y discriminaciones fundamentales".

A diferencia de los lectores básicos, intermitentes, primarios u ocasionales, los lectores cuyos testimonios incluyo en estas páginas sustentan, además, convicciones acerca de los beneficios del libro; poseen juicios de valor sobre la calidad de los materiales escritos y sobre las diversas prácticas de lectura, oponiendo con frecuencia, así no sea deliberadamente, la suya propia a las de los demás.

La conciencia de ser, entre otras cosas, *lector*, engendra una serie de certezas relativas a los ámbitos cultural y social. Un lector que ha llegado hasta esta etapa ya no se puede imaginar como no lector, ya que dicha negación le restaría una parte fundamental de su propio ser. En tal sentido,

Goethe tiene razón al afirmar que cuando se lee no sólo se aprende algo, sino que *se convierte uno en algo*.

Si, como afirma Umberto Eco, la lectura es una necesidad biológica de la especie, lo que nos queda por saber, en la máxima dificultad investigativa, es por qué unas personas se convierten en lectoras consumadas y otras jamás pasan de las primeras páginas obligatorias en la escuela o en el trabajo. ¿Cuáles son los caminos, las vías, para llegar a los libros y la lectura? ¿Qué se necesita para convertirse en lector maduro? ¿Qué condiciones tienen que reunirse, en un momento específico, para desencadenar el entusiasmo lector aun en medios en los que no existe una firme tradición de lectura? ¿Cómo determinan el medio sociocultural y el nivel educativo el surgimiento de nuevos lectores? Son preguntas, entre otras muchas, que intenta responder este libro por medio de las palabras mismas de los que sí leen.

Más que a través de una definición categórica, este libro aspira a mostrar, por medio del autorretrato, qué es y cómo es un lector o cómo son los lectores. Si "lector" es, de manera obvia y simple, además de equívoca, "el que lee", en este libro tenemos el propósito de mostrar qué leen los alfabetizados en la letra impresa, más allá de la lectura que hacen del mundo; además, cómo lo hacen y para qué; dónde residen esas características, esas cualidades o esas condiciones que los predisponen, impulsan e impelen a leer; cuáles son esas fuerzas motivadoras y cuáles esos intereses que, para ellos, ya son irrenunciables al conjugar el verbo leer.

Tal y como sostengo en *¿Qué leen los que no leen?* y en varios libros más que he sumado a esta reflexión, no ignoro que una encuesta y una entrevista están teñidas, incluso imperceptiblemente, de un punto de vista o de una orientación de quien pregunta, escucha, transcribe y edita. En toda pregunta hay una intención, en ocasiones oculta, que se puede volver perniciosa cuando el que interroga trata de amoldar las respuestas a sus previsiones y a sus expectativas. Hay encuestas cuyo único propósito es confirmar las hipótesis del encuestador. Hay entrevistas que tienen como única intención probar lo que el entrevistador ya da por un hecho.

Si la objetividad existe, he tratado de ser todo lo objetivo posible, aceptando siempre de buen grado que las respuestas de los entrevistados contradigan mis puntos de vista y discutan mis certezas. Asimismo, estas historias de lectores dialogan y discuten entre sí, ofreciendo una amplia conversación y no sólo dieciséis monólogos. Para que esta conversación múltiple cumpla con su propósito de ofrecer experiencias diversas, he elegido a los entrevistados entre distintos oficios y profesiones: narradores, poetas, ensayistas, investigadores, científicos, promotores de la lectura, divulgadores culturales y algunos que participan en más de un campo, es decir, investigadores que son escritores, científicos que son ensayistas, ensayistas que son promotores, divulgadores culturales que son ilustradores o caricaturistas, poetas que son editores y poetas que enseñan a leer poesía.

Las historias de lecturas y lectores que reúno en este volumen tuvieron la más paciente, generosa y entusiasta participación de los entrevistados, siempre dispuestos a revelar sus orígenes y sus hábitos lectores. Son dieciséis, pero pudieron ser menos o más. El número me parece perfecto para ejemplificar lo que deseo, para contar cómo se forma un lector o, más exactamente, cómo se forman dieciséis lectores. Vaya mi agradecimiento profundo a José Agustín, Efraín Bartolomé, Rodolfo Castro, Alí Chumacero, Fernando Escalante Gonzalbo, Julieta Fierro, Felipe Garrido, Gregorio Hernández Zamora, Francisco Hinojosa, Mónica Lavín, Carlos Lomas, Juan Mata, Carlos Monsiváis, Michèle Petit, Elena Poniatowska y Eduardo del Río, Rius. Después de las conversaciones con ellos, algunos de mis puntos de vista se han reafirmado, otros se han matizado y aun diluido, y algunos más han hallado su razonable negación. En lo que no me cabe duda es en el hecho de que mi experiencia en torno del libro y la lectura se ha enriquecido gracias a estos lectores que tuvieron la generosa paciencia de confesarse.

En mi búsqueda de lectores por los que tengo un particular interés, contacté a otros con los que este diálogo finalmente no se consumó. Pero uno de ellos, Luis González de Alba, ante mi solicitud, me dio la siguiente breve respuesta que me parece importante transcribir porque, en pocas líneas, traza el autorretrato de los hábitos de un lector maduro en un momento determinado (1 de agosto de 2003):

Quizá le podría responder por este medio: leo el semanario *Science*, que en ocasiones se me acumula y paso entonces tres días revisando hasta diez ejemplares; también *Scientific American*, que es mensual; los trimestrales *Skeptical Inquirer* y *Free Inquirer*, que cada vez traen menos material interesante; veo si hay algo en *The Planetary Report*, órgano de The Planetary Society, que me gusta sobre todo por sus ilustraciones y fotografías; leo diariamente, por Internet, un resumen de noticias científicas, de libre acceso, tomadas de todas las publicaciones y el magnífico *ScienceNow*, para suscriptores. Libros, ahora mismo estoy leyendo *Plantar cara*, del físico Steven Weinberg, una colección de sus artículos sobre física cuántica recién pu-

blicada en español por Paidós. Lo dejé un par de días para leer
un libro prestado (odio leer prestado porque no puedo subrayar y buscar luego esas partes), pero no se consigue: *La estatua
de sal*, de Salvador Novo, divertidísimo y con estupenda prosa.
También estoy leyendo unos poemas aburridísimos de Alfonso Reyes (los de la antología del FCE), que ya me cansaron, y
pienso comprar *La virgen de los sicarios* y la siguiente novela del
mismo autor (Vallejo). De la literatura recién aparecida sólo
he leído el libro de Volpi: *El fin de la locura*. Después de éste, leí
una novela maravillosa: *Sin destino*, de Imre Kertész, y tengo
por comenzar *Kaddish por el hijo no nacido*. A Borges lo releo
al azar: abro un tomote con sus obras completas (que tengo a
la mano) y leo lo que me encuentre. Lo mismo hago con Ka-
vafis: lo releo al azar en una edición bilingüe que tengo a un
lado de mi escritorio. Diarios sólo leo uno en papel: *Público*,
de Guadalajara, y abro en Internet *Reforma* y *La Crónica*. Veo
Nexos y *Letras Libres*, pero no les leo mucho. Ya está.

Historias de lecturas y lectores permite un acercamiento directo
a la experiencia y los caminos de ciertos lectores. Y todo este
diálogo plural, no exento de la amenidad cordial del relato en
primera persona, nos brinda más de una idea para ayudar a
contagiar el gusto y la necesidad de leer, porque si deseamos
saber de qué están hechos los lectores es importante que sean
ellos mismos los que nos refieran su génesis y desarrollo.

Muchas encuestas de hábitos y consumos culturales es-
tandarizan a los lectores y los abstraen y uniforman en "el
lector". Aun cuando, para sus fines de estudio, segmenten a
la población, suponen extrañamente que todos los encues-
tados en un rango determinado de edad o escolarización
responden a las mismas experiencias y expectativas, como

si provinieran de similares oportunidades. Quienes diseñan tales instrumentos fundan sus creencias en la ilusión de la igualdad de acceso al conocimiento. No entienden, como lo ha hecho notar Dominique Wolton, que esa supuesta igualdad es sólo una más de las utopías ideológicas que adoptó de las religiones políticas el modelo neoliberal económico y tecnológico: "Acceder a todo no sirve para nada cuando no se sabe ni qué pedir ni, sobre todo, qué hacer con ello. La igualdad de acceso al conocimiento no es la igualdad ante el conocimiento".

Sin relatividades, a veces ciertos dogmas cultos se vuelven certezas cuasi religiosas hasta para muchos lectores inteligentes, al suponer que el único motivo por el que los demás no leen lo que ellos leen es la pereza, pasando por alto aquellas condiciones que, en sus casos, facilitaron o propiciaron que se convirtieran en lectores. Por ello, entre lo que más nos importa en este libro está el saber *cómo y por qué sucede la lectura*.

Uno de los aspectos más inquietantes en este terreno es el surgimiento de profesionales que se asumen como especialistas en la lectura y que, sin embargo, no leen otra cosa que no sean materiales "utilitarios": teóricos, generalmente académicos, que se alimentan exclusivamente de teorías sobre la lectura, y que a partir de este conocimiento parcial pontifican sobre la pedagogía y la didáctica lectoras. Suelen ser personas muy ocupadas en sus estudios y, por lo mismo, carentes de tiempo para leer lo que no sea su tema de especialidad. Cuando se habla con ellas, se advierte de inmediato que no sólo desconocen sino que desprecian la pasión, la necesidad, el impulso obsesivo, la enfermedad viral de leer aquellos libros que hacen vicio sin otra recompensa que la lectura misma, es decir, sin otro beneficio que hacer propia la experiencia del libro que se está leyendo.

Por lo general, estos teóricos que disertan sobre la lectura y saben de estadísticas y de índices en la comprensión lectora no perderían el tiempo con un libro de poemas, un volumen de cuentos, una novela o una colección de ensayos de divulgación científica, filosófica o literaria. Vistas las cosas así, la lectura y los lectores se vuelven una abstracción o, lo que es peor, una entelequia.

Por todo ello, más allá de las teorías y las hipótesis confeccionadas con otras teorías y otras hipótesis, las más de las veces discutibles, es importante saber, de primera mano, de qué están hechos los lectores, cómo son, a qué motivaciones responden y en qué medios y condiciones se desarrollan. Un lector no es una cifra más dentro del índice de los que leen o de los que saben leer y utilizan libros. Un lector es muchas cosas y muchas personas y, para decirlo pronto, un lector puede ser muchos lectores. Estas historias nos ofrecen, al respecto, algunas buenas respuestas.

CIUDAD DE MÉXICO, 11 DE DICIEMBRE DE 2013.

Noticia editorial

Historias de lecturas y lectores se publicó por vez primera en julio de 2005 y se reeditó en marzo de 2011 sin ningún cambio. Contenía, inicialmente, trece entrevistas. Hoy, en su versión definitiva —corregida y aumentada— incorpora tres conversaciones (con Alí Chumacero, Juan Mata y Eduardo del Río) y amplía otra (con Carlos Monsiváis) para completar un panorama rico y diverso sobre la lectura.

Cabe mencionar que dos de los entrevistados han fallecido: Carlos Monsiváis, el 19 de junio de 2010, y Alí Chumacero, el 22 de octubre de ese mismo año. Pero ambos, sin ninguna duda, siguen dialogando con los lectores.

La iniciación y el desarrollo de los lectores dependen de múltiples circunstancias que nunca son las mismas para todos. Pero en cada una de las historias lectoras hay elementos que configuran la ejemplaridad que nos ayuda a comprender no únicamente los beneficios de leer libros, sino también la necesidad de favorecer, pedagógicamente, ciertas virtudes, y evitar no pocos y persistentes errores que han venido conspirando contra la lectura como un bien necesario y placentero.

Cada autorretrato lector nos ofrece una lección de resistencia (y resiliencia) ante un medio que, por lo general, no favorece el gusto de leer. Cada relato de vida lectora nos brinda más de una razón para la gozosa y necesaria compañía de los libros; ahí donde los libros son una razón más para vivir, pero no la vida entera. Más allá de coincidencias y diferencias, cada uno de los dieciséis lectores incluidos en este libro nos da los suficientes argumentos para entender por qué es mejor leer para vivir que vivir para leer.

Agradezco a Rogelio Villarreal Cueva, director general de Océano de México, su entusiasta disposición para que este libro vuelva a circular entre los lectores, de manera natural junto a mis otros libros sobre la cultura escrita, publicados en esta misma casa editorial, con los que dialoga y a los cuales complementa.

CIUDAD DE MÉXICO, 24 DE ENERO DE 2014.

EFRAÍN BARTOLOMÉ

El gen lector en la evolución del animal textual

Psicoterapeuta de profesión, Efraín Bartolomé nació en Ocosingo, Chiapas, en 1950 y, como él mismo afirma, ha puesto su vida al servicio de la poesía. "Mi biografía —ha escrito— avanza entre renglones que sólo la luz mastica. [...] Devastamos la selva donde vivía la Diosa para construir su templo: la dejamos sin casa. Por eso voy de su morada antigua hasta el bosque de hierro, donde, bajo el relámpago, se cuece a fuego lento la ciudad".

Poeta afincado en el rigor la palabra, el conocimiento del mito poético y la historia de la poesía, Efraín Bartolomé reivindica la emoción como fuente de conocimiento, y asume su oficio de una manera intensa, pues, advierte, que "por encima de todo, la poesía debe pugnar por el orgullo de la especie"; más aún: que "la quintaesencia de la existencia es la poesía, pues detrás de ella está absolutamente todo".

Lector de poesía y formador de lectores de poesía y de poetas, su obra incluye los siguientes libros de poesía: *Ojo de jaguar* (1982), *Ciudad bajo el relámpago* (1983), *Música solar* (1984), *Cuadernos contra el ángel* (1987), *Música lunar* (1991), *Cantos para la joven concubina y otros poemas dispersos* (1991), *Corazón del monte* (1995), *Avellanas* (1997) y *Partes un verso a la mitad y sangra* (1997), todos ellos reunidos, en 1999, en el volumen *Oficio: arder*. Más tarde ha publicado *Fogata con tres piedras* (2006), *El son y el viento* (2011) y *Cantando el triunfo de las cosas terrestres* (2011).

En los talleres de poesía que a lo largo de los años ha impartido en diversas ciudades del país, Efraín Bartolomé ha buscado no únicamente compartir la emoción de la lectura, sino también hacer conscientes a los lectores que desean cultivar la poesía de que la escritura del poema requiere de importantes dominios emotivos y del conocimiento de la tradición poética, porque, asegura, la función de la poesía es mostrar a los humanos su dimensión divina y hacer que el hombre redescubra su alma.

Respecto de los lectores de poesía, advierte que nunca son multitudes.

> Hay muchos expertos en letras —explica— que no saben leer. No hay que olvidar que la Poesía es la más alta de las locuciones y que para su plena lectura hace falta inteligencia pero no basta. También se necesita información y entrenamiento y conocimiento del Mito, de los que Robert Graves llama la gramática histórica del Mito poético. A esta dificultad se debe el público cada vez más reducido para la Poesía.

La imagen que Bartolomé se ha formado del buen lector es la de aquel que lee "con los ojos, con los oídos, con la laringe, con el corazón, con la imaginación, con el pensamiento, con la tradición, con la conciencia y con el inconsciente personal y colectivo", todo lo cual "constituye un vicio refinado y caro".

Desde su experiencia y en su opinión, lo que se lee debe pasar, siempre, por el examen del gusto poético más riguroso, incluso si se trata de libros destinados a niños y jóvenes, porque "a veces se le da al niño, bajo el abusivo rubro de poesía, una serie de rimitas sosas de torpe factura".

En la siguiente entrevista, Efraín Bartolomé nos habla de su descubrimiento de los libros, la lectura y la escritura y de su desarrollo como lector y poeta.

¿Cómo, en dónde y de qué forma descubriste la lectura?

Mnemósine fue mi guía. Antes de aprender a leer, mi memoria comenzó a guardar rimas elementales, trabalenguas, juegos de palabras y poemitas inocentes que mis padres me enseñaban o que aprendía en el kínder. La condición sonora de aquellos artefactos verbales hacía que mi memoria los guardara con gran facilidad. Cuando entré a la primaria mi repertorio aumentó. Mis padres mostraban su felicidad ante mi facilidad y eso me complacía. Tan pronto como pude leer comencé a buscar por mi cuenta. En la casa había una buena biblioteca de leyes y poesía que había sido de mi abuelo, pero el material para niños sólo lo encontré en libros escolares como *Poco a poco, Mis primeras letras, Rosas de la infancia*, que habían sido de mis padres, de mis tías, de mis primas. El placer que buscaba o al que accedía a los siete y ocho años era básicamente sonoro, pero muy pronto tuve una experiencia *emocionante*: leí la historia de un niño de ciudad que llega a un pueblo y se integra al grupo escolar. Al principio hace amistad con un niño pero pronto cambia esa amistad por la de un niño rico. El primer amigo se siente relegado y sufre por ello. Pero la vida sigue y un día en que todos nadan en el río el niño forastero está a punto de ahogarse. El niño rico se acobarda mientras el pobre se lanza al agua en un clavado impecable y rescata al otro del peligro. La amistad se restablece dramáticamente. La sencilla historia me pareció tan bien contada que terminé absolutamente conmovido, con un nudo en la garganta y lágrimas en los ojos. Le conté la historia a mi madre y se la leí. Estuvo de acuerdo en mi apreciación y luego le contó mi reacción a mi padre que, a su vez, lo celebró. La historia parecía hablar de mi pueblo y de mí. Parecía que el río del que se hablaba era cualquiera de los nuestros. Creo que esa experiencia a los siete años fue definitiva: supe que los libros guardaban cosas emocionantes. Encontré en esa lectura cosas de mí que yo no conocía y eso producía raros deleites.

En segundo de primaria me alcanzaron los libros de texto gratuitos, pero mi padre recibía el *Boletín Bibliográfico Mexicano* y cada cierto tiempo pedía, por correo, libros para él y ciertos libros que le parecían dignos acompañantes de mi desarrollo escolar: *Primeras luces, Nosotros, Cultura y espíritu*. En ellos encontré cosas hermosísimas: la "Ronda de los enanos" de Leopoldo Lugones, por ejemplo; o "El renacuajo paseador" de Rafael Pombo, poemas que, no obstante su extensión, puedo repetir casi completos a mis actuales cincuenta y dos años. En ellos encontré también leyendas americanas, mexicanas e incluso mayas, como la leyenda de los príncipes Lor y Dzib: ambos podían heredar el trono pero Dzib era bueno y generoso y parecía ser el favorito. El malvado Lor planea el asesinato de su hermano y atenta contra él en el monte. Pero los *aluxes*, los duendes de la mitología maya, protegen a Dzib y castigan a Lor, que termina convertido en un pájaro verde con un gran pico ganchudo, de vuelo corto y de caminar torpe. Cuando trata de hablar su lengua enredada sólo le permite repetir interminablemente una enseñanza moral: *Lorito real, lorito real, Dzib será el rey porque yo me porté mal*. El libro decía que el cuento estaba en un libro llamado *Leyendas de Yucatán* de la señorita Elsie

Medina, un libro que nunca he podido encontrar. Muchas cosas me quedaron claras tras esa lectura: descubrí el origen mítico del loro, me expliqué por qué hablaba como lo hacía y supe de los peligros de la envidia y la ambición. Al descubrir que los libros guardaban tesoros para el oído y para la imaginación y que estos producían a veces profundas sacudidas emocionales, ya no pude parar y seguí buscando y encontrando. Un día me descubrí leyendo una *Historia Sagrada* y después una vida novelada de Cristo: *El mártir del Gólgota* de Enrique Pérez Escrich. Me alucinaban las aventuras de Dimas y Gestas en las montañas de Samaria, perseguidos y acosados por Cingo, un cruel esclavo etíope de Herodes que, según Pérez Escrich, capitaneó la Matanza de los Inocentes. Leía esas historias —las ilustraciones me los hacían atractivos— como quien lee una novela de aventuras. Las gozaba y las retenía y, de no haber sido por una severa dificultad para hablar con la gente, me hubiera gustado "corregir" tanto a las catequistas que oía en la doctrina como a don Félix Monterrosa, un pastor protestante que tenía su rancho vecino al nuestro y al que oía platicar con mi padre algunas veces. A la menor provocación don Félix sacaba a relucir su erudición evangelista, pero yo notaba sus lagunas y las criticaba en mi cabeza.

¿Había libros en tu casa o antecedentes lectores?

Sí. Como te decía, había en casa una biblioteca bien abastecida con leyes y poesía, que había sido formada por mi abuelo José Emigdio Rodríguez, un poeta reconocido regionalmente que formó parte del grupo generacional conocido en Chiapas como Fiesta de pájaros. Así se llamó la antología en que los reunió el entusiasmo del poeta Héctor Eduardo Paniagua. En esa biblioteca encontré poesía que iba de Núñez de Arce hasta Rubén Darío, pasando, como era de esperarse, por Vargas Vila y José Santos Chocano, entre muchos otros.

Pero la tradición lectora en la familia puede arrancar desde antes: mi tatarabuelo don Juan Ballinas dejó un libro de memorias que ahora es un clásico en Chiapas: *El desierto de los lacandones*, libro en que narra sus expediciones para explorar el curso del río Jataté en los años setenta del siglo XIX. Frans Blom y Gertrude Duby promovieron su publicación en 1951 y tuvo un prólogo de mi abuelo José Emigdio. Don Juan abre su libro con un epígrafe de Pascal y eso ya da cierta idea de sus intereses como lector. Mi bisabuela, la hija de don Juan, era también, según contaba mi madre, una gran lectora, que se mantenía enterada tanto de los acontecimientos nacionales como de los europeos, en especial de la Guerra Civil española. Gertrude Duby me contó un día que "con muy pocas personas de aquellos rumbos se podía platicar sobre las cosas del mundo tan a gusto como con doña Angélica Ballinas". Y para entender lo que significa la expresión "aquellos rumbos" quiero recordarte que hablamos de los valles de Ocosingo, que sólo eran accesibles en esos tiempos a caballo o en avioneta. Cuando yo nací, en diciembre de 1950, el pueblo tenía unos dos mil quinientos habitantes. Cuando dejé el pueblo para ir a estudiar, en 1962, tenía tres mil. Blom llegó en los veinte y conoció a Gertrude en "aquellos rumbos" a principios de los cuarenta.

A mis padres los veía leyendo con mucha frecuencia. Mi madre, aparte de enseñarme poemas, me leyó pasajes de *Los bandidos de Río Frío*. Por supuesto leyó la *María* de Jorge

Isaacs y de ahí viene mi nombre. Recibíamos *El Nacional* y ahí leí "Aventuras de Aguilucho", unas páginas ilustradas para niños. Mi padre leía novelas y poesía. Él me enseñó el poema "Vientos", de su paisano don Héctor Eduardo Paniagua, a quien ya mencioné. Siempre me acompaña la imagen de mi padre frente a su máquina de escribir: una Olympia que todavía conservamos en la casa paterna.

¿Contribuyeron la escuela o algún profesor a facilitar tu hábito lector?

En los años en que fui a la escuela en Ocosingo mis profesores no leían o nunca me enteré. El profesor sabio, don Victorino Trinidad, estaba jubilado ya, pero era amigo de la familia y todos sabíamos que en su rancho, muy cerca del pueblo, tenía *El Tesoro de la Juventud*. Esto me generaba una especie de admiración que no alcanzaba a explicarme. Cuando terminé la carrera y empecé a ganar dinero la primera enciclopedia que compré fue *El Nuevo Tesoro de la Juventud*.

A los once años dejé mi pueblo para terminar la primaria en San Cristóbal de Las Casas. Se acentuó mi vida interior y el primer libro que leí allá fue una hermosa edición de los *Cuentos* de Perrault, luego seguí con *Los tres mosqueteros* y después con novelas: recuerdo dos títulos de los Populibros La Prensa: *Tropa vieja*, de Francisco L. Urquizo y *El inglés de los güesos*, de Benito Lynch. Por entonces leí *La muerte tiene permiso*, de Edmundo Valadés. Mis maestros Jorge Paniagua Herrera y Hermelindo Santiago y Vital, me regalaron libros de cuentos por tener el mejor promedio final en su clase de literatura.

Al terminar la secundaria vine a la gran ciudad para estudiar la prepa. En la casa de mi tía Maga encontré muchos de los libros de poesía que antes había visto en la biblioteca de la casa de Ocosingo, pero también muchas cosas nuevas: Lugones, López Velarde, Jaime Sabines, y una colección de libros muy significativa para mí, llamada Cafés Literarios de Chiapas. Ya para entonces el vicio de la lectura me tenía en sus generosas garras.

¿Qué tipo de lecturas populares influyeron en tu afición por la lectura?

De niño, las historias ilustradas o cómics: los *cuentos,* como les llamábamos. A mi pueblo no llegaban o llegaban sólo historias de amor: a los ocho años debo haber leído el primero: una historieta impresa en sepia que se llamaba *Almas solas.* Eran historias románticas que me resultaban definitivamente aburridas. En mi primer viaje a San Cristóbal descubrí *Chanoc. Aventuras de Mar y Selva* y me volví su fan. El primer número que compré se llamaba *El jaguar tuerto* y alguna vez he contado que quizá el título de mi primer libro *Ojo de jaguar* sea una resonancia de aquella lectura infantil. El ojo aquel, que le faltaba al jaguar tuerto, se volvió mítico para mí.

Al descubrir estas lecturas ya no me detuve y me hundí hasta el fondo. Leí todas las que pude: las mexicanas ligeras como *Tawa, El charrito de oro, Santo el Enmascarado de Plata, Supercharro, El Valiente, Los supersabios (y Yanko), La familia Burrón, Rolando el Rabioso;* y las gringas *Superman, Batman y Robin, La pequeña Lulú, Lorenzo y Pepita, El conejo de la suerte, El Llanero Solitario, Hoppalong Cassidy, Gene Autrey, Red Ryder (y Castorcito), Pecos Bill, La ley del revólver, Billy the Kid.* Las de Walt Disney, por supuesto. Entré a la subcultura total: me sabía los nombres de todos los personajes principales y de los secundarios, incluso de sus caballos cuando los tenían. Llegué a cambiar *cuentos* en las peluquerías de San Cristóbal y acumulé materiales por un buen tiempo. Lo último de lo que me deshice hace como veinte años fue de una colección de *El Payo*. También leí historietas más serias: *Vidas ejemplares* y *Leyendas de América*, por ejemplo. Y años después *Fantomas*. Pero nunca dejé de leer libros cada vez que los tenía a mano.

¿Crees que el cómic o la historieta faciliten el camino de un lector hacia libros y lecturas más exigentes?

Creo que los cómics son la versión *light* de lo que se puede encontrar en los libros. Yo comencé con los libros y ya sabía lo que había en ellos cuando exploré los cómics; por ello era más fácil volver a los libros en cuanto podía. No estoy seguro de que la historieta sea el camino: es tan atractiva y fácil su lectura que un alto porcentaje de lectores que empiezan por ahí, se quedan ahí.

¿Hubo amigos o compañeros que hayan reforzado tus intereses de lectura?

No, ni en la primaria ni en la secundaria. Los intereses de mis amigos giraban alrededor del futbol y las posibilidades de los pies de Borja, de Héctor Hernández, de Salvador Reyes o de Pelé. Sus intereses no iban más allá del *Esto*. Algunos leían revistas como *Arena de Box* y *Lucha* o *Deporte Ilustrado*. En la preparatoria eso mejoró un poco. Los cursos de literatura nos hicieron leer y compartir la experiencia de la lectura. Ahí se decantaron los intereses y las inclinaciones.

La mayoría nada más cumplía. Algunos otros, los menos, hablábamos de libros y los discutíamos fuera de clase. Yo asistía a conferencias de escritores y leía y escribía poemas. Con algunos compañeros (Tiberio Moreno, por ejemplo) compartí el entusiasmo por Herman Hesse, por el *boom* latinoamericano y por mi muy admirado José Agustín, de quien fui y sigo siendo asiduo lector. Nos deteníamos a veces en el Café Literario de la calle de Lieja y nos informábamos de las novedades. Cuando ingresé a la facultad, compartí la animación del viaje con Los Monopantos, el círculo literario que formamos entonces un grupo de chiapanecos. Con ellos el nivel de la lectura y de la crítica tomó un vuelo definitivo, especialmente bajo la guía de Rosalino Hernández Montiel, un joven erudito muy dotado para la narrativa, al que siempre le agradeceré su decidida confianza. Estaba convencido de que el poeta del grupo era yo, justo en los tiempos en que yo tenía más dudas. Me dio aliento y por eso le guardo mi más alta gratitud. Le perdí la pista hace muchos años.

¿Qué encontraste en los libros de texto de la escuela primaria?

Tengo un grato recuerdo que se relaciona con poemas de Rubén Darío ("Qué alegre y fresca la mañanita… "), José Martí ("Cultivo una rosa blanca… "), José Juan Tablada ("La luna", "El saúz" y "Sandía"), Juan de Dios Peza ("El nido") o Amado Nervo ("Como renuevos cuyos aliños/ un viento helado marchita en flor… "). Recuerdo muchas de las ilustraciones. Nunca me imaginé que un día aparecería mi nombre en uno de esos libros. Por eso me emociona tanto que los hijos de mis amigos me digan que encontraron un poema mío en ellos.

¿En qué momento descubriste la poesía?

La que entraba por el oído, desde los primeros años. La que iba a la imaginación y al alma, un poco más tarde. Oí muchos poemas del *Tesoro del declamador* recitados por los niños chiapanecos en la primaria. Luego vendrían los que emocionan verdaderamente, aquellos que logran su efecto sin otro apoyo que la palabra en la página. Eso sucedió ya en la preparatoria, con Lugones, López Velarde, Sabines... Ahí empezó también mi gusto por los clásicos. Desde entonces me acompañaron Homero y Virgilio.

Leer y escribir, ¿fueron para ti actividades simultáneas?

Casi. Siempre ambicioné la escritura y la ejercí sin temor y sin mucha autocrítica. A medida que la lectura avanza en cantidad y en calidad empieza a surgir la mala conciencia, *el lector sobre tu hombro.* Surge un temor que se puede volver incapacitante hasta que tu alma resuelve sabiamente el conflicto entre actor y espectador.

¿Crees tú que se necesite una disposición especial para ser lector del mismo modo que otros son futbolistas, boxeadores o toreros?

A diferencia del escritor, del que estoy convencido que sí requiere un *don* que luego habrá que *cultivar,* el lector no requiere tal *don:* lo que necesita es entrenamiento para que pase del estatus de *leedor* y se convierta en *lector.* Lo he probado muchas veces. Por muchos años coordiné un taller de poesía en Difusión Cultural de la UNAM y disfruté de la experiencia con los poetas que conocí y a cuya formación contribuí un poco. Como eran universitarios, muchos de ellos estudiantes de letras, daba por hecho que poseían la capacidad de leer. Un día apareció en *Vuelta* un poema extraordinario: "La Isla de los Centauros", de Pablo Antonio Cuadra. Lo llevé al taller para compartir mi entusiasmo con los nuevos muchachos que siempre se aparecen al inicio de un curso. Lo leí y... nada. No hubo reacción. ¿Por qué? Se me hizo claro que faltaba un elemento: el poema dialogaba con Rubén Darío, pero no con cualquier Darío sino con el difícil y fascinante de el "Coloquio de los centauros", esa pieza mayor de *Prosas profanas*. Había que leer ese poema. Lo llevé a la siguiente sesión. Lo leí y de nuevo nada. Entonces se me hizo claro: no habían *leído* el poema. Sólo reproducían en sonido lo que los signos decían pero no iban más allá, no descifraban, no resolvían, no comprendían, no estaban *leyendo*. Iniciamos la lectura verso a verso, penetrando el sentido, descifrando imágenes, signos, guiños, figuras mitológicas, significados y significantes: *leyendo*, pues, con todos los sentidos, con la imaginación, con el pensamiento... y con el diccionario. Y pude ver el milagro: el nuevo brillo en las miradas, los rostros transformándose, la emoción creciente ante el desentrañamiento de aquella maravilla. Cuando concluimos el ejercicio con el "Coloquio... " de Darío, les leí de nuevo "La Isla de los Centauros", y el poema entró como agua desde el primer verso. La fascinación fue total. A partir de entonces comencé a trabajar en un curso que impartí para los coordinadores de taller de poesía de Bellas Artes y para muchos escritores a lo largo y ancho de la República. Después hice lo mismo para el Centro Nacional de las Artes. Mi curso se llamaba Vía Corta al Paraíso: Un curso para dejar de ser *leedor* y convertirse en lector. Cada vez que lo he impartido me convenzo más de que eso es lo que se necesita, pero el problema es complejo. Los universitarios responsabilizan al bachillerato y éste a la secundaria y ésta a la primaria. Pero ¿quién les va a enseñar a *leer* a los niños si sus maestros no poseen dicha habilidad puesto que sus profesores en la escuela normal *tampoco* sabían leer? Hay que empezar en algún punto o en todos o en algunos, pero hay que empezar.

¿La lectura y la escritura, producen siempre mejores personas?

Esto ya es más complicado puesto que primero habría que aclarar lo que queremos decir con "mejor persona". No hay absolutos en este terreno: depende de la visión subjetiva de quien define. Pero partiendo de mi convicción de que no hay seres humanos superiores o inferiores, de que nadie vale más que nadie, y de que no son lo mismo *ser* y *hacer, acto* y *persona,* puedo responder que mejorar tu habilidad como lector es un *acto* y que este acto no tiene nada que ver con tu valor integral como *ser humano,* salvo por definición arbitraria. La lectura no te hace un *ser humano* mejor, sólo te hace un mejor *lector:* alguien que disfruta más de esa actividad típicamente humana que se llama *leer.* Con la lectura puedes desarrollar una actitud *fascista* o una actitud *humanista.* Actuamos fascistamente cuando nos convencemos de que por leer más o leer mejor *valemos* más que los que no tienen tales habilidades. Así, encontramos gente que desprecia a los ignorantes o a los que leen cosas que ellos desdeñan. Frases como "¿Ya viste lo que lee ese pobre imbécil? ¡Es un pinche naco despreciable!" son típicas de los fascistas intelectuales. El calificativo, desde luego, puede cambiarse según la orientación del que condena. De este modo los lectores pueden haber sido condenados a través de la historia por herejes, reaccionarios, revisionistas, conformistas, servidores del imperio, gusanos o *ungeziefer* (alimaña: el calificativo que Goebbels aplicó a los judíos en la propaganda nazi). Pero con la lectura también puedes desarrollar una actitud *humanista* basada en pensamientos como: "La lectura me hace más feliz, qué privilegio haber desarrollado esta capacidad. No valgo más ni menos por ello, puesto que el valor de los seres humanos no lo determina el qué se lea ni cómo se lea. Yo leo y disfruto de poder y de saber hacerlo pero de ningún modo me siento superior o inferior a nadie por eso". Desafortunadamente la neurosis no depende del grado de alfabetización de la gente. Tampoco del grado de inteligencia. Ya sabemos que un neurótico es un ser humano inteligente que a veces se comporta como estúpido en el manejo de ciertas áreas de su vida.

Con todo, creo que las conductas malvadas son resultado del pensamiento torcido y creo optimistamente que mientras más se lea, más se contribuye a enderezar el pensamiento. Por eso creo que Homero "leyó", con otros ojos, más que Agamenón; que Voltaire leyó más que Napoleón, que Rubén Darío leyó más que Tacho Somoza, que José Martí leyó más que el Che Guevara, que Alfonso Reyes leyó más que su papá, que Octavio Paz leyó más que *El Mochaorejas*: creo por eso que el lector, mientras más lee, más confronta las ideas sobre el mundo y tiende menos a matar porque se vuelve más tolerante con el pensamiento ajeno. Entonces busca formas distintas de resolver los problemas, busca formas que no pasen por las degollinas y los métodos violentos. Dicen que Guevara leía a Neruda, lo que no dudo; pero Neruda no mató a nadie ni dejó huérfanos ni viudas a su paso por la tierra. Los militantes de ETA ponen bombas donde mueren niños inocentes y estoy convencido de que lo hacen porque leen menos que Fernando Savater.

¿Desmentirías la frase de Plinio: "No hay libro que sea malo"?

Más bien la situaría. En tiempos de Plinio, cuando aún faltaba tanto para la invención de la imprenta, quizá tuviera validez su aserto. Con el desarrollo de la industria editorial y toda la parafernalia tecnológica contemporánea para reproducir la letra escrita, la frase de Plinio ya no se sostiene. Ahora podemos decir que "No hay un libro que sea malo: hay cientos de miles".

¿Para qué sirve leer?

Para incrementar nuestro grado de felicidad. Aprendes, conoces y te conoces mejor. Vives más intensamente lo que de otro modo no podrás vivir: las culturas antiguas, las alejadas, las futuras. Ejerces tus habilidades: tu sensopercepción, tus actividades cognoscitivas, tu capacidad de pensar e imaginar, afinas o refinas tu capacidad de emocionarte. Te pones en el papel del otro. Eres Homero y Basho y Baudelaire. Tras una buena lectura ves más lejos, te sientes más pleno, más feliz: gozas más, sientes más: estás más vivo.

¿Cuál es, desde tu experiencia, la mejor manera de contagiar el gusto y la necesidad por la lectura?

Enseñar las complejidades involucradas en el proceso y el alto premio que te da el dominio de tales habilidades. El título de mi curso de lectura revela mi propósito y mi ambición: enseñar las complejidades del proceso de leer constituye el camino o la vía, llegar al final es entrar a la puerta del placer. Por eso el curso se llama *Vía corta al Paraíso*. Éste, desde luego, es sólo un camino. Otro podría ser el camino rudo: prohibir la lectura definitivamente. Quemar los libros y las bibliotecas. *Farenheit 451* de una vez por todas. Así la lectura se convertiría en un vicio clandestino y los libros adquirirían un alto valor en el mercado negro. Guillermo Cabrera Infante ha contado gozosamente que *Tres tristes tigres* había alcanzado la alta cotización de dos gallinas en el mercado negro de La Habana castrista. Definitivamente prefiero el primer método o los que se acerquen a él.

¿Crees que una mala película venza siempre a un buen libro?

No. Tampoco una buena película. Los dos fenómenos, la lectura y el cine, inciden en zonas distintas del espíritu. Una buena película se agradece pero es una experiencia estética radicalmente distinta a la ofrecida por el libro. Para empezar porque el proceso de imaginación en la película ya no es del escritor, ni del espectador, ni del autor del guión: es del director del *film*. Yo disfruto de ambas experiencias, de ambos rituales de placer. Celebro que el mundo contemporáneo nos ofrezca los dos. De ningún modo son excluyentes.

¿Dirías que no hay cultura sin libros y, en este sentido, que no hay cultura si no se es lector?

Por supuesto que hay culturas sin libros. Las hay con estelas, columnas, tablillas de barro, pergaminos. Incluso hay culturas sin escritura: con rayas, dibujos, pinturas e incisiones en paredes rocosas. Hay culturas que sólo tienen garabatos. También hay culturas sin eso. Pero los logros y las complejidades de una cultura se incrementaron prodigiosamente con la invención del libro.

¿Te resulta más aceptable una persona inmoral, deshonesta, egoísta, etcétera, por el hecho de ser lectora?

Los seres humanos somos mucho más complejos que eso. Estoy convencido de que no hay *personas* inmorales, deshonestas, egoístas, etcétera. Sólo hay personas que se *comportan* así. Y las personas pueden cambiar su comportamiento, a veces sorprendentemente rápido ante golpes o tomas de conciencia repentinos, ante *insights* producidos por la reflexión o por los frentazos con la realidad. Mi convicción poética y mi trabajo profesional me hacen avanzar hacia la tolerancia del prójimo y su aceptación incondicional, aun con todos sus errores. Sólo así puedo ayudarlos a cambiar un comportamiento con el que hacen daño y con el que *se hacen* daño. Retomo tu pregunta y la respondo: me explico más que el no lector caiga en errores como los que señalas: su sistema de valores no es igual que el de los que han tenido el privilegio de la lectura y, a través de ella, la asimilación de los valores de su grupo. Pero, con todo, una buena conducta (y leer me parece que lo es) es mejor que ninguna. La lectura es siempre un buen aliado para iniciar el cambio. Hablé antes de la diferencia entre *Acto* y *Persona*: la idea es compleja, pero una vez entendida genera una iluminación que nos da una perspectiva distinta sobre los seres humanos.

¿Los libros cambian el curso de la historia?

Sí. Ciertos libros. El Corán generó un conflicto entre Oriente y Occidente que no termina aún de resolverse. *El origen de las especies* trastornó tanto la concepción de la vida hasta que llegamos a desentrañar los misterios del genoma humano. *El contrato social* y el *Emilio* cambiaron el modo de entender las relaciones entre los hombres. *Das Kapital* dio, primero, una flor de esperanza para la humanidad y terminó produciendo más de cien millones de muertos en el siglo xx. La historia genera los libros que la alteran.

¿Cómo responderías a las preguntas de Gabriel Zaid en Los demasiados libros?: *"¿Sirve realmente la 'poesía comprometida'? ¿Daña realmente la literatura pornográfica?"*

Creo que la poesía comprometida sirve si su compromiso inicial es con la poesía antes que con la política. Entonces sirve para lo que debe servir: para enlazar espíritus humanos con una emoción estética, a través de los siglos o a través de los espacios.

Lo pornográfico también se define subjetivamente. A los extremadamente conservadores puede parecerles pornográfico lo que para mentes más liberales es tan sólo ginecología o urología. Hay pornografía extremadamente mala: mal hecha, mal dibujada, mal fotografiada, mal impresa, torpe; y pornografía extremadamente buena por las razones contrarias. Es cierto que la pornografía educa o maleduca sexualmente, pero la función de la pornografía no es educar sino excitar. Es buena si excita y mala si aburre o molesta. En resumen, creo que la única forma dañina es la pornografía infantil por la obvia razón de que es un acto en el que no participan adultos que consienten.

Otra pregunta que está en Los demasiados libros: *"Los suicidas wertherianos, de no leer el* Werther, *¿no se hubieran suicidado?"*

En el último medio siglo de investigaciones sobre la depresión se ha avanzado notoriamente en la elucidación de las razones del suicidio. Hay un concepto explicatorio que resulta muy útil: la tríada cognoscitiva de la depresión. Lo que el concepto explica es que para entrar en depresión es necesario que primero se produzca una visión negativa o pesimista de uno mismo; luego una visión negativa o pesimista de los demás y del mundo y, finalmente, una visión igualmente pesimista o negativa del futuro. Que quede claro: primero ocurre la distorsión del pensamiento y después sobreviene la depresión. No al revés, como creen los legos. Así se genera la depresión. Mientras más severa es la intensidad de la tríada cognoscitiva, más propensión hay a cometer suicidio. Un pequeño número de los deprimidos lo logran. Para que se produzca esa triple visión negativa no es necesario el *Werther* ni el rechazo de una joven llamada Carlota. La triple visión negativa la pueden producir el reprobar el examen de ingreso a la universidad, las fidelidades en conflicto o el hecho de que Brasil pierda el campeonato mundial de futbol en el estadio de Maracaná. La tríada puede agudizarse con o sin *Werther*. Goethe está libre de toda culpa.

"La lectura de Marx, ¿produjo el 26 de julio en Cuba?"

Ciertas lecturas de ciertos autores por ciertos lectores en

ciertas circunstancias históricas producen ciertos resultados. Pareciera un hallazgo de Perogrullo porque ante un hecho consumado es fácil apostar, pero la lectura del mismo material por otras personas en otro momento producirá resultados diferentes. Baudelaire afirmaba que el opio produce sueños distintos en un carnicero y en un poeta.

"La lectura de los evangelios, ¿produjo el bombardeo de Hiroshima?"

Definitivamente, no. Esto confirma mi observación anterior sobre la lectura en circunstancia. ¿Qué diríamos de todos los que leyeron los evangelios antes del descubrimiento de la fisión del núcleo del átomo? ¿Y de los que lo hicieron después? ¿Y de los que no estuvieron de acuerdo con el bombardeo aunque fueran protestantes?

¿Hay realmente demasiados libros?

Sí, demasiados para el promedio de vida contemporánea, demasiados para nuestro entusiasmo o para nuestra disposición, demasiados también para la carencia de cánones. Un buen lector promedio (juzgando sólo por cantidad) lee más o menos un libro por semana. Eso significa quinientos veinte en diez años, mil cuarenta en veinte, dos mil ochenta en cuarenta y cuatro mil ciento sesenta en ochenta años de vida intelectual productiva; ochenta años que difícilmente alcanzaremos si no nos llamamos Andrés Henestrosa o Renato Leduc. ¿Cuánto es eso en relación con todo lo que se publica? Realmente muy poco. Casi nada. Los demasiados libros son los que nos distraen de los que valen la pena. Nos distraen con los trucos de la propaganda y de la mercadotecnia. Pero ni modo, la realidad es la realidad y es así como es. Hay que aprender a pescar en ese océano.

¿Por qué lees?

Por puritito placer. Porque la lectura me da nuevos aprendizajes y los nuevos aprendizajes fortalecen mis circuitos neuronales y engruesan los axones de mis dendritas y esto se logra gracias a la secreción de neurotrofinas y estas sustancias ponen contento, dan alegría, incrementan el gozo de estar vivos. En dos palabras: ¡dan placer!

¿Por qué escribes?

Porque tras resistirme un buen tiempo llega el momento en que ya no puedo evitar intentar darle una respuesta a la Esfinge.

¿Por qué escribes poesía?

Porque así hago arte con aire: aire que se hace carne: carne que danza ante los ojos impuros que se hacen agua: agua que quema y arrastra.

¿Has sentido que tus libros hayan modificado, en algún momento, la existencia de otras personas?

He sentido la emoción profunda de oírlo algunas veces por la voz o por las palabras escritas de algunos lectores. He tomado eso como una muestra que el azar me regala: una muestra de que hay una población de lectores con la cual he logrado establecer comunión. Esa es la experiencia mágica para el poeta: el *eco de los pétalos de rosa brotando del Cañón del Colorado.*

¿Internet contribuye a la lectura?

Desde luego: es otra forma de lectura. Pero también facilita la lectura de libros, los promueve, los muestra, los reseña, permite comprarlos.

¿Hiciste uso, en alguna etapa de tu vida, de las bibliotecas públicas?

Sí. Fui asiduo de la biblioteca de la Facultad de Psicología durante mi formación. También disfruté de la Biblioteca Nacional, de la del Congreso, en la esquina de Tacuba y Bolívar, de la biblioteca central en Ciudad Universitaria, y de una biblioteca pública cercana al Colegio Militar, en Santa Julia, donde leí, a los dieciséis años, mi primera *Divina comedia.*

¿Has visto en otros países que se note la diferencia, en relación con México, del hábito lector?

No he estado el tiempo suficiente en otros países como para observar una diferencia. La gente con la que he tratado es lectora porque pertenece al gremio de los escritores o de los académicos. Lo que sí he notado es que las bibliotecas públicas en Estados Unidos o en Alemania parecen, en una primera mirada, definitivamente más invitadoras e incitadoras al estudio y a la lectura que muchas de nuestras bibliotecas de barrio, llenas de niños de secundaria haciendo la tarea y hablando en voz alta a pesar de sus propios esfuerzos y de las llamadas de atención de los bibliotecarios.

¿Qué tipo de biblioteca has formado y por qué?

Una de psicoterapia cognitivo-conductual por razones profesionales y una de poesía porque es mi alto placer. En el primer caso, me tocó vivir el surgimiento de esa actividad en la década de los setenta. Me tocó también comenzar a enseñarla en la universidad y comenzar a aplicarla en la práctica privada. Me tocó formar profesores y terapeutas con esa orientación. En el segundo caso, la biblioteca de poesía, porque fue inevitable. Sucedió sin proponérmelo. También por placer reúno libros de arte en un espacio pequeño, el cuarto piso de mi Torre de la Diosa, mi versión privada de la Torre de los Panoramas de Herrera y Reissig. También formamos, entre mi mujer y yo, una bibliotequita miscelánea de psicología general y de arqueología. Acumulamos también narrativa selecta pero mucho menos que poesía.

Un buen lector, ¿lee de todo?

Por supuesto que no. Por simple falta de tiempo ante la abundancia del conocimiento pero también por legítimos intereses distintos. Sin negar su importancia para la cultura contemporánea, yo no leo deportes, ni odontología, ni finanzas, ni química, ni ingeniería ni mil cosas más. Supongo que algo similar le pasa incluso al lector más ávido.

¿Cómo determinas tus lecturas?

Aplico, desde que era estudiante, un principio de autocontrol: *una conducta de baja frecuencia puede incrementarse si recibe como consecuencia la posibilidad de realizar una conducta de alta frecuencia.* Dicho de otro modo: *primero la obligación y luego la devoción.* Por aquellos años mi tendencia a leer literatura estaba totalmente establecida: no me costaba ningún trabajo. Pero leer psicología general y psicoterapia significaba un esfuerzo mayor. Podía leer poesía y narrativa durante doce horas diarias o más, pero por ello descuidaba la literatura especializada que suele ser árida y poco divertida, demasiado seria y formal. Así que apliqué el procedimiento de autocontrol que cité antes: sólo después de leer una determinada cantidad creciente de material psicológico, podía leer literatura artística. Aunque ahora ya no me parece árido el material psicoterapéutico, sigo aplicando el mismo principio: primero la obligación y luego la devoción. Esto por el lado de la disciplina. Por el lado del orden de las lecturas, con frecuencia permito que el generoso azar sea mi Virgilio: le permito aparecerse en medio de un programa cuidadoso y me dejo guiar por él durante largas temporadas: cuando descubro autores insospechados con los que me quedo dialogando intensamente. Luego vuelvo a mi programa hasta que sobreviene un nuevo descubrimiento.

¿Cuál es el futuro de la lectura?

Pienso que ya somos *animales verbales*: parece existir una tendencia innata al desarrollo del habla. Pero la abundancia de material escrito en la actualidad es tal, que creo que evolucionaremos a la condición de animales *textuales*. Si antes no destruimos el planeta desarrollaremos un gen *lector* que nos facilitará enormemente la adquisición de esta habilidad que, hoy por hoy, hace sufrir tanto a las instituciones gubernamentales relacionadas con la cultura, a los profesores, a los padres de familia y a los niños que padecen las ocurrencias de todos los anteriores.

CIUDAD DE MÉXICO, 15 DE ENERO DE 2004.

RODOLFO CASTRO

Lo bueno y lo malo de un libro están en el lector

Rodolfo Castro nació en Buenos Aires, Argentina, en 1965, y vive en México desde hace varios años, donde se dedica al oficio de contar cuentos en escuelas, ferias del libro y festivales de la lectura; también ofrece charlas y conferencias sobre la promoción de la lectura. Es autor de los libros para niños *Un hombre de mar* (2004) y *El flautista antes de Hamelin* (2007).

La certeza que le anima, a partir de su experiencia cotidiana con los más diversos auditorios, es que la lectura trasciende los libros. Con esta idea central ha publicado dos obras que han llamado poderosamente la atención de quienes están interesados en el tema: *La intuición de leer, la intención de narrar* (2002) y *Las otras lecturas* (2003), este último un volumen multidisciplinario por él coordinado en el cual diversas voces, desde distintos oficios y profesiones, reflexionan sobre las particularidades que puede tener la lectura según sean los ámbitos de desenvolvimiento y acción. Este libro, por cierto, fue reeditado por la Secretaría de Educación Pública en su Biblioteca para la Actualización del Maestro, por considerar que plantea un acercamiento inédito y altamente estimulante al diálogo y aun a la discusión del tema de la lectura.

Para Rodolfo Castro, "hay un saber escondido en la intuición, en la sensibilidad, en la emoción, en el juego, en la lucha. La lectura siempre debe estar unida a esto, de otro modo se transforma en peso muerto, en tecnicismo".

Por otra parte, ha advertido que

así como la cultura evolucionó hacia los libros, la lectura evoluciona hacia el ser humano, y esto quiere decir que para promoverla debemos poner el acento en lo humano. Son las otras lecturas las que nos llevan hacia los libros... No es posible que la lectura se reduzca a uno, a mil, o a todos los libros que se hayan escrito desde la invención de la escritura. La lectura como acontecimiento deriva de muchas lecturas, entre las que se encuentra la de libros. Los libros son una parte desafiante y maravillosa, pero tan sólo una parte de este acontecimiento.

Para decirlo muy brevemente, el alegato cultural de Rodolfo Castro expresa que los libros no deben imponerse sobre las otras lecturas, es decir, sobre las múltiples formas de leer que, entre otras posibilidades, pueden llevarnos también a los libros.

Los juicios de Castro son provocadores porque plantean una discusión que no se ha dado en los ámbitos académicos e intelectuales, pues se supone y se acepta, sin más, que la única lectura posible es aquella que tiene su fundamento en el canon bibliográfico y en la ortodoxia cultural.

El oficio de contador de cuentos ha llevado a Castro a conocer de cerca las reacciones de quienes, muchas veces, nunca se habían interesado en la lectura ni en los libros, porque nunca antes habían tenido oportunidad de que alguien les abriera una puerta cordial a este universo hecho de realidad e imaginación que por principio acepta, y más que aceptar reclama, que la lectura no es exclusiva de libros, y menos aún de libros obligatorios, y que el acto de leer va más allá del objetivo único del estudio, de la utilidad práctica.

De todo esto, y de otras cosas más, nos habla el autor de *Las otras lecturas* en la siguiente conversación.

¿Cuándo y de qué forma descubriste la lectura?

Mi descubrimiento de la lectura lo ubico el día que por primera vez recordé un libro que ya había leído, y relacioné ese recuerdo con la situación particular por la que atravesaba en ese momento. Tendría yo trece o catorce años cuando me acordé de *El faro del fin del mundo*, de Julio Verne, que había leído meses atrás. Para mí eso fue significativo porque hasta entonces mis lecturas no habían sido más que exploratorias e insustanciales y las olvidaba luego de haberlas terminado. Recordar este libro fue, para mí, empezar realmente a ser lector, porque hice conciencia de que la lectura tenía un carácter perdurable y que me podía remitir a ella para entender mi propia vida. Esto desencadenó en mí diversas emociones y tuvo la virtud de llevarme a otras lecturas.

¿Recuerdas la primera lectura o el primer libro que modificó tu percepción de las cosas?

Sí, un libro de poemas de Juan Gelman y, en especial, un poema que hablaba del amor y de la revolución aún postergada. Vivía, entonces, en Buenos Aires, tenía dieciséis años de edad y estábamos en plena dictadura militar. Yo era un completo ingenuo en cuestiones políticas, y ese poema me cimbró de tal modo que dos semanas después de su lectura ingresé a la militancia política clandestina. Definitivamente, esa lectura cambió mi forma de ver las cosas, y sobre todo fue la voz que me hizo modificar mi actitud frente a la dictadura y dentro mismo de mi entorno familiar.

¿Había libros en tu casa o antecedentes lectores en tu familia?

Mis padres leían. De hecho, mi madre además escribía poemas pero no los conocí sino hasta muchos años después. Creo que mi padre también tuvo ese gusto por escribir, pero de él no he llegado a leer nada. De lo que mi madre escribió incluso musicalicé algunos poemas. Pero estos fueron descubrimientos de juventud, no de mi infancia. Aunque en mi casa, durante la infancia, los libros no eran objetos extraños, en mi memoria más significativa de los hechos familiares que transformaron mi existencia, los libros no están presentes. Mi padre, que era zapatero, trabajaba de sol a sol, y mi madre, que era maestra, cumplía dos y a veces tres turnos. Por lo menos en mis primeros años de infancia no recuerdo en particular un contacto fluido y persistente con los libros.

En la escuela, ¿hubo algún profesor que te haya facilitado el acceso con los libros y la lectura?

Eso ocurrió hasta que llegué al segundo año de secundaria. Antes, en ningún grado escolar recuerdo haber tenido algún estímulo particular hacia la lectura; me refiero, desde luego, a la lectura placentera, es decir a la literatura, porque como era natural nos hacían leer un montón de cosas que tenían que ver con las tareas escolares. En mi primer libro, *La intuición de leer, la intención de narrar,* refiero el caso de la maestra de español que llevaba la materia en una forma tan amena y cordial, que la lectura se convirtió en un ejercicio de deleite. Pero no sólo era la lectura, sino también, y sobre todo, la dinámica que proponía para facilitar la comunicación y el intercambio de opiniones.

¿Crees que la escuela haya fallado en la tarea de incentivar el gusto por la lectura?

Creo que la escuela no se lo había propuesto. Lo que pasa es que durante muchísimo tiempo, al menos en aquella época, y estamos hablando de treinta años atrás, la preocupación por la lectura dentro de la escuela se concentraba en sus aspectos formales y utilitarios. La preocupación por incentivar hábitos de lectura placentera es muy reciente. Si ha fallado o está acertando, esa es una evaluación que tendría que hacerse sobre los últimos años. Mi experiencia personal me dice que, durante mi escolarización primaria y secundaria en Argentina, la escuela no tenía ningún propósito de promover los hábitos de lectura. No recuerdo que hayamos leído ni un solo cuento, ni un solo poema, ni una sola página por el placer único de leer, todo derivaba en ejercicios y evaluaciones. Las maestras y los maestros estaban ocupados en esas cosas: en calificar exámenes, en aplicar dictados, etcétera. No existía la hora del cuento ni la visita a la biblioteca. Sospecho, incluso, que no había biblioteca.

¿Qué lecturas populares influyeron en tu interés y en tu gusto por leer?

Básicamente, las revistas de historietas. Aunque había libros en mi casa, no los recuerdo tanto como las montañas de revistas que yo exigía que se me compraran. Fui un ávido consumidor de historietas desde las más cuestionables, como las del Pato Donald, el Tío Rico y las locales de tiraje comercial, todas ellas con un mensaje ideológico mezquino y maniqueo, hasta las llamadas de autor, con una calidad estilística y un nivel propositivo muy superior. Yo disfruté enormemente estas lecturas, porque me abrieron al mundo de la fantasía y la imaginación, me revelaron la maravilla de contar una historia y me llevaron a buscar otras.

En tus libros has tratado este tema, pero me gustaría preguntarte si consideras que el cómic o la historieta puedan llevar a los lectores a experiencias más serias de lectura.

Pienso que no hay caminos predeterminados y que no debemos descartar ninguna lectura. Hace poco, leyendo el *Tao te King*, encontré un poema de Lao Tse que ha sido un nuevo disparador para repensar muchas cosas. El poema dice: "Ahuecada, la arcilla es olla; eso que no es la olla es lo útil". El hueco es lo útil. Aplicándolo a la lectura, yo diría que eso que no es el libro, es la lectura, es el acontecimiento que puede salir de ahí. Creo que no se debe desdeñar ninguna lectura, aunque también sabemos que hay libros de mayor calidad literaria que otros y eso los hace más deseables, porque la calidad literaria redunda en planteos estéticos y filosóficos más ricos. Coincido con quienes piensan que ciertos libros que se hace leer a los adolescentes en la secundaria, son pésimos y hasta humillantes para el lector, pero de una u otra forma son lecturas que los jóvenes valoran: no creo que a través de ellos se llegue a la buena literatura, pero tampoco creo que, luego de pasar por ellos, no se pueda llegar a ese destino. Los caminos están en cada persona, y lo que hay que estimular es una mayor diversidad de lecturas para que cada quien tenga posibilidad de distinguir. Lo que está mal, lo que hace daño, es pontificar sobre un solo tipo de lectura y, muchas veces, ni siquiera de lectura en un sentido amplio, sino tan sólo de la lectura de libros.

En este punto, ¿dirías que hay una fetichización cultural del libro?

No, lo que yo veo es que el libro en la historia de la humanidad nace como un objeto sagrado. Nace como un objeto que tiene este carácter misterioso y al que sólo tienen acceso los elegidos. En la época contemporánea, más que fetichizarse, el libro se banaliza; pierde esa sacralidad y pasa a ser uno más de los objetos de consumo. Hay editores inescrupulosos que los venden acompañados de caramelos, muñequitos de peluche y cualquier otra frivolidad, que les ayuda a aumentar las ventas. Con ese ejercicio envían el mensaje subliminal al posible lector de que con la literatura no alcanza, son editores que no creen en la literatura, sino en el negocio. El libro se ha masificado enormemente, y aunque esto tiene su lado positivo, porque generaliza en cierto modo su acceso, también sufre una pérdida: el cuidado y la seducción que poseía en sus orígenes. Hoy en día tenemos más escritores que nunca en toda la historia de la humanidad. Todo el mundo quiere escribir su libro. El resultado es que cada vez hay más libros y cada vez es más fácil acceder a ellos, pero también cada vez es más difícil encontrar uno solo de ellos cuya lectura sea potencialmente transformadora.

¿Tuviste amigos o compañeros que influyesen en tu gusto por la lectura?

Sí, sobre todo en la adolescencia, que es un momento definitorio de la personalidad. Siempre he tenido muy pocos amigos, pero algunos eran lectores y me llevaron hacia ciertos libros o hacia ciertas lecturas. Yo, como la mayoría de los adolescentes, era como una esponja, todo me interesaba y todo se me escapaba. Con esos amigos compartí no únicamente el placer de leer sino también los placeres de escuchar música, conversar sobre la realidad y la fantasía, sobre nuestro cuerpo y la sexualidad, sobre el amor y la justicia, sobre el futuro, etcétera. Quiero decir con esto que los libros estaban presentes, pero que la lectura no era exclusivamente de libros.

No tuviste, propiamente, lo que se denomina lecturas infantiles...

En realidad sí las tuve, pero no las recuerdo de manera trascendente, no fueron significativas al nivel de mi conciencia.

¿Qué encontrabas en los libros de texto de la escuela?

En el primer momento encontraba la ilusión de algo desconocido. El inicio de clases era como comenzar un viaje, me gustaba, y según fueran las materias me entusiasmaba la idea de conocer el mundo indígena, la historia de la civilización, las nuevas operaciones matemáticas, etcétera, con sus respectivos disparadores que eran los libros de texto. El primer abordaje de esos libros siempre era maravilloso porque a partir de ese momento entraba uno a lo nuevo, a lo desconocido. Ya después ese entusiasmo maravillado se perdía al pasar los meses de clase, porque el avance a través de esos libros era lento y tortuoso. Cuando muchos ya habíamos revisado todas y cada una de las actividades y lecturas de esos libros, los maestros nos retenían por días o semanas en un mismo capítulo, realizando tediosos ejercicios y actividades insufribles que desembocaban en un profundo aburrimiento y una gran sensación de vacío e inutilidad. Creo que de ahí me viene la fatiga que actualmente me invade al disponerme a leer cualquier libro que se presente en formato de manual.

¿Leer y escribir fueron para ti actividades simultáneas?

No, en absoluto. La escritura como un valor agregado o como un complemento a la lectura vino bastante tiempo después de muchas lecturas. Mucho tiempo antes de saber escribir aprendemos a leer. Para mí fue primero la lectura, y pasó muchísimo tiempo para que llegara la escritura. Escribir de manera complementaria a la lectura, me llegó hace apenas un par de años. En la adolescencia, por supuesto, todos escribimos, emotivamente, poemas o pensamientos. Yo escribí entonces montones de textos, pero esa necesidad de expresión casi nunca desencadenaba nuevas lecturas de libros ni derivaban de ellas.

¿Crees que se requiera de una disposición especial para ser lector, del mismo modo que otros son futbolistas, toreros, boxeadores, etcétera?

Creo que uno puede ser lector y a la vez ser boxeador, viajero, torero, futbolista, etcétera. Algo extraordinario de la lectura es que puede estar al lado de cualquier ser humano, que puede formar parte de las realidades más diversas; de lo más extraño a lo más convencional.

La lectura y la escritura, ¿producen siempre mejores personas?

Bueno, soy lector de libros, pero no me siento mejorado. En lo particular respondo a pocos modelos formales de convivencia, me cuesta mucho trabajo la relación con las personas y continuamente ando metiendo la pata; hay situaciones en las que no siempre digo o hago lo que se espera de mí, es decir, lo "correcto", lo que haría una "buena persona". Definitivamente, la lectura no me ha ayudado a conseguir mejor trato con las personas. A lo que sí me ha ayudado es a identificar mis emociones, mis sentimientos; me ha ayudado, también, a saber decir no cuando quiero decir no, cuando no me agrada cumplir con ciertos ritos o con ciertas cosas, me ha ayudado a entenderme, pero no necesariamente a ser mejor. En realidad, me resulta muy molesto ese discurso de mucha gente, digamos culta, que cabalga en la lectura, y especialmente en la lectura de ciertos libros, identificándola como una herramienta de superación e identificándose, por supuesto, ella misma como el ejemplo más acabado de ese beneficio que produce la lectura de esos libros. Noto en muchos lectores profesionales una actitud de soberbia y de vanidad, con el consecuente desprecio hacia los demás.

Es decir, ¿desprecian a los que no leen?

No sólo a los que no leen, sino también a los que leen pero no los libros que ellos consideran que deberían leerse. Hay un menosprecio que se funda en la arrogancia de que sus lecturas son las únicas valiosas. Por eso su desdén resulta todavía más sectario.

Obviamente, desmentirías la frase de Plinio según la cual no hay libro que sea malo.

Para ponerme un poco extremista, yo diría que todos los libros pueden ser malos; que depende de la manera en que uno se aproxime a ellos. No es que el libro, por ser libro, sea bueno. Lo bueno y lo malo de un libro están en el lector. Los libros son sólo objetos que no nos dan nada, somos nosotros los que tomamos de ellos cosas buenas o malas, según deseemos apropiarnos de algo en especial. Y esto depende de cada lector.

¿Para que te sirve leer?

Quisiera responderte a esto, brevemente, y sin ningún cliché, pero tal vez sea también un cliché decir que la lectura me lleva no sólo a otros libros sino sobre todo me devuelve a la realidad misma. Yo soy, en gran medida, un lector de fragmentos. Tomo de los libros lo que me gusta, me interesa y me seduce, lo que me atrapa. Si un libro no me interesa, no me obligo a leerlo completo. Fuera de los libros hay muchas cosas que también me seducen y a las cuales estaría perdiendo si leo nada más por la angustia del conocimiento o por la sensación del vacío.

Según tu experiencia, ¿cuál es la mejor manera de contagiar el gusto por leer?

Sigo confiando, plenamente, en la propuesta que hago en mi libro *Las otras lecturas*. Creo que si queremos promover la lectura tenemos que promover la percepción del mundo, la conciencia del entorno. No es un despropósito: sólo si estamos conscientes de lo que nos rodea, sólo en la medida en que signifique algo para nosotros ese ámbito en el que nos desarrollamos, buscaremos transformarlo. La lectura no llega sola; viene junto con otras muchas cosas, y su motor principal es la curiosidad. Si sólo pensamos en el libro, todo queda en un ejercicio de sentido limitado.

¿Crees que una mala película venza siempre a un buen libro?

No lo sé. Lo que sí sé es que una buena película puede llevarnos también a un buen libro. Yo he visto muchas veces *Casablanca* y eso me ha llevado a leer otras muchas veces el guión de los hermanos Epstein, y siempre encuentro en él cosas extraordinarias, sorprendentes. Me sucedió lo mismo con la versión cinematográfica del *Mahabarata*, de Peter Brook. No lo había leído y me llevé una gran impresión con la película, que me acercó al libro, además un amigo me recomendó cierta edición en particular, y todo eso se conjugó para un encuentro posiblemente afortunado. Con *El Señor de los Anillos*, que no creo que sea una buena película, me pasó lo contrario; yo ya había leído los libros en dos ocasiones, y antes del estreno de la película, regresé a ellos y los releí una tercera vez compulsiva, angustiosa y febrilmente para no contaminarme con las imágenes fílmicas de esos personajes que no tienen nada que ver con los que yo había imaginado mientras leía, por vez primera, a los diecisiete años, esa gran novela, y que fue, además, una lectura inolvidable porque la realicé mientras viajaba de mochilero por Argentina. Eso fue para mí extraordinario, porque en tanto yo llegaba a los lagos del sur, relacionaba mi experiencia con las travesías mágicas y maravillosas del hobbit. Releer el libro de Tolkien diez años y veinte años después fue igualmente fantástico.

Lo que sucede con el cine es que llegamos a él con una buena voluntad de espectadores que no tenemos como lectores de libros. Un libro, si nos aburre, lo dejamos; en cambio, en el cine, siempre confiamos en que la parte buena está por venir; el problema es que se termina la película y lo bueno nunca llegó, pese a nuestro optimismo durante las dos horas que estuvimos frente a la pantalla. Lo que sucede con el cine actual es que, en gran medida, ha perdido la capacidad de contar historias. Hubo un tiempo en que el cine, por ejemplo, el estadounidense, fue extraordinario para esto; hoy para ellos todo se reduce a efectos especiales, y sin ningún pudor, lo mismo se destruye a Tolkien que a Shakespeare, a Zapata o a los mitos griegos.

Hay una especie de creencia culta que supone que no hay cultura sin libros, o que casi no hay cultura si ésta no es libresca. Tú has reflexionado sobre esto en tus textos. Háblame más de ello. ¿No hay cultura sin libros?

Eso sería como creer que sin abogados no hay justicia. Me parece una gran tontería y hasta una gran perversión esta forma de entender la evolución de la humanidad. El planteamiento es el siguiente: la humanidad tiene historia desde el momento en que hace su aparición la escritura; todo lo anterior es prehistoria, y esa clasificación involuntariamente desmerece lo anterior. Sin embargo, todos los conocimientos de la medicina natural o de la agricultura, la cría del ganado, la construcción de la vivienda, la confección de la ropa, que son conocimientos ancestrales, se están redescubriendo y revalorando ahora. Esto quiere decir que, para llegar a lo que hoy existe, la humanidad tuvo que pasar por procesos de aprendizaje profundísimos y de prácticas y experiencias realmente extraordinarias que no siempre estuvieron acompañadas de la escritura, ni la lectura de libros, aunque sí de la lectura de los fenómenos naturales. Creo que es una falacia culta plantear que no hay cultura sin libros. Más bien no hay libros sin cultura, porque los libros son la consecuencia lógica de la necesidad de registrar los conocimientos, los dominios de una cultura en un formato. La cultura está antes; los libros llegaron después.

¿Los libros cambian el curso de la historia?

No, lo que cambia el curso de la historia son las ideas y la acción que ella generan. Los libros sólo registran esas ideas, las reproducen y de alguna manera permiten su masificación. Los seres humanos son mucho más complejos, más maravillosos e interesantes que los libros mismos, entre otras cosas porque inventaron el libro. En los libros está la experiencia de la humanidad. Los libros no son autónomos. El marxismo no son los libros de Marx, sino el pensamiento de muchos seres humanos y de sus instituciones, que Marx registra, sintetiza, reelabora y presenta en sus libros. Los libros acompañan y ayudan al ser humano a ir por algún camino específico, que cambie tal vez el curso de la historia, pero el ser humano siempre va adelante; está antes que los libros.

En Los demasiados libros, *Gabriel Zaid incluye una serie de preguntas irónicas y provocativas que me gustaría formularte. "¿Sirve realmente la 'poesía comprometida'? ¿Daña realmente la literatura pornográfica? Los suicidas wertherianos, de no leer el* Werther, *¿no se hubieran suicidado? La lectura de Marx, ¿produjo el 26 de julio en Cuba? La lectura de los evangelios, ¿produjo el bombardeo de Hiroshima?"*

Los libros son el espejo de la sociedad, no sus manuales de instrucción o de acción. Por ello, no creo que la lectura lleve masivamente a la gente a cometer un hecho. Lo que sí creo es que hay lecturas individuales que transforman a seres individuales; pero aun así los efectos de un libro no se comparan con los efectos de la realidad social en la que se producen esos libros. Los libros son consecuencias de una realidad determinada; no al revés. Para seguir con el tema del marxismo, podríamos decir que hoy la ideología de mercado, la mercadotecnia, la televisión y los diversos medios, han adoptado muchísimas cosas que planteó Marx, porque su análisis sobre las relaciones de los seres humanos con los medios de producción ha sido un aporte fundamental en el proceso del conocimiento humano. El capitalismo ha absorbido a Marx y a *El capital*, se ha apropiado de ellos y los usa todos los días. Hoy en día todos podemos leer a Marx y no por ello nos volvemos marxistas; leemos a Buda y no nos volvemos budistas. El contexto histórico, social y cultural es el que determina la calidad transformadora de una lectura.

¿Existen demasiados libros?

¿Cómo poder decir cuántos son muchos y cuántos demasiados? Hay demasiados libros malos; si hubiesen muchos libros buenos, no serían demasiados.

¿Por qué eres cuentero?

En principio surgió esta profesión para cubrir una necesidad de supervivencia. Mi falta de estudios universitarios me impide el acceso a lugares formales de desarrollo personal o económico. Siempre trabajé en puestos subalternos que no me satisfacían. La sociedad libresca toma muy en cuenta los títulos y los diplomas. Sentía que no tenía mucha posibilidad de crecer y transformarme. Entonces descubrí el teatro, que es una de las primeras cosas gratas que encontré como oficio no remunerado en Argentina y de las primeras que hice al llegar a México. El problema es que mi acento argentino no me ayudaba, aunque hice grandes esfuerzos por modificarlo. Entonces me comencé a contratar en algunas casas editoriales para leer en voz alta en las escuelas y a partir de ahí se desencadenó una experiencia mágica. Encontré que contando cuentos podía ser todo lo que se me antojase: aviador, boxeador, músico, psicólogo, obrero, albañil, pintor, etcétera. Contar cuentos no sólo me ha permitido vivir en el sentido más convencional del término, sino que también, a través de este oficio, he conseguido ser todo lo que deseo. Y contar cuentos me llevó a escribir.

Cuando ejerces tu oficio de contador de cuentos, ¿has percibido en algún momento que la emoción consiga modificar las expectativas de tu auditorio?

En algunas ocasiones, sí. Lo que sucede es que los niños y los jóvenes llegan con muy pocas expectativas o prácticamente con ninguna. En las escuelas, por lo general, es una actividad más, y los envían al salón de actos, y ellos van porque tienen que ir. De pronto, atraídos por una energía que no conocían se ven trasportados a un mundo imaginario que los fascina, y tan sólo por el efecto de la energía y la técnica que el narrador despliega ante ellos. Entonces pasa que, entre los trescientos o quinientos adolescentes que escuchan, algunos se acercan y expresan que la experiencia les pareció maravillosa y que antes no habían sentido algo así. El simple hecho de que tengan el impulso de decirlo, ya es una evidencia de que algo significó para ellos.

¿Crees que exista una lectura especial para niños y jóvenes?

No, en absoluto. La historia ha demostrado que los libros que se han transformado en clásicos para niños no eran para niños. Ni *Caperucita Roja* ni *Blancanieves* ni ningún otro cuento clásico "infantil" se escribieron pensando en los niños. Los niños como sujetos de atención especial son un invento relativamente reciente, pues en la antigüedad y aun en épocas no tan remotas, los hijos desde muy pequeños ya ayudaban a sus padres en el campo, en los talleres, en la mina, y no vivían precisamente en un mundo aparte. En todo caso, se formaron escuchando esos cuentos que relataban los adultos. La historia de la literatura infantil, el concepto de infancia, desde el punto de vista de la literatura, tiene a lo sumo doscientos años y es un invento de la psicología y la pedagogía. *Las mil y una noches, Los viajes de Gulliver, El principito, Alicia en el País de las Maravillas*, etcétera, son obras para cualquier edad, y es que los niños son seres humanos con los mismos intereses, los mismos valores y las mismas angustias y necesidades que los adultos: la muerte, el hambre, la soledad, el amor, en fin. Yo creo que la literatura infantil sería tal si la escribieran los mismos niños. Mucha de la literatura que han escrito los adultos pensando en los niños ha sido muy tendenciosa, didáctica y moralizante. Esa es una pésima literatura, pero cuando se escribe con respeto, sensibilidad y talento para niños, es literatura, sin infantil, y no tiene fronteras de edad.

¿Contribuye Internet a la lectura?

Aunque en la actualidad hay una gran fascinación por la tecnología, no creo que Internet sea la herramienta que transforme el corazón del ser humano. Lo que plantea Internet son nuevas formas o hábitos de lectura, pero la relación persona/texto sigue inalterable. No creo que estimule la lectura de libros en particular, pero tampoco que la desestimule. El libro tradicional y la tecnología informática son dos formas distintas de aproximarse al acontecimiento lector, que se complementan sin dañarse.

¿Hiciste uso de las bibliotecas públicas en tus primeros años?

No, jamás. La noción de biblioteca que yo tuve cuando viví en Argentina es la de un señor cubierto de polvo, el bibliotecario, y una serie de libros detrás de un mostrador. Un ámbito para lectores profesionales, que ya conocen los libros, pero no para aquellos que no saben qué quieren leer. Si no sabes de libros, y si nadie te enseña que se puede ir a una biblioteca a leer un libro, ¿cómo puedes llegar por ti mismo a un lugar así?, y una vez allí, ¿qué libro pides? Yo pienso que las bibliotecas deberían ser como los espacios que hay actualmente en las librerías, donde puedes llegar, sentarte en un sillón cómodo, tomar el libro que se te antoje, en la postura que quieras, y leer sin ninguna preocupación.

¿Un buen lector lee de todo?

El problema de principio es definir qué es un buen lector. ¿Quién lo define? Digamos que un buen lector también lee libros. Cuando hay un hábito de la lectura de lo que nos rodea, de lo que nos hiere o nos fascina, inevitablemente los libros llegan. Un lector encuentra una buena lectura gracias a que ha realizado veinte lecturas malas. Tener lecturas de baja calidad no te convierte, por ello, en mal lector, es casi una condición ineludible para poder distinguir entre unas y otras. Hay quienes están tan metidos en sus libros y en sus lecturas de gran nivel que no conocen ni por intuición la sociedad que habitan.

¿Cómo determinas tus lecturas?

En la actualidad ya soy más selectivo, he aprendido a reconocer con mayor precisión lo que me puede llegar a gustar, soy más consciente de lo que leo. Puedo hacer uso de una biblioteca y de una librería sabiendo qué libro quiero o más o menos intuyendo qué libro me gustará leer. Pero en mi historia de vida como lector la mayoría de los libros me han llegado por azar, por recomendación o por emulación. Con frecuencia leemos los libros que están leyendo otras personas en cuyos gustos, sensibilidad e intereses confiamos. Lo que sí te puedo decir es que los libros que generalmente leo, releo y conservo no son los libros de moda. No he leído a Pérez Reverte, no me gusta Saramago, no he leído mucho a Octavio Paz ni a Rosa Montero ni a Isabel Allende; en resumidas cuentas, no tengo muchas lecturas sociales de esas que te permiten conversar con los conocidos y los desconocidos como cuando se habla del clima. Tampoco soy lector de esos Libros Fundamentales de Intelectualidad. Soy un lector emocional, sin métodos. Mis lecturas responden a mis deseos y pocas veces a deseos creados afuera.

En ese sentido, ¿para ti la lectura es un hábito, es decir, no puedes estar sin leer, o es una afición que puedes suspender cuando lo desees, sin sentimiento de culpa?

Creo que ya no podría vivir a gusto sin los libros. Eso quiere decir que la lectura ya es más fuerte que la voluntad. Al día de hoy, si no existieran los libros, trataría de inventarlos.

¿Existe diferencia entre una emoción lectora y una emoción no lectora?

La calidad y la profundidad de las emociones no dependen de la cantidad ni de la calidad de libros que hayas leído. Cualquiera puede tener la más profunda emoción frente a un hecho particular, independientemente de que haya leído muchos libros o pocos o ninguno.

Hay quienes creen, desde un punto de vista sociológico, que la falta de hábito lector predispone a actividades negativas y aun antisociales. ¿Qué opinas de ello?

Hacer este tipo de comentarios es lo que predispone a las personas que no son lectoras de libros a creer que están haciendo mal y a creerse malvadas o a sentirse inútiles y aun antisociales. La *intelligentzzia* suele ser muy perversa, muy mañosa y muy manipuladora, y produce estos discursos negativos desde una visión absolutamente desdeñosa. Con la percepción de menosprecio que tiene sobre los seres humanos que no leen libros, trata de distinguirse por oposición. En la medida en que define como malos a los demás, se autodefine como buena y noble. Es un discurso tan arraigado social y culturalmente, que ponerlo en entredicho constituye siempre un riesgo de que se le juzgue a uno como antiintelectual, bárbaro o primitivo. Es la visión dogmática de una cultura dominante que juzga como peligroso todo aquello que no comprende o no controla. Sólo bajo esta visión el que no lee es peligroso. Pero no nos engañemos, aunque la lectura y la escritura sirven para el progreso individual y social, han servido también, y no en pocos casos, para la dominación y el sometimiento. Los verdaderamente peligrosos no son los no lectores por el hecho de carecer de esta práctica, sino los que utilizan la lectura y la escritura como herramientas de dominación y de explotación de otros seres humanos. Los libros no tienen la culpa de nada: ni de lo bueno ni de lo malo. Es el ser humano el que hace buen o mal uso de ellos.

¿Cuál es el futuro de la lectura?

Siento que aquellos que buscamos, a través de los libros, sublimar algunas emociones y reconocer nuestras angustias y tratar de interpretarlas, mientras más cosas leemos, menos futuro en general encontramos. Me pregunto si los gobernantes de este mundo tan ridículo serán lectores o no lectores. Si son lectores, ¿no han leído a César Vallejo, a Yourcenar, a Camus, a Borges, a Roa Bastos? O no les dice nada o el leer no les impide ser tan criminales. A pesar de esto, creo que la lectura va a seguir desarrollándose. Y mientras la humanidad siga teniendo angustia, va a seguir teniendo libros, porque los libros constituyen uno de los más grandes intentos de la humanidad por interpretarse y comprenderse a sí misma.

CIUDAD DE MÉXICO, 6 DE JULIO DE 2004.

ALÍ CHUMACERO

Vivir más allá de los libros

Nacido en Acaponeta, Nayarit, el 9 de julio de 1918, Alí Chumacero murió el 22 de octubre de 2010, en la ciudad de México, a los noventa y dos años. Conversamos con él poco después de su cumpleaños noventa y uno. Ama los libros, vive entre libros, tiene una gran biblioteca de cuarenta mil volúmenes, quiere morir con un libro en la mano, pero también aconseja vivir más allá de los libros, porque los que viven únicamente para los libros y encerrados en una biblioteca son, a su parecer, unos tontos, pues la vida es muy hermosa y hay que gozarla, evitando que los libros se superpongan a ella.

Poeta, ensayista, crítico y editor, Alí Chumacero es autor de tres libros esenciales en la poesía mexicana: *Páramo de sueños* (1944), *Imágenes desterradas* (1948) y *Palabras en reposo* (1956). El contenido de los tres, más otro puñado de poemas que no reunió en libro, suman apenas setenta y ocho textos, y sin embargo las muy ceñidas ciento cincuenta páginas de su *Poesía completa* constituyen una obra de gran valía, precisión y rigor que Octavio Paz denominó "una liturgia de los misterios cotidianos" en la que luchan y se complementan el erotismo y la profanación.

Vital por excelencia y, al mismo tiempo y sin contradicción, hombre de libros y de letras, Alí Chumacero encarna al escritor que sabe disfrutar el presente, reconocer la importancia del pasado (que se cifra en los recuerdos y en los libros) e interesarse por el futuro con la sabiduría y la gentileza que regala a manos llenas a las generaciones jóvenes.

Poeta inteligente más que intelectual, de una emoción concentrada y contenida, más que desbordada, Alí Chumacero ha bebido en miles de libros la experiencia que más que acumular ha decantado. No es ratón de biblioteca sino felino de la vida que agradece que en este mundo existan libros, pero también, y sobre todo, tiempo, disposición, vocación y alegría para leerlos. De viva voz, en primera persona, Alí Chumacero, lector de la vida.

¿Cuándo y de qué forma descubriste la lectura?

Al igual que algunos niños de mi tiempo, de pequeño yo leía novelitas policiacas y de aventuras. Leí, entre otras, las historias de Raffles y Dick Turpin, para luego pasar a Salgari que fue, digamos, la puerta grande por la que yo entré en la lectura. Salgari es un escritor al que hoy nadie reconoce y al que no se cita jamás, pero es un magnífico escritor que puede iniciar a los muchachos que, como fue mi caso, acabarán por ser lectores de muchos otros libros.

Ya grandecito, empecé a leer a Amado Nervo, otro escritor adecuado para entrar en la literatura y, especialmente, en la poesía, porque es muy sencillo, toca temas muy cercanos a cualquiera y, además, sabe darle el tono necesario y adecuado a cada uno de sus poemas. El interés por la lectura que Nervo despertó en mí me llevó a leer muchas cosas de él, pero sobre todo su poesía, y así ingresé en un arte, el arte de leer, que habría de ser la ocupación de toda mi vida.

Luego leí *Los de abajo*, de Mariano Azuela, una obra que fue fundamental para el desarrollo de mi vocación y que me llevó a leer toda la novelística de la Revolución mexicana, cuyos títulos fui adquiriendo poco a poco. Fue así como llegué, en esta corriente literaria, al autor que destaca por encima de todos: Martín Luis Guzmán, con *El águila y la serpiente*, *La sombra del caudillo* y *Memorias de Pancho Villa*, entre otros excelentes libros.

A partir de entonces alterné la lectura con la relectura y, de este modo, reafirmé mi inclinación y mi oficio por las letras. Empecé a acercarme a libros más importantes o, por lo menos, tan importantes como los que ya había leído. Me sumergí en Dostoievski, Tolstoi, Andreiev, Anatole France, y en fin, leí todo lo que hay que leer para llegar a ser un escritor. Me interesó en particular, desde muy joven, la Generación del 27, de España, que significó una especie de renacimiento cultural de ese país. Comprendí, desde un principio, que aquellos jóvenes —porque eran jóvenes entonces— agregaban una nueva nota a la tradicional característica de la literatura y, sobre todo, de la poesía en lengua española.

Al mismo tiempo, tuve interés en leer y estudiar constantemente a la generación mexicana de Contemporáneos. Leí a Xavier Villaurrutia, a José Gorostiza y a todos los demás que conformaron esta importantísima generación de las letras mexicanas modernas.

¿La lectura y la escritura fueron prácticas que acometiste simultáneamente?

No. Cuando escribí mi primer poema, o mi primer texto, ya había leído mucho. De modo que primero fue la lectura; primero tuve un interés por los libros y en general por lo escrito, y después empecé a escribir. Escribí, desde luego, muchas cosas horribles, algunas de las cuales todavía conservo por ahí, pero que siguen y seguirán inéditas. Empecé a escribir, en serio, en 1938. Ese año hice un poema que tiene algunos lectores porque es muy sencillo: "Poema de amorosa raíz" que empieza así: "Antes que el viento fuera mar volcado, / que la noche se unciera su vestido de luto / y que estrellas y luna fincaran sobre el cielo / la albura de sus cuerpos", etcétera.

Sí, es un poema hermoso que tus lectores siempre tenemos presente y cuyo final nos resulta inolvidable: "Cuando aún no había flores en las sendas / porque las sendas no eran ni las flores estaban; / cuando azul no era el cielo ni rojas las hormigas, / ya éramos tú y yo". Es, obviamente, el poema de un joven enamorado. ¿Tenía destinataria?

Este poema lo escribí para una muchacha casi niña de un restaurante de chinos casi restaurante; ahí la conocí y le hice ese poema. Lo publiqué en la revista *Tierra Nueva* y algunos lo leyeron y se interesaron por él. Después lo incorporé a mi primer libro, *Páramo de sueños*, publicado en 1944, y hoy es mi poema más conocido. No es, de ninguna manera, mi mejor poema ni se encuentra entre los mejores, pero sí es el más sencillo, el más fácil, el más atractivo para los lectores de poesía y, sobre todo, para los lectores enamorados.

¿Cuándo llegarían tus mejores poemas?

A partir de 1940 empecé a escribir de otra manera, con conocimiento de lo que estaba haciendo y con un mayor sentido de responsabilidad. Seguramente, soy el escritor que más tiempo necesita para hacer un poema. El "Responso del peregrino" es uno de los más rápidos porque me llevó cuatro meses terminarlo. A otros les he dedicado de seis a diez meses, así se trate de un texto breve. El trabajo de perfeccionamiento de un poema es algo a lo que nunca renuncié mientras estuve en activo. Me preocupé no sólo por lo que decía sino también cómo lo decía, y por el sentido y el equilibrio de las partes, y por la justa equivalencia de los sonidos. Así he hecho mi poesía, muy escasa, muy breve, pero en ella he puesto algo más que un empeño: he puesto todo lo que yo soy, con la legítima aspiración de perdurabilidad. Ahí está todo lo que pensé y todo lo que creé; todo lo que va a quedar de mí, si es que algo queda.

El "Responso del peregrino" es, sin duda, uno de tus mejores poemas y pertenece a la mejor etapa de tu escritura. ¿Cómo surgió?

Luego de la primera época a la que corresponden textos como "Poema de amorosa raíz", empecé a hacer otro tipo de poesía, muy cercana a la de José Gorostiza; de ahí resultó el "Responso del peregrino", el cual considero mi mejor poema; hecho entonces a mi novia que luego sería la madre de mis hijos.

Es un poema que está dividido en tres partes que corresponden a tres momentos sucesivos de la creación poética. En la primera, hablo de la Virgen de Lourdes. Mi mujer, que ya murió, se llamaba Lourdes. Cuando escribí el poema, ella era mi novia, y el poema evoca a Lourdes confundiendo, y fundiendo, las dos personas: la Virgen de Lourdes y mi próxima esposa. Por eso escribo: "Elegida entre todas las mujeres, / al ángelus te anuncias pastora de esplendores", y luego digo: "Oh, cítara del alma, armónica al pesar, / del luto hermana: aíslas en tu efigie / el vértigo camino de Damasco / y sobre el aire dejas la orla del perdón". En la segunda parte hago un juego con la vida misma de los hombres casados con la mujer que aman, el nacimiento de los hijos y el paso de los años hasta llegar a la muerte. La muerte era, claro, la mía, en la idea de que ocurriría antes que la de Lourdes. El destino descifró mi misterio y me hizo sobrevivir, muchos años, a mi mujer, pero ahí se hace una evocación de lo que sería mi muerte y la presencia, al lado de mis restos, de los seres queridos. Finalmente, en la tercera parte hice una presentación de la posición de mi mujer, que era creyente en Dios, y la mía, que no es la de un ser muy creyente. Ahí se miran las dos posiciones, una frente a otra, pidiéndole yo a ella que rece por mí, que ruegue por este pecador, diciéndole que, en el fondo, soy un hombre bueno. Lo primero es absolutamente cierto y lo segundo a lo mejor también es verdad.

¿Quiénes influyeron en ti notoriamente?

Entre los dieciséis y los dieciocho años de edad escribí cosas muy malas que, afortunadamente, no publiqué. Como he dicho, cuando comencé a escribir en serio, entre 1938 y 1940, había leído ya muchísimos libros. Esta mucha lectura es la que a veces, inconscientemente, nos lleva a imitar a algunos grandes y admirables escritores. Los imitamos porque, desde luego, los admiramos. En mi caso hay influencias que no me disgustan en absoluto. Quienes se han ocupado de mi poesía me vinculan, con toda razón, a Xavier Villaurrutia y José Gorostiza, e incluso, en un principio, a Amado

Nervo. También es bastante probable que en mi escritura estén las huellas de Rilke y las de algunos grandes poetas franceses que leí en el idioma original, así como las de los españoles de la Generación del 27, especialmente Luis Cernuda y Juan Ramón Jiménez, pero también Federico García Lorca, Emilio Prados y Pedro Salinas.

¿Qué te enseñaron estos poetas?

Aprendí muchas cosas de ellos, pero sobre todo aprendí que la literatura y, especialmente la poesía, además de ser una expresión de la emoción, es una actividad inteligente que puede perfeccionarse con la conciencia. El arte de la poesía en particular es un movimiento inconsciente del hombre pero, con conocimiento y educación, se puede fácilmente hacer que esa inconsciencia se torne conciencia: la *conciencia poética* que amplía nuestros horizontes.

¿Prosa y poesía son dos estados de ánimo?

Hay mucha gente que nunca ha leído un libro de poesía. No digo que, por ello, no pueda ser feliz a su manera, pero lo que sí creo es que, idealmente, la poesía es una creación a la que todo el mundo debería acceder, porque hasta ahora sólo ha sido del disfrute de estratos intelectuales superiores. La prosa es una entrada en materia, es algo que se puede palpar. La poesía, no. La poesía crea una realidad. Viene de la realidad, es obvio, pero también crea una realidad y en esto es muy diferente de la prosa. La prosa se puede interpretar rápidamente, porque describe cosas. La poesía no admite esta rápida interpretación porque no sólo exige nuestra lógica sino también nuestra emoción. Hay poetas "que no se entienden" y, sin embargo, son grandes poetas. Un ejemplo sería Federico García Lorca.

Que, sin embargo, también es un poeta muy popular.

Sí, pero en sus mejores poemas es un poeta de esos "que no se entienden". García Lorca publicó un libro muy sencillo que se hizo popularísimo: el *Romancero gitano*. Después escribió cosas muy distintas y, finalmente, de manera póstuma se publicaría su gran libro *Poeta en Nueva York*. Muchos de sus poemas excepcionales (las "Dos odas", por ejemplo) son de difícil comprensión, pero su permanencia en la conciencia de los lectores, en general, ha sido y es gracias al *Romancero gitano*. "La casada infiel" ("Y que yo me la llevé al río / creyendo que era mozuela", etcétera) es un poema muy malo, pero que todo el mundo entiende por su picardía, su música y su sentido narrativo.

Alguna vez dijiste que escribir poesía es un vicio sólo admisible en la juventud. ¿Lo sigues creyendo?

Sí. Dije alguna vez que la poesía es sobre todo para los jóvenes. El joven escritor es siempre un poeta mejor, y mayor, que el viejo. Los viejos, generalmente, somos ridículos escribiendo poesía. El joven llama a curiosidad y tiene toda la vida por delante. El joven dice cosas que el viejo ya no puede decir ni hacer, porque el viejo, tal como ahora me ves, es un escritor, sentado en una silla de ruedas, que ya no sirve para nada.

¿Crees que alguno de tus libros haya modificado la percepción de la vida de tus lectores?

No, de ninguna manera. Mis libros casi nadie los ha leído. De *Palabras en reposo*, mi libro principal, ganaba, no hace muchos años, ochenta pesos anuales por concepto de regalías. Tal es el fruto de la venta de mis libros. Por eso digo que casi nadie me ha leído realmente; aunque tampoco me quejo por esto. Los lectores siempre han constituido una minoría culta.

¿Cuáles son, para ti, los cinco o seis grandes poetas mexicanos?

Desde luego, Manuel José Othón y Salvador Díaz Mirón. También, José Gorostiza, Xavier Villaurrutia, Gilberto Owen (al que, afortunadamente, se ha sacado del olvido), Octavio Paz (que además de excelente poeta es un extraordinario prosista) y, por encima de todos, Ramón López Velarde.

¿La lectura y la escritura producen siempre mejores personas?

No. Una cosa es una cosa y otra cosa es otra cosa. Yo he sido muy mala persona. No he servido para nada. No he ganado dinero. He sido un mal padre, he sido un mal marido. He sido malo. Pero, sin contradicción, la lectura ha sido buena para mí: me ha formado, me he dedicado a ella, y no me arrepiento de haber vivido así como viví. Estoy en la última fase de mi existencia y espero morirme con un libro en la mano. Ya lo he dicho en otras ocasiones: moriré leyendo un libro. Así es como quiero azotar: como chango viejo, pero con un libro en la mano.

¿Desmentirías la famosa frase de Plinio según la cual no hay libro malo?

No, porque efectivamente no hay libros malos. La moral se cruza con el arte, no se superpone a él. El arte no tiene que ver nada con la moral; por ello no hay por qué aplicar a los libros normas morales que lo único que harían es entorpecer la literatura en su totalidad.

¿Puedes concebir una cultura sin libros?

En absoluto. La cultura sin libros es una cultura tronchada, limitada. La cultura más profunda se nutre siempre de libros y, además, de libros que reflexionan sobre el arte, la lectura y las formas artísticas. La lectura es un arte del tiempo: para leer un libro necesitas diez o veinte horas; para leer un cuadro, es decir una pintura, lo haces en un segundo o en unos pocos minutos por mucho que te detengas a mirar.

¿Será por esto que los ricos suelen tener muchos cuadros pero no siempre buenas bibliotecas?

De algún modo, sí. ¿Qué es lo primero que ves en la casa de una persona que tiene poder económico? Lo que hay en abundancia son cuadros, incluso de pintores importantes, pero generalmente no hay libros, no hay una buena y nutrida biblioteca. ¿Por qué? Porque, como ya he dicho, leer es un arte del tiempo, lo mismo que escuchar e interpretar música. La literatura y la música exigen mucho tiempo a los conocedores. No es lo mismo que ir a una exposición los domingos donde, por lo demás, hay muchos que acuden tan sólo para que los vean y para saludar a las amistades. Para leer, en cambio, hay que dedicar una buena cantidad de nuestro tiempo, en santa soledad, lejos del bullicio, y no es necesario vestirse de negro ni ponerse corbata.

Tu biblioteca particular es una de las mayores y mejores de México. ¿Cuántos volúmenes tienes?

He logrado juntar unos cuarenta mil y he leído, acaso, cuatro mil. La biblioteca personal se hace por vicio, por curiosidad, por tener muchos libros. Nadie puede agotar una biblioteca de cuarenta mil libros, ni aun leyendo quinientos al mes, porque se le acabarían los ojos. A mí, por cierto, ya se me están acabando a pesar de que sólo he leído cuatro mil.

¿Cuándo empezaste a coleccionar libros?

Hace cincuenta y nueve años, cuando entré a trabajar en esa gran editorial que es el Fondo de Cultura Económica. Ahí encontré mi elemento. Es el lugar en el que más a gusto he estado y continúo estando. He leído, prácticamente, todos los libros que ha publicado esta casa editorial, y ello hizo que me interesara no sólo por la literatura, sino también por la filosofía, la psicología, la sociología, etcétera, y todos los demás géneros también los frecuenté por obvias razones profesionales. Fui, desde un principio, un hombre de letras. Trabajo todavía como corrector de pruebas. No soy un empresario ni un hombre importante. Soy simplemente un obrero de la palabra escrita y la palabra impresa.

¿Qué tipo de biblioteca has formado?

Casi exclusivamente de literatura y con libros de viejo. Es la biblioteca de libros viejos en las manos de un viejo. El noventa por ciento de mi biblioteca corresponde a libros viejos, antiguos y usados que compré en los establecimientos del centro de la ciudad de México, en las calles de Hidalgo y Donceles; libros que me costaron mucho más baratos que los recién publicados. Un libro recién publicado que, por ejemplo, costaba ochenta pesos, yo lo podía conseguir, hace muchos años, en diez. Ahora ya no, porque hoy las librerías de viejo venden, proporcionalmente, a la mitad o a un tercio del precio original. Hace años, a pesar de que yo era muy pobre, destinaba algo de mi dinero a la compra de algunos libros. De este modo siempre tuve qué leer, y acumulé libros para seguir leyendo hasta el fin de mis días.

¿Existían antecedentes lectores en tu familia y en tu casa?

Mi padre tenía unos cuantos libros, pero yo ya leía muy bien y leí siempre, constantemente, al lado de mi padre, el periódico *El Universal*. Era el periódico al que estaba suscrito mi padre y llegaba a nuestro pueblo, Acaponeta, con un retraso de ocho días. Mi padre se sentaba a la orilla del jardín y conforme lo leía me lo iba pasando. Leí muchísimo entonces, siendo apenas un niño, lo que, naturalmente, más me interesaba. Fui, pues, un lector precoz y constante, con el ejemplo paterno. Hoy, ya viejo, sigo siendo un lector, aunque con un poco de dificultades.

¿Tuviste algún profesor que reforzara tu interés por la lectura durante tu infancia o adolescencia?

Hubo en mi escuela primaria un profesor de Acaponeta que se llamó Andrés Romero. No era un hombre culto, pero era un magnífico profesor: tenía la pasión de la ortografía y yo fui el mejor discípulo de él. Estas sabias lecciones las he aplicado en miles de libros que han salido de las fuentes del Fondo de Cultura Económica.

¿Compartiste la pasión de la lectura con algunos compañeros o amigos?

Compartí la lectura con dos escritores, también jóvenes entonces, cuando fui a estudiar a Guadalajara: José Luis Martínez y Jorge González Durán. Entre los tres a veces comprábamos algún libro y nos lo prestábamos. De manera que teníamos lecturas comunes y una formación literaria pareja: conocíamos lo mismo y teníamos parecidos intereses. Por ello, de 1940 a 1942, juntos hicimos una revista que se llamó *Tierra Nueva*. En ella participó también, además de nosotros tres, Leopoldo Zea, discípulo predilecto y destacado de José Gaos.

¿Qué recuerdas de José Gaos?

Este filósofo y maestro español, que llegó a México en 1938 y participó en la docencia y en el ámbito editorial, francamente corrigió en mucho la forma de ver los libros y de leer en México, y no sólo en lo que a literatura se refiere, sino también en otras materias. De él fueron discípulos también grandes escritores de mi generación y aun de la generación anterior, caracterizados por una cultura muy sólida. A José Gaos, que fue discípulo predilecto de José Ortega y Gasset en España, le debemos, en buena medida, un enriquecimiento en las letras mexicanas y en

la cultura en general. Mis compañeros y yo habíamos leído mucho a Ortega y Gasset y estábamos un poco formados en el modo de pensar de ese gran filósofo español.
De manera que la llegada de Gaos vino a corroborar, a
acrecentar y a sellar nuestra sagrada pasión por Ortega,
además de contribuir él mismo a nuestra formación intelectual. Con los años, yo me incliné un poco hacia la izquierda y mis compañeros se fueron un poco a la derecha,
pero eso no limitó en absoluto nuestra amistad. Seguimos
siendo íntimos amigos hasta el último momento. José Luis
Martínez y Jorge González Durán ya han desaparecido, y
yo no tardo en desaparecer.

*¿Existe alguna disposición especial para hacerse lector, al igual que
otros se hacen toreros, bailarines, boxeadores, futbolistas, etcétera?*

Yo creo que sí, aunque también para ello es muy importante la labor de los maestros. Como ya dije, a Andrés Romero
le debo el amor por la lectura, que adquirí, gracias a su
entusiasmo y dedicación, siendo yo un niño de diez años.
Hoy sé que la cercanía de este maestro, ignorado totalmente incluso en Nayarit, mi estado natal, fue decisiva en mi
iniciación lectora. Por otro lado, como ya dije también, la
amistad de mi padre con los libros y con la lectura del periódico, me sirvió para entrar en la literatura.

¿Cuál es, entonces, la mejor manera de contagiar la pasión por lectura?

Si se trata de niños, hay que prestarles libros sencillos, incluso muy sencillos. Y cuando digo esto me refiero, en primer lugar, a libros de cuentos con monitos, a novelitas de

aventuras y a poemas de fácil comprensión. Si se carece de la inspiración, el ímpetu y el entusiasmo por la lectura, es inútil obligarlos a leer a Dostoievski, Tolstoi o Cervantes. A Cervantes casi nadie lo ha leído. Es un autor que presenta muchas dificultades de idioma para los niños, aunque evidentemente sea el padre de las letras españolas.

¿Cuál es el futuro de la lectura?

En general, el lector se hace esporádica y selectamente. Formar bibliotecas para que los niños se dediquen únicamente a leer novelas es sólo un optimismo que no conduce a mucho. Hay que darles a leer todos los libros necesarios elementales que se estudian en las clases de la escuela, particularmente en la secundaria y en la preparatoria. De esa manera el muchacho se va formando y aprende a pensar, va creyendo y va dudando y se convierte en un ser humano que tiene autonomía frente al mundo y no en un pobre diablo al que le dicen siempre qué es lo que tiene que hacer.

¿Les interesa realmente a los gobiernos que la gente lea?

Les puede interesar, ciertamente, pero yo entiendo que los gobiernos tienen muchas obligaciones que van más allá de los libros y la lectura. Un gobernador amigo mío me dijo un día que entre iniciar la entrada del agua en un pueblo o iniciar una biblioteca, era preferible, por urgente y necesaria, la entrada del agua. Y yo creo que tiene absoluta razón.

¿Cómo influyen Internet y las nuevas tecnologías en la lectura?

No las conozco bien, pero entiendo que pueden ser importantes. Más que para la lectura, para el conocimiento de muchas cosas, y para guardar ese conocimiento. En cuanto a la lectura, yo prefiero el libro de papel.

¿Entonces el libro tradicional todavía tiene futuro?

El libro es, y creo que lo seguirá siendo por mucho tiempo, el mejor vehículo de cultura del que disponemos, porque no requiere de ningún aditamento. Por ello, además de tener computadora, hay que leer libros y hay que tener biblioteca en la casa. No desde luego bibliotecas como la mía, que es gigantesca, pero sí una biblioteca de dos mil o tres mil libros. Cuando cualquier casa tenga una biblioteca así, dejará de ser casa de ignorantes.

¿Crees que haya demasiados libros en el mundo?

Sí. Yo recibo toneladas de libros de gente que no tiene ningún futuro. Nunca lo digo públicamente, jamás cito un nombre. Los hojeo, nada más, y cuando están dedicados los guardo, porque no soy grosero.

¿Un buen lector lee de todo?

Un buen lector ¡debe leer de todo!, y leer periódicos y revistas, para informarse de lo que está ocurriendo en el mundo. Pero, también, y sin contradicción, debe vivir más allá de los libros. Los lectores que están solamente metidos en su casa o encerrados en la biblioteca como unos tontos son, efectivamente, unos tontos. La vida es muy hermosa;

hay que gozarla, hay que verla, hay que tocarla, olerla y gustarla, hay que estar en ella: que no se superpongan los libros a ella, sino gozarla a la par que se disfrutan los libros, y poder decir: "¡Dios mío, qué bueno que nací!".

CIUDAD DE MÉXICO, 21 DE SEPTIEMBRE DE 2009.

FERNANDO ESCALANTE GONZALBO

Leer es vivir

Doctor en sociología por El Colegio de México y autor de los libros *La política del terror. Apuntes para una teoría del terrorismo* (1991), *Ciudadanos imaginarios* (1992), *El Principito o Al político del porvenir* (1995), *Una idea de las ciencias sociales* (1999), *La mirada de Dios. Estudios sobre la cultura del sufrimiento* (2000) y *A la sombra de los libros. Lectura, mercado y vida pública* (2007), Fernando Escalante Gonzalbo (ciudad de México, 1962) es uno de los pocos lectores profesionales y placenteros que se han entregado, en nuestro país, a promover, desde los ámbitos de la investigación, el periodismo cultural y la enseñanza, el gusto por la lectura.

A través de ensayos, prólogos, reseñas y artículos de divulgación, y por medio también de la cátedra, Escalante Gonzalbo ha venido compartiendo, desde hace quince años, sus hallazgos y su entusiasmo sobre los libros y la lectura. Lector omnívoro y escritor de amplia cultura, con un estilo penetrante y ameno, que tiene la virtud de contagiar sus intereses y placeres, el autor de *La mirada de Dios* publicó durante algunos años, en la revista *Vuelta*, su columna "Estampas de Liliput", en donde reflexionó sobre diversos aspectos de la cultura, la sociedad y la política. En los últimos años, ha venido publicando, en la revista *Arcana*, su columna "A todos nos pasa", en la que, remitiéndonos a múltiples lecturas, ahonda en las emociones, los sentimientos y las experiencias que les son comunes a todos los seres humanos (el desamparo, el arrepentimiento, la vejez, la enfermedad, la desesperanza, la alegría, la rutina, el egoísmo, etcétera) y que han sido tratados por los grandes escritores de todos los tiempos.

Además de ser profesor investigador en El Colegio de México, ha impartido cursos y conferencias de periodismo, sociología, teoría política y relaciones internacionales en instituciones de educación superior de México y el extranjero. En 1984 recibió la Beca Salvador Novo, del Centro Mexicano de Escritores, en el género de ensayo, género que domina como pocos en México.

Sus reflexiones sobre el libro y la lectura son particularmente incisivas y reflejan el amplio conocimiento que posee acerca de este tema que sin duda le apasiona. Para Escalante Gonzalbo la distinción entre libros buenos y libros malos es esencial. Los libros malos, explica, "se limitan a las experiencias más obvias, que describen un mundo absolutamente conocido o bien una fantasía imposible de vivir, con personajes y situaciones de cartón. Uno entra y sale de la lectura como si nada. Con la misma sensación como de aburrimiento con que se deja una conversación estéril, entretenida e inconsecuente". En contrapartida, los otros libros, los buenos, "nos cambian para siempre, nos ayudan a descubrir otras vidas posibles. No son libros más difíciles ni más reflexivos ni más serios: sólo son mejores".

A decir del autor de *Ciudadanos imaginarios*, uno se vuelve adicto a la lectura porque al leer "descubre dentro de sí huecos —y matices y sombras— que uno no sabía que existían, pero que ya no es posible olvidar". Añade:

> Se puede vivir sin los libros, sin duda. Se puede vivir y llevar una vida feliz, satisfecha. A menos que uno haya visto, alguna vez, el

abismo de esas otras vidas posibles, con toda su oscuridad y su
insólita, pavorosa alegría. No hay modo de renunciar a ello. Sería
bonito, incluso sería edificante poder decir que eso nos hace
mejores, más felices o más completos; no lo sé. Nos hace otros.

Para este escritor hay una distinción que es básica y útil:
no es lo mismo un libro de Stephen King que uno de
Faulkner; no es lo mismo uno de Pérez-Reverte que uno
de Valle-Inclán. Y, con respecto a la proliferación de libros
malos, en uno de sus ensayos advierte:

> Es cierto que siempre se han publicado libros buenos y malos,
> y es cierto que la mayoría han sido bastante malos en cual-
> quier tiempo. Lo único que ha cambiado, con los nuevos re-
> cursos técnicos, es que pueden publicarse muchísimos más; y
> eso significa, como es natural, que aumenta en esa proporción
> el número de libros mediocres, malos y pésimos. Pero hay otra
> cosa: los libros malos se venden más y, por lógica del mercado,
> tienden a desplazar, en el espacio de las librerías, a los buenos.

Y agrega:

> La afición a la lectura es algo tan caprichoso que resulta casi
> imposible localizar a los dos o tres mil lectores que podrían
> aficionarse a Castelao, a Flannery O'Connor o a Gombro-
> wicz. Parece más factible, más simple y hacedero, uniformar
> el gusto de la gente, acostumbrar a la mayoría de los posibles
> lectores a una misma papilla, más o menos insípida; lo único
> que hace falta es un buen aparato de publicidad y una posi-
> ción monopólica o casi monopólica, para que a nadie se le
> antoje otra cosa.

Consciente de que muchos de los mejores libros siempre tendrán, casi por fuerza, muy escasos lectores, y sabedor de que los peores libros pueden vender, de inmediato, cincuenta mil o doscientos mil ejemplares, para difundir sus historias intrascendentes, Fernando Escalante Gonzalbo se ha entregado a la tarea de hablar con pasión y escribir con entusiasmo y agudeza acerca de los libros buenos y de los buenos autores, no únicamente literarios sino de todos los campos del saber.

En la siguiente conversación, el autor de *Una idea de las ciencias sociales* reflexiona ampliamente sobre el presente y el porvenir del libro y la lectura.

¿En qué momento y de qué forma descubriste la lectura?

Es difícil precisarlo. Hay algo básico: en mi casa siempre hubo libros. Mi madre es historiadora y mi padre, que era abogado, tenía una empresa dedicada a la importación y distribución de libros; de modo que en mi casa siempre había libros. Una excursión típica de fin de semana era ir al almacén de mi padre a ver libros. No sé cuándo empecé a leer. Los primeros libros completos que leí fueron los de Emilio Salgari, en las viejas ediciones españolas de Editorial Molino que traía mi padre a México. Leí varias de las series de novelas de Salgari, además de otras semejantes de vaqueros y de piratas. Lo que sí recuerdo con toda claridad es cuándo empecé a leer lo que suele llamarse literatura seria, es decir, obras diferentes a la denominada literatura infantil y juvenil. Tenía yo doce años y lo primero que leí fue *La metamorfosis*, de Kafka. La anécdota es muy simple: recuerdo a mi madre hablando con mi hermana mayor a quien en la escuela le habían dejado leer *La metamorfosis*, y hablaban las dos de algo que yo no sabía; me entró tal curiosidad que fui de inmediato a buscar el libro y lo leí. Fue un descubrimiento fascinante. En ese año estaba yo en segundo de secundaria y leí prácticamente todo lo que encontré de Kafka: *América*, *El castillo*, *El proceso* y los cuentos. Estuve un año entero metido en Kafka. Al año siguiente, en la biblioteca de mi padre leí *La peste*, de Albert Camus, *Opiniones de un payaso*, de Heinrich Böll, y *La náusea*, de Jean-Paul Sartre. En la preparatoria, tuve un par de maestros excepcionales y un grupo de amigos, todos ellos igualmente aficionados a leer. Formamos un pequeño taller de literatura y nos reuníamos con frecuencia por las tardes en casa de alguno de ellos a leer y a intercambiar libros y lecturas. Recapitulando, puedo decir que comencé a leer seriamente con los libros de Kafka, Camus y Sartre.

¿Qué te dio, entonces, la lectura?

La lectura fue y sigue siendo para mí un mundo extraordinario, sorprendente, de horizontes literalmente inabarcables. Todas las preguntas que uno tiene, las dudas, las ansiedades, las intranquilidades de la adolescencia las encontraba yo en la literatura.

¿Qué libro o qué lectura modificó, por primera vez, tu percepción de las cosas?

Recuerdo que estaba yo en quinto de primaria, en España, y en la escuela nos pusieron a leer un fragmento de las *Industrias y andanzas de Alfanhuí*, de Rafael Sánchez Ferlosio, cuyas imágenes se me quedaron grabadas muy vivamente. Las conservo y puedo evocarlas hasta la fecha. Supongo también que para mí fue emocionante leer a Salgari, aunque no recuerdo prácticamente nada de sus novelas. Puedo decir, con toda seguridad, que mi descubrimiento de Kafka es el hecho que cambia fundamentalmente mi manera de leer, por una razón: descubrí en los personajes y en las situaciones de Kafka mucho de lo que yo sentía entonces. Las novelas me estaban hablando a mí. Por aquel entonces empecé a escribir cosas: esos embrollos que no se sabe si son cuentos, ensayos o fragmentos de un diario, típicos de adolescente. Todos estos intentos míos eran kafkianos, cargados de la estructura y el estilo de los personajes de Kafka. Es lógico. Kafka estaba hablándome a mí, me decía las cosas que a mí me pasaban. Sus ansiedades, sus emociones, sus miedos eran los míos. Creo que eso fue lo decisivo. Empecé a descubrirme en los libros. Por esa razón, seguramente, todas mis lecturas en esos primeros dos o tres años eran de autores como Kafka, primero, y del existencialismo después: una literatura más o menos torturada, moralista, un poco depresiva, con todo lo que un adolescente puede desear. Salvando a Kafka, a la distancia encuentro mucha de esa literatura bastante menor y sin embargo, en aquel momento, me abrió un mundo. Me abrió el mundo.

¿La escuela o algún profesor en particular facilitaron tu acceso a la lectura?

Sí, sin duda alguna. Para mí la lectura ya era un hábito, pero un hábito solitario hasta la preparatoria. Allí tuve la fortuna de encontrarme con un maestro, Ernesto Azuela, que fue quien organizó el taller literario que te he mencionado. Con él comenzamos a leer de una manera completamente distinta a la que era habitual en las clases de literatura. Descubrimos autores diferentes. Comenzamos leyendo a Neruda y luego seguimos con Rulfo y más, desde Lope de Vega hasta Augusto Monterroso y Octavio Paz. Nada de eso se leía en la escuela. Pero sobre todo las leíamos de una manera completamente distinta. Fue con Ernesto y fue en ese taller donde yo descubrí mucha de la literatura que en los años siguientes se me volvió una afición. Era un maestro, sí, pero no era la situación habitual de clase. No era el maestro de literatura enseñándonos literatura mexicana. Estábamos en un taller, sin exámenes ni créditos ni calificaciones, una reunión donde hablábamos sobre la vida del autor y sobre lo que nos entusiasmaba o desconcertaba de sus obras. Leíamos desordenadamente algunas cosas, después leíamos con todo detalle unas cuantas páginas y luego nos poníamos a escribir a partir de lo que habíamos leído y escuchado. Era una forma de estar metidos en los libros, descubrir autores nuevos, tratar de entenderlos y, sí, entendernos a través de ellos. Podíamos leer, por ejemplo, con todo detenimiento los primeros versos de un poema de Góngora o detenernos para entender la importancia de la prosodia en esa muy famosa primera página de *Pedro Páramo*. Ese era nuestro ejercicio de taller, de discusión, en nuestro pequeño grupo de cinco o seis, todos amigos, con un maestro que no llevaba corbata y que se sentaba a leer poesía con nosotros fuera del horario de clases. Esto fue para mí fundamental.

La lectura y la escritura, ¿fueron descubrimientos simultáneos?

Por supuesto. Como te digo, desde que empecé a leer a Kafka comencé también a escribir. Los ejercicios del taller eran leer y escribir. Leíamos con detenimiento y luego nos poníamos a escribir para empezar a entender, digamos, en la práctica: ver la enorme dificultad que hay entre la construcción aparentemente simple y las enormes posibilidades del lenguaje escrito, conocer las potencialidades expresivas del lenguaje literario. Leer y escribir siempre han sido para mí acciones inseparables.

Tu medio era un medio favorecedor de la lectura, porque, como refieres, en tu casa había muchísimos libros y tus padres eran lectores. ¿Influyeron ellos en algún momento en conducirte por algunos caminos específicos de la lectura?

Yo no recuerdo que en ningún momento nadie me conminase a que leyera. En el caso de mis padres, siempre los vi leer, como una actividad normal, cotidiana. Recuerdo también que, siendo mis hermanos y yo todavía pequeños, mi madre nos leía por las noches novelas completas; no cuentos sino, capítulo a capítulo, novelas enteras. Íbamos avanzando un poco cada noche y cuando la lectura se interrumpía por cualquier razón teníamos la enorme necesidad de terminar la novela y saber cómo había acabado aquello. No sé si fuese deliberado el interrumpir la lectura pero tenía ese efecto. Mucho después he usado yo el recurso en algún taller, en alguna clase, para inducir a la lectura. A los dieciocho o diecinueve años lo que mis padres me aconsejaban con más frecuencia era que no leyese tanto, que no dedicase todo mi tiempo libre a leer. Porque es verdad que no hacía absolutamente nada más: no salía los fines de semana y no tenía amigos, salvo este pequeño grupo de tres o cuatro con los que me reunía a leer; no iba a fiestas y no salía de vacaciones, porque para mí lo maravilloso de que llegaran las vacaciones era poderme encerrar en mi cuarto con un montón de libros. Más que otra cosa, en mi caso funcionó el ejemplo. Y después, por supuesto, la lectura misma.

¿Recuerdas algún tipo de lectura popular, subliteratura, cómics, historietas, etcétera, que te hubiesen acercado en algún momento a otro tipo de experiencia lectora?

Otra de mis aficiones desde siempre fue el dibujo y por eso leí también muchísimas historietas. Todavía hoy el cómic y la literatura ilustrada me siguen interesando: diría que es una manía recurrente. Tengo incluso una pequeña biblioteca de historietas. Ahora bien: lo que más me interesaba de estas publicaciones no era la lectura sino el dibujo. Yo no siento que el cómic sea un puente hacia la literatura, sino hacia el dibujo.

¿Crees que se necesite una disposición especial para ser lector, del mismo modo que otros son futbolistas, boxeadores, toreros, etcétera?

En absoluto. No se requiere de ninguna vocación especial. Entre la gente que conozco existen lectores ávidos —mi hermana, mi cuñado— que son biólogos, economistas, empleados de banca, funcionarios públicos. Mi médico también es un gran lector. Uno no es lector como es médico, arquitecto o historiador. No hay un oficio de la lectura: lector es cualquiera que se acerca a un libro. No hace falta ninguna clase de vocación, no es algo que requiera una disposición o un temperamento especiales. Cualquiera es un lector. En potencia, todos somos lectores. Con gustos, aficiones y manías diferentes, con intereses diferentes: uno mismo lee a veces por diversión, a veces por necesidades de trabajo, a veces por curiosidad o sólo para descansar. La diferencia está en descubrir la lectura y aficionarse a ella, lo cual seguramente sí requiere de un clima especial, de ciertas condiciones, aunque no me atrevería a precisar cuáles. Importa mucho la posibilidad de hablar de libros, escuchar a otros. Por supuesto: para leer hace falta tiempo, un mínimo de tranquilidad, algo de silencio, pero se lee perfectamente en un tren, en la sala de espera de un consultorio.

¿La lectura y la escritura producen siempre mejores personas?

No, desde luego que no. Sería muy edificante poder decir eso: que la lectura nos hace mejores. Pero no es así. Lo que sí es verdad es que nos hace distintos. Por supuesto, uno tiende a pensar que una afición constante a la lectura debería producir un ánimo en general más tolerante, más abierto, porque uno descubre a fuerza de leer que el mundo es extraordinariamente complejo, que hay gentes muy distintas, que tienen ideas muy diferentes y que hay razones para todo. Eso debería hacer que la gente fuese más comprensiva. Sería lógico pensar que, a fuerza de leer, uno debería hacerse más tolerante, más abierto, humilde, es decir, eso que llamamos una mejor persona. El siglo XX, sin embargo, atestigua una historia diferente. Es posible ser un gran lector y ser a la vez sectario, intolerante y hasta perverso. Indudablemente, Lenin y Trotsky eran grandes lectores. Hitler no era un lector, era un hombre de lecturas escasas, superficiales y desordenadas; pero mucha gente que estaba a su alrededor sí leía habitualmente y sin embargo era igualmente estrecha, intolerante y sectaria. La correlación no es tan simple. No obstante, en general, siempre será mejor leer que no leer, para cualquier cosa. La lectura hace el mundo más complejo, más interesante y consigue que uno pueda entender y ver su propia vida como una vida más interesante, más compleja y más abierta. Mientras más lea, una sociedad será más capaz de ver cualquier suceso con un ánimo tolerante y distanciado.

Una persona que lee de manera sistemática, permanente, es distinta: descubre en sí misma y en los demás complejidades y matices que quien no lee no puede descubrir. También supongo que el efecto depende de lo que la gente lea. Incluso la lectura más superficial, distraída, de literatura de entretenimiento tiene consecuencias. Si se leen buenos libros, que están al alcance de cualquiera, con más razón. Tal vez la distinción obvia entre libros buenos y malos se refiera básicamente a esto: hay libros que nos permiten comprender nuevas facetas de la experiencia humana, experimentar sensaciones distintas, descubrir en nosotros matices del sentimiento y la sensibilidad; hay libros, en cambio, que simplemente acuden a los sentimientos más pedestres, sin ninguna elaboración: uno pasa a través de ellos, los lee de principio a fin y es como salir de una conversación intrascendente, pues a uno no le han dicho nada ni lo han modificado de ninguna manera. No es lo mismo Pérez-Reverte que Valle-Inclán. Leer nos cambia siempre. Pero hay libros mejores, capaces de transformarnos verdaderamente. Tal vez sólo así la lectura haga mejores a las personas.

En este sentido, ¿refutarías el axioma de Plinio, según el cual no hay libro que sea malo?

Sí, por supuesto. Hay libros malos y libros malísimos. Malísimos por su contenido y por muchas otras razones. Pongamos el ejemplo más obvio: con toda claridad, *Mi lucha*, de Hitler, es un libro malísimo en cualquier sentido que se le quiera mirar; es un libro idiota, disparatado y perverso, es el libro de un psicótico, escrito con mala intención, a base de resentimiento y vocación homicida, y es un libro mediocre en todos los planos. Esto no significa que no haya que leerlo; para historiadores, sociólogos, puede ser una lectura necesaria. Pero es un libro muy malo. Sin llegar a ese extremo, hay una enorme cantidad de libros que son fácilmente clasificables como libros malos porque no tienen ningún mérito especial ni de lenguaje, ni de sustentación de ideas, ni de experiencias. Hay libros buenos y libros malos, por supuesto que sí, y los lectores tenemos que hacer esta distinción básica: no es lo mismo Stephen King que William Faulkner. Poder hacer esa distinción es fundamental.

Si pudiéramos decirlo así, ¿hay, por otra parte, libros que cambian el curso de la historia?

Sí, también, sin duda ninguna. Por supuesto, para que un libro, como dices, cambie el curso de la historia, hacen falta muchas cosas más allá del libro mismo. No obstante, *El origen de las especies*, de Darwin, cambió mucho la manera de entender el mundo durante el siglo XIX. Es uno de los libros más influyentes del siglo. Las ideas de la evolución habían sido formuladas en otras ocasiones, el pensamiento evolucionista tenía sus bases en el pensamiento científico de la Inglaterra victoriana, es decir: no es sólo el libro de Darwin el que ocasiona el cambio, pero sí es cierto que en él cristalizan muchas de las ideas anteriores y se formulan de una manera especialmente inteligente, documentada, atractiva. Su mérito es haber condensado mucho del ánimo de la época para entregarnos una visión distinta.

¿Qué otros libros podrías mencionar con estos mismos efectos?

Hay muchos, en muy distintos campos. Por ejemplo, las *Meditaciones* y *El discurso del método*, de Descartes, transformaron la manera de pensar y entender la filosofía de manera radical. El *Leviatán*, de Hobbes, y *El Príncipe*, de Maquiavelo, transformaron la manera de entender la política, transformaron las concepciones jurídicas y políticas que habían tenido vigencia hasta entonces. Las dos grandes *Críticas* de Kant transforman la filosofía. En los doscientos años posteriores no hemos hecho más que darle vueltas a lo que dijo Kant y tratar de encontrar alguna otra salida. Según el ámbito en el que miremos hay, en todos los casos, libros de esa magnitud, de esa importancia: que transforman efectivamente la sensibilidad. Los hay que actúan transformando sobre todo la sensibilidad de las élites, sean culturales o políticas, y que de esa manera producen un cambio. Se me hace difícil pensar en un libro que inmediatamente transforme la mentalidad colectiva; más bien es la transformación de la mentalidad de las élites y, después, el conjunto de libros y toda la literatura que surge alrededor de esa gran obra es lo que produce una transformación mucho más amplia.

Quisiera saber cómo responderías a una serie de interrogantes que, con agudeza irónica, formula Gabriel Zaid en uno de sus ensayos de Los demasiados libros: *"¿Sirve realmente la 'poesía compro-*

metida'? ¿Daña realmente la literatura pornográfica? Los suicidas wertherianos, de no leer el Werther, *¿no se hubieran suicidado? La lectura de Marx, ¿produjo el 26 de julio en Cuba? La lectura de los evangelios, ¿produjo el bombardeo de Hiroshima?"*

Es una provocación. Estas preguntas tienen dos respuestas obvias: obviamente sí y obviamente no. La poesía comprometida, por ejemplo, es más un síntoma que otra cosa. Alguien que disfruta leyendo poesía comprometida es porque ya estaba comprometido antes. En este sentido, la causalidad se invierte. Es decir, la poesía comprometida sólo le puede gustar al que ya estaba comprometido, del mismo modo que el que es cursi y está enamorado tal vez cobre afición por Juan de Dios Peza o Amado Nervo. En los otros casos es difícil responder. Nadie, después de leer los evangelios, va y tira la bomba en Hiroshima. Sin embargo, la cultura estadounidense, que es una cultura como todas las occidentales modernas básicamente centrada en los libros, tiene como uno de sus ejes la formación primero puritana y después metodista, donde tiene una extraordinaria importancia la lectura de los textos bíblicos. En la cultura estadounidense sí se puede ver una influencia de esta religiosidad puritana y metodista basada en la lectura permanente de los textos. Se puede ver su influencia en la estructura de una cultura política, de la cultura de las élites estadounidenses, que finalmente producen ciertos resultados. Si esa cultura no se basara en esos pilares religiosos, en la permanente interpretación de la Biblia y en particular en la interpretación puritana de Jonathan Edwards, por ejemplo, o en la interpretación metodista de los textos bíblicos, hubiera producido una cultura distinta con efectos totalmente diferentes.

En un sentido obvio, no: nadie lee los evangelios y luego tira la bomba. Pero en un sentido obvio, sí, pues sólo la cultura que se ha formado en ese tipo de lecturas puede producir esos resultados.

¿La lectura conduce a la acción?

No, difícilmente una lectura conduce a la acción. Digamos que la lectura está inmersa siempre en un campo de prácticas sociales. La lectura puede modificar la manera en que alguien actúa, la manera en que alguien hace las cosas. Sucede en el ámbito más cotidiano e inmediato: uno puede comprender o bien una conducta o bien una situación o bien un problema, a partir de la lectura, y esa nueva comprensión hace que uno actúe de una manera distinta, pero no es que el libro conduzca a la acción, sino que, inmerso en el conjunto de prácticas de la vida, la lectura al modificar nuestra manera de entender —de entendernos a nosotros, de entender a los demás, de entender al mundo— también modifica, sin duda, la manera en que actuamos.

¿Vivimos en un mundo de demasiados libros?

Si veo mi biblioteca podría decirte que obviamente sí. Pero ello no deja de ser una hipérbole. Bien mirado, los libros nunca son demasiados. Existe, desde luego, esa inflación de títulos de la que habla Gabriel Zaid. Se publican al día centenares de miles de libros en todo el mundo. No obstante, si se producen, si se publican y se venden es porque hay gente que los lee. En este sentido, no hay demasiados libros. Wilde decía que uno de los problemas que tenemos es que en otro tiempo los libros eran escritos por los autores y leídos por el público, mientras que, actualmente, los libros son escritos por el público y no son leídos por nadie. Y lo decía a principios del siglo XX. Creo que hemos llegado, ciertamente, en algún sentido, a este extremo. ¿Hay demasiados libros? Hay una enorme cantidad de libros que a uno le parecen prescindibles e inútiles porque son reiterativos y cultivan formas mediocres de difundir o glosar ideas que estaban mejor dichas, mejor expresadas, en otros libros. ¿Hay demasiados libros? Hay esta producción masiva de lo que llamaste hace un instante subliteratura, que es, básicamente, una literatura derivada o secundaria que hace la glosa asequible al público de algún libro donde eso ya estaba dicho de mejor modo. Lo malo no es que haya demasiados libros, sino que esa literatura derivada termine por alejar a la gente de muchos de los libros verdaderamente interesantes.

Aprovecho para hacer una digresión. Me parece que hay un prejuicio mayor que afecta la manera de acercarse a los libros: existe la idea, en general, de que los libros buenos, sobre todo aquellos que llegan a consagrarse como clásicos, son difíciles de leer; por eso son reescritos —resumidos, glosados— de manera fácil para que la gente los pueda leer. De donde resulta una proliferación de esta subliteratura que constantemente está glosando, esto es, haciendo papilla digerible, aquello que estaba dicho extraordinariamente en un clásico. Creo que esto es un error. Cualquiera que se enfrente a la lectura sabe que es más difícil, pedregosa y hasta intransitable la lectura de un libro de divulgación si la comparamos con la frescura, la claridad y la naturalidad con que están escritos los grandes libros. Por algo son clásicos. Sin embargo es un prejuicio muy arraigado en el cual se fundamenta esta industria de la subliteratura que consiste en glosar malamente libros buenos. Además, con frecuencia es difícil encontrar el libro clásico que originó una serie de libros de literatura secundaria o derivada, de subliteratura, mientras que éstos están en cualquier parte del mercado. En realidad, los libros clásicos lo son precisamente porque tienen algo que decirnos a todos siempre y son mucho mejores que cualquier derivación, glosa o resumen que haya de ellos. Son mejores porque son más atractivos, más interesantes, más fáciles de leer, más inteligentes. Sin embargo, es difícil eliminar ese prejuicio.

¿Por qué la gente puede leer cuatrocientas intragables páginas de Stephen King y, en cambio, no lee *Madame Bovary*, de Flaubert, que es incomparablemente mejor, más divertido, más inteligente, más interesante? Creo que en parte se debe a que *Madame Bovary* aparece en una colección de clásicos y Flaubert es un autor del siglo XIX, un clásico. No sé cuáles sean las raíces de este prejuicio, pero son muy nocivas. Quien se acerca a la lectura a través de esta literatura secundaria y derivada la va encontrar con frecuencia superficial y finalmente aburrida, mientras que si entrase a partir de los clásicos la encontraría mucho más interesante. A propósito de esto, Chesterton criticaba mucho esta literatura "especial" para niños que comenzó a escribirse a fines del XIX y principios del XX. Se refería por ejemplo a J. M. Barrie, autor de *Peter Pan*, y de algunos otros, similares. Chesterton decía que no hay ningún motivo para escribir literatura especial para niños, pues los niños tienen una digestión muy buena; a la hora de comer, comen cualquier cosa porque tienen una buena capacidad de digestión, lo mismo a la hora de leer pueden leer cualquier cosa, por ejemplo a Shakespeare. Según Chesterton, escribir una literatura especial para los niños es una forma de disuadirlos de la lectura, porque muy rápidamente encontrarán todo aquello ñoño y tonto; es como querer hablarles de lo que ellos ya saben en un lengua que ellos ya conocen. Termina siéndoles aburridísimo. La lectura de los clásicos, en cambio, para un niño como para cualquier lector, está llena de misterios, de palabras y situaciones que uno no siempre entiende y que hace que dicha experiencia se convierta en una cosa extraordinariamente atractiva, porque da acceso a un mundo distinto.

Sin embargo, abundan las visiones pedagógicas y didácticas que insisten hasta el cansancio en la famosa "comprensión de la lectura", y que, por lo mismo, justifican esas versiones y glosas ñoñas, en detrimento de la lectura del texto canónico. Desde tu propia experiencia, ¿de veras es tan importante, para un lector incipiente, la severa "comprensión de la lectura"?

Yo diría que hay muchos planos para la comprensión de la lectura. Un mismo texto se comprende de manera muy distinta a los doce años que a los dieciocho y a los cuarenta; y eso no significa que uno no lo haya entendido. Entre mis aficiones de adolescencia, a los catorce años leí con avidez a Oscar Wilde. Todavía conservo el volumen de las *Obras completas* de Wilde, que fue uno de los primeros libros voluminosos que leí completo. La lectura de Wilde modificó mi percepción de las cosas, y de esa lectura conservo siempre no sólo frases sino también situaciones, ideas. La lectura de *De profundis* fue apasionante, lo mismo que las obras de teatro y *El retrato de Dorian Gray*. Por razones de trabajo y de estudio he vuelto recientemente a leer a Wilde y por supuesto mi aproximación ahora es muy distinta. Hoy conozco el medio en el que se movía él y he leído a sus contemporáneos y sé mucho más sobre la época que le tocó vivir. No quiere decir que en mi adolescencia no lo haya comprendido, sino que lo comprendí de otra manera. En aquel momento, fue un descubrimiento para mí y supongo que mucho de lo que Wilde quería decir se podía leer a la edad en que yo lo descubrí. Sin duda, son formas distintas de entender: como se dice, son diferentes "lecturas". Hoy hago tal vez una lectura más compleja, pero lo que entendí cuando lo leí por primera vez fue igualmente importante.

Parece ser que en todas las naciones, y en todas las épocas, la lectura prestigiada como práctica social está localizada en una minoría, en una élite. ¿Se ha modificado esta situación?

Sí y no. Pensemos, primero, en los cientos de miles y en los millones de libros que venden las grandes editoriales, sobre todo en inglés. Por estos enormes volúmenes de venta, tendríamos que concluir que hay millones de lectores. Se dirá que se trata de millones de lectores de una literatura secundaria, menor. No lo sé. Incluso si es así, el hecho es que en Estados Unidos, en Alemania, en Francia hay millones de lectores. ¿Es posible que, masivamente, la población lea? Yo creo que sí. Basta con subirse al metro de París o a un autobús en Estados Unidos y ver que todo el mundo saca su libro y se pone a leer. Es normal: los libros venden millones de ejemplares porque la gente los lee. Que pueda leer la mayor parte de la población, yo creo que no es una idea extravagante. Ahora bien: esa lectura compulsiva y constante, esa vida dedicada a la lectura, esas vidas que se viven en los libros y a través de los libros, ¿serán siempre ocupación para una minoría? Yo creo que sí. Tampoco es extraño: todas las *vocaciones* son minoritarias. ¿Qué quiero decir? Que quienes tengan como ocupación más importante de su vida la lectura siempre constituirán una minoría. Tal vez esto es lo que produce la impresión de que hay menos lectores.

Recuerdo un ensayo de Hans Magnus Enzensberger en el que hablaba sobre la lectura de poesía y decía él que los lectores de poesía son siempre los mismos, siempre el mismo número. Su idea era que son sólo unos pocos, en toda época y en todo lugar, los lectores que comprenden la poesía, que conocen la tradición y el lenguaje poéticos y que han leído a los principales poetas. Si actualmente son trescientos, es que siempre han sido trescientos. Eran trescientos en el año 1500; trescientos, en 1800, y trescientos, en 2001. Son siempre trescientos. Por supuesto, crece la población, crece el número de lectores en general, pero el número de lectores de poesía permanece constante. Es posible que sea así, es decir, que no solamente haya una minoría de lectores de *vocación* sino que esa minoría además se mantenga constante. Tampoco hace falta más. Esa dedicación casi exclusiva a la lectura de poesía siempre será el vicio de una minoría, pero eso no obsta para que la mayoría de la gente pueda leer de manera habitual, disfrutar con la lectura, aprender de la lectura y ver transformada su vida gracias a la lectura.

¿Cuál sería el mejor modo de contagiar el gusto por la lectura?

Tengo la impresión de que, en lo fundamental, no hay nada que sustituya a la relación personal. Es ese maestro o ese grupo de maestros, esa gente aficionada a la lectura que en el trato personal, en la conversación, en el diálogo, van introduciendo y haciendo atractiva la lectura. No creo que esto se pueda sustituir por cualquier medio masivo. Está muy bien lo que se hace en televisión, periódicos, radio, pero tengo la impresión de que es una invitación a la lectura dirigida a quienes ya de por sí leen, y a quienes la reseña de un libro, el comentario en la radio o en la televisión le pueden sugerir una nueva lectura o descubrir un nuevo autor, pero que ya están inmersos en la lectura. Difícilmente, alguien que no está acostumbrado a leer, que no sabe qué chiste tiene o por qué es importante, se va a acercar a los libros por un programa de televisión o uno de radio o por una reseña en el periódico. No hay nada que sustituya la presencia concreta de una persona con la cual hablar acerca de los libros. Cuando uno descubre la lectura y la escritura, lo que descubre también es la posibilidad, y la necesidad, de hablar acerca de los libros. La presencia de alguien que, personalmente, invita a la lectura, me parece que es difícil de sustituir; creo que es la forma más directa y más inmediata, y que no hay otra que le permita a la gente, de la misma manera, relacionar la lectura con su propia vida, con su experiencia. Hacer publicidad masiva para decir que leer es importante, no producirá necesariamente un alud de lectores.

¿Cómo modifica Internet nuestra relación con el libro y la lectura?

Es pronto para decirlo. El fenómeno de Internet es muy reciente. Para quienes nos hemos formado antes de que existiera Internet no es un sustituto de ninguna manera. Uno tiene Internet y lo usa para otras cosas y de otra manera. Si los jóvenes que ahora se están formando y educando con el acceso a Internet van a ver modificada su relación con los libros, es posible, pero es temprano para decirlo. Para mí, de hecho, nada es un sustituto de un libro, del objeto que tiene hojas de papel. El libro electrónico no tiene nada que ver. Quien descubre la lectura en los libros ya no puede dejar de buscarla en esos objetos físicos de papel que son los libros.

Lo que hace Internet es modificar los hábitos de estudio, modifica la curiosidad de los niños y de los adolescentes. Cuando uno tiene una duda, una pregunta, cuando hay un tema sobre el cual desea saber más, se puede ir a una biblioteca y buscar, curiosear en una enciclopedia y después en un diccionario biográfico, llegar por casualidad a la obra de un autor, hojear los libros físicamente; la experiencia es completamente distinta a la que se tiene al emplear la lógica de un sistema binario para seleccionar el tema y descubrir de inmediato una cantidad de documentos en la pantalla. Eso modifica la relación con los libros en general. Incluso modifica, seguramente, la idea de lo que es un libro: resulta ser un mecanismo arcaico para almacenar información, o algo así.

Para alguien que quiera leer poesía, difícilmente Internet significa una diferencia. Ciertamente, en la red uno puede encontrar los poemas de Quevedo, pero dudo que alguien aficionado a leer poesía de manera habitual busque en Internet el poema que, normalmente, tiene en el libro del autor que le interesa y le gusta. La lectura de novelas, la lectura de poesía no veo cómo se pueda modificar por la presencia de Internet. Ahora bien: el uso de Internet en la educación básica y secundaria hace, inevitablemente, que la experiencia de la lectura —la lectura de libros, se entiende— sea más tardía, más esporádica. En la práctica, es un recurso que sustituye a la lectura de libros. Es muy difícil señalar cuáles puedan ser las consecuencias. Conectarse es también una forma de mirar y de entender el mundo, muy diferente a mirarlo y comprenderlo a través de la lectura de un libro. De esto sí estoy seguro.

Una película, por muy mala que sea, ¿derrota siempre a un libro, por muy bueno que éste sea?

Una mala película va a tener siempre más público que un buen libro. Por otra parte, una película, por buena que sea, nunca va a tener la capacidad de expresión y la capacidad de duración de un libro. Podremos tener cuantas versiones cinematográficas se quieran del *Quijote*; pero nada va a tener la duración, la pervivencia y la importancia del *Quijote*. Nunca. Podremos tener todas las películas que se quiera sobre Moisés y sobre los Diez Mandamientos, pero nada va a sustituir nunca a la Biblia. En este sentido, los libros podrán dar lugar a numerosas películas, pero nunca serán sustituibles. El cine tendrá más público, otro público. No tengo duda: son muchos más los que habrán visto la película reciente *Les enfants du siècle,* sobre los amores de George Sand y Alfred de Musset, que los que hayan leído *Las confesiones de un hijo del siglo*, de Alfred de Musset; no obstante, el libro es infinitamente superior en todos los sentidos: va a durar. La película se vio en su momento y pronto pasará, se olvidará, quedará en alguna cineteca; el libro seguirá siendo extraordinariamente atractivo y les va a decir cosas a todos los enamorados de aquí al fin de los tiempos. En esta comparación entre literatura y expresión cinematográfica, tendría sentido decir también que lo propiamente literario de un libro, la literatura en un libro, es todo aquello que no puede ser convertido en película, todo aquello que en la película se pierde.

Un lector ávido, como es tu caso, que además tiene interés en compartir con otras personas ese gusto por lo leído, es sin duda un proselitista de la lectura. ¿Así lo asumes?

Positiva y militantemente, sí, por supuesto. De hecho, te diría que, en buena medida, considero que mi oficio, cuando doy clases, consiste básicamente en invitar a leer. Lo que yo tengo que decir es intrascendente comparado con lo que han dicho otros. Mi tarea como profesor consiste en que los estudiantes aprendan a leer y descubran la lectura. De eso se trata. Importa lo que dijeron otros. En otro sentido, siento un compromiso, moral y emotivo, hacia los autores que han escrito esos libros que a mí me han cambiado la vida. Ellos escribieron eso para que durase, para decir algo, y me han dicho algo a mí. Me siento en deuda con ellos, me siento obligado a decir que esos libros existen, que son importantes y que es extraordinario leerlos. Es una deuda personal con mis autores predilectos. Sí, en mi caso, no sólo soy un proselitista activo y militante, sino que a esto dedico mi vida profesional. Cuando escribo, como bien lo sabes, lo hago expresamente para invitar a la lectura. Pienso que no sólo por el volumen, sino también por la peculiar selección de lecturas que he hecho, yo puedo servir como puente para que otras personas descubran libros que les amplíen sus horizontes. Y ésta es una de las cosas que verdaderamente me importa en mi ejercicio profesional y en mi vida.

¿El buen lector debe leer sobre todos los temas y asuntos?

Depende mucho de las capacidades y preferencias. Por ejemplo, sabemos que Juan Rulfo era un lector voraz pero básica o únicamente de narrativa y básicamente en castellano. Era un gran lector, pero por las diversas condiciones de su vida, ambiciones, aficiones y demás, se había restringido a leer narrativa en castellano, incluidas traducciones por supuesto. En mi caso, por mi formación, inclinación y profesión, leo de todo: sociología, historia, psicología, filosofía, poesía, narrativa, etcétera, en diversos idiomas. Creo por supuesto que es mucho más interesante la lectura si uno tiene una afición omnívora, porque uno entiende mejor una novela cuando además ha leído la biografía del personaje y también algo de historia de la época en la que sucede la obra, si uno tiene algunas nociones de psicología o sociología. Creo que esta lectura omnívora en todos los campos y las disciplinas, en todos los ámbitos del saber, favorece la comprensión, permite una lectura distinta pero sobre todo más enriquecedora y atractiva. En la actualidad, no podemos ignorarlo, hay una predilección abrumadora por la lectura de narrativa y, muy especialmente, por la novela. Me parece comprensible, porque la gente busca y encuentra entretenimiento. Personalmente, como lector y como escritor, prefiero el ensayo; leo narrativa de manera natural, pero el ensayo es el género que más me interesa. No sé con exactitud qué sea un buen lector, pero lo que sí sé es que la lectura se vuelve más interesante si uno lee de todo.

Leer, ¿a todos nos pasa?

A todos nos pasa. No nos damos cuenta, pero a todos nos pasa. Uno lee el periódico, uno lee los subtítulos de una película. Es curioso: cuando la gente se sienta dos horas a ver una película, está leyendo sin darse cuenta, y a gran velocidad. Leemos recetas, leemos manuales y leemos una enorme cantidad de cosas. El leer nos sucede a todos. Ahora, en algún sentido, esas operaciones cotidianas de leer (leer el manual de operación de un aparato electrónico, leer el instructivo de una medicina, leer los subtítulos de una película, etcétera) no son asimiladas al acto de leer, son algo distinto. Nadie equipara esas lecturas con el hecho de sentarse delante de un libro y leerlo. Leer, a todos nos pasa; no obstante, hay una barrera que separa esa lectura ordinaria, cotidiana, mediante la cual desciframos el lenguaje escrito de manera permanente todos los días, del hecho de leer un libro. Gente que de manera habitual puede pasarse dos horas leyendo los subtítulos de una película encontraría sin embargo insoportablemente aburrido pasarse veinte minutos leyendo un ensayo, un artículo de una revista o un cuento. ¿Por qué se erige esa frontera? No lo sé. El hecho incontrovertible es que la gente lee, y puede leer a mucha velocidad ante la pantalla del cine o frente a la televisión, y no siempre es capaz de leer unas cuantas páginas de un libro.

Gente preparada, académicamente, con amplia o desahogada capacidad económica para comprar libros, con un cierto grado de refinamiento en el vivir, con un buen margen de ocio, no lee; absolutamente no lee. No lee, ni en defensa propia. ¿A qué atribuyes esto?

Es difícil saberlo. El caso que más me preocupa y alarma es el de académicos, profesores universitarios que se dedican

a dar clases y que, habitualmente, no leen. Me parece una
cosa sorprendente, desconcertante, no alcanzo a explicármelo. Supongo que tiene que ver con la tendencia a la pro-
fesionalización y a la estandarización del conocimiento: la
mayor parte de los académicos se atienen a una definición
disciplinaria de su oficio, se dedican a una disciplina; para
mantenerse al día en su materia lo único que tienen que
hacer es leer, revisar incluso por encima los cuatro o cinco
artículos de revistas académicas que se ocupan de su tema.
Y no tienen, esto es lo alarmante, ninguna curiosidad por
saber nada más. Es algo que se asociaba al estereotipo des-
pectivo del académico estadounidense, que era el modelo
del especialista según lo definía Ortega: aquel que sabe cada
vez más acerca de cada vez menos hasta que lo sabe casi todo
acerca de casi nada. Lo que pasa es que este modelo se ha
extendido en todo el mundo. Es grave, es preocupante, porque ninguna disciplina del saber, ninguna en absoluto, ni de
las ciencias ni de las humanidades, puede prescindir de ese
conocimiento general. Un científico que no sepa nada en
absoluto de sociología de la ciencia está muy mal capacita-
do para entender lo que está haciendo; un médico que no
sepa nada de psicología o de sociología de la medicina está
en malas condiciones para ejercer, porque hay mucho que
ya sabemos y podemos entender acerca de la relación entre el médico y el paciente, acerca de las actitudes de los
enfermos, etcétera, que es necesario saber. La cultura del
especialista me parece preocupante porque hace que nuestros académicos, nuestros universitarios, no lean. Hay otro
fenómeno y es el de la gente que se dedica a cualquier otro
oficio o profesión, que tiene efectivamente formación universitaria, que tiene dinero, que tiene tiempo para el ocio y

que habitualmente no lee. Aquí tengo la impresión de que lo que hay es una actitud abiertamente antiintelectual; una actitud que de manera militante menosprecia los libros, la lectura y, en general, la vida intelectual. Recientemente, he estado leyendo la historia del antiintelectualismo en Estados Unidos, un libro espléndido de Richard Hofstadter. En nuestras sociedades prevalece la idea de que leer es una actividad superflua, secundaria, para cuando uno tenga ganas de matar el tiempo.

Recuerdo la expresión de un conocido mío, empresario exitoso, con formación universitaria y con todo el dinero que uno pueda desear. En una ocasión me preguntó por qué diablos mal vivía yo con un sueldo de académico en lugar de poner la inteligencia al servicio de una empresa productiva para hacer dinero y vivir mucho mejor. Su expresión me resultó muy significativa y reveladora de lo que antes te he dicho. Me aconsejó: "¿Por qué no te dedicas cuatro, cinco o diez años de tu vida a hacer dinero en una empresa y, luego de eso, te ocupas de tus *inquietudes intelectuales*?". Esta expresión me resultó muy desconcertante, porque las mías no son "inquietudes intelectuales"; los libros son mi vida. Quiero decir que no entiendo la vida de otra manera, sino con los libros y a través de los libros. Me percaté, entonces, de que la distancia que me separaba de él y de una enorme cantidad de gente es la falsa idea que se tiene sobre el libro y la lectura. Leer no es una curiosidad, no es una inquietud, no es un *hobby*, no es algo que uno hace a ratos; *es mi vida*, que es distinta porque leo. Mi vida se dedica a leer, a dialogar acerca de la lectura, a hablar sobre lo que otros han escrito y, finalmente, a participar dentro de una humanidad mucho más densa, más com-

pleja y más excitante y prolongada. Recordemos los versos
de Quevedo: "Retirado en la paz de estos desiertos, / con
pocos, pero doctos libros juntos, / vivo en conversación
con los difuntos / y escucho con mis ojos a los muertos".
Es vivir en diálogo, como decía Descartes, con las mentes
más esclarecidas y las sensibilidades más extraordinarias en
todos los tiempos y en cualquier país del mundo. Leer es
vivir y la vida es formar parte de ese diálogo. Es, además,
una vida mejor, una vida esclarecida. La distancia que me
separa de este personaje y de otros muchos se explica por
la corta visión que éstos tienen de la lectura y, por supuesto,
de la vida. Son los que piensan que la lectura es un *hobby*,
una curiosidad, una inquietud, pero a fin de cuentas algo
secundario. Son los que piensan que lo importante es hacer
dinero. Para mí, ésa no es la vida.

¿La lectura configura la existencia?

Inmediatamente te respondería que sí, que la lectura configura la vida; más aún: en mi caso, es mi vida. No puedo
entender mi vida separada de la lectura, en general, y, en
particular, sé que soy una persona distinta porque he leído
a Oscar Wilde, a Stendhal, a Isaac Bashevis Singer. Mi vida
está hecha por ellos y por otros más, y, seguramente, eso que
me han permitido entender de mí, de los demás, del mundo, ha configurado la serie de lecciones y decisiones vitales
que, finalmente, hacen que los libros sean el centro de mi
vida. A fin de cuentas, lo que quiero, lo que valoro y lo que
he hecho de mi vida depende de eso. La mayor parte de
mis amigos y compañeros de generación encontraron muy
buen acomodo y una vida muy próspera, y seguramente

feliz, en la administración pública, en la empresa privada y en la política. En cambio, mis decisiones fueron todas sistemáticamente orientadas hacia esta forma de vida que me permite estar permanentemente leyendo y escribiendo. Mi oficio es dedicarme a leer y a escribir y, en esta medida, mi oficio es mi vida y la lectura me ha configurado, definitivamente. Gracias a mis lecturas aprendí a ordenar y a organizar mi vida de una manera distinta. No digo que mejor, pero sí completamente distinta.

¿La lectura constituye un poder?

No. En el sentido en que habitualmente se entiende la palabra poder, la lectura no da ninguno. Ahora bien, la lectura, sin duda alguna, aumenta y amplía la capacidad que uno tiene para enfrentarse a la vida, para enfrentarse a los problemas, para entenderse a sí mismo y para entender a los demás. La lectura amplía los horizontes, aumenta los recursos que uno tiene, potencia la capacidad para entender y para entenderse. En esta medida, aumenta ese posible poder: el poder decidir uno acerca de su vida; decidir de manera informada, seria, saber uno verdaderamente qué quiere, qué le gusta.

¿Qué tipo de biblioteca has formado?

Tengo unos diez mil volúmenes. Si la dividiera, una mitad es narrativa y poesía, y la otra mitad es ensayo: historia, sociología, literatura, filosofía, psicología, antropología; prácticamente, todas las disciplinas, indiscriminadamente. Cada cierto tiempo, hago un descarte y elimino veinte o treinta cajas de libros; son aquellos libros que por necesidad coyuntural ingresaron a mi biblioteca y que, al cabo de uno o dos años, ya no tienen la misma importancia o resultaron ser ejemplos de literatura efímera. Conservo únicamente aquellos libros que pienso que podría volver a leer. No sé si lo haré; no obstante, ése es normalmente mi criterio para conservar un libro. Por supuesto, en esta categoría están los clásicos y después todos aquellos libros que, por alguna razón, han sido significativos para mí. Te respondo, pues, en breve: mi biblioteca está formada por los libros que yo volvería a leer; también, particularmente, por todos aquellos que yo querría que estuviesen siempre abiertos y a mano para mis hijos.

¿Cuál es la diferencia fundamental entre una emoción de lector y una emoción no lectora?

La investigación que actualmente estoy preparando es sobre la formación cultural de los sentimientos. El punto de partida es muy obvio: todo lo que sentimos ha sido elaborado por la cultura, nunca hay nada por completo espontáneo y auténtico, nada puramente zoológico en los sentimientos. Nuestra emoción frente a la muerte, por ejemplo, es muy distinta a la del siglo pasado, muy distinta de la que pueden experimentar los chinos o los musulmanes. Eso nos pasa a todos, sin que nos demos cuenta siquiera. Ahora bien: la lectura también tiene su influencia, de muchas maneras. La lectura le permite a uno distinguir matices en la sensibilidad, descubrir diferencias, percibir con más exactitud lo que hay en una emoción cualquiera. Es algo que se puede adquirir o no, quiero decir: tenemos esa posibilidad, pero no es ni natural ni inevitable. Hace poco escribí un ensayo que comenzaba con un verso de Apollinaire que leí hace unos veinticinco años: "Llueven voces de mujeres como si estuviesen muertas hasta en el recuerdo". Es uno de los versos más tristes que puedo recordar. Lo leí a los trece o catorce años y se me quedó grabado. En ese entonces no sabía con precisión qué quería decir, no sabía con exactitud a qué se refería, pero me impactó profundamente. Era una frase mágica, en la que yo presentía algo terrible y se me quedó grabada. Más tarde vine a saber su significado, más bien a sentirlo: hay una forma particular de dolor, que se agudiza no por el recuerdo, sino por la conciencia del olvido. Digámoslo así: es el dolor del amor tan perfectamente muerto que uno no consigue siquiera recordar cómo era. Pero cualquier paráfrasis fracasa, se trata estrictamente de eso, que llueven voces de mujeres como si estuviesen muertas hasta en el recuerdo. En fin, ese matiz del sentimiento yo no lo hubiera podido descubrir sin el poema. Uno seguramente vive con una sensibilidad y tiene la capacidad para sentir muchas cosas, pero el hecho de encontrarlas en la poesía, en la novela, en un ensayo, permite entenderlas, descifrarlas mucho mejor, matizar, comprender las diferencias y las particularidades de cada sentimiento. Por eso, cuando estamos viviendo una situación, y sintiendo algo particularmente intenso, recordamos también lo leído, y volvemos a ese libro que nos ha proporcionado la experiencia de la complejidad.

¿Cuál es la relación que estableces con los no lectores?

Digamos que es radicalmente distinta a la que puedo tener con alguien que lee habitualmente. En un sentido muy concreto, con alguien que habitualmente lee, mi conversación está llena de referencias a la lectura; a lecturas que compartimos, a lecturas que hemos hecho juntos o a libros que recomiendo o regalo. Soy dado a regalar, compulsivamente, libros, porque quiero compartir esa experiencia. Con alguien que lee habitualmente, tengo la posibilidad de una compenetración mucho mayor; puede entenderme mucho mejor, puedo entenderlo, porque seguimos hablando a través de los libros y porque los libros constituyen una parte fundamental de lo que soy, de lo yo he vivido, de lo que siento y pienso. Por el contrario, con alguien que no lee, por muy afectuosa, amorosa y constante que sea mi relación, sé que nunca va a saber de mí más que las anécdotas y poco más. Hay algo de mí que no podrá saber nunca.

¿Cómo vislumbras el futuro de la lectura?

Siendo muy pesimista, me adhiero a la hipótesis de Enzensberger: ha habido siempre trescientos verdaderos lectores y seguirá habiendo trescientos verdaderos lectores. Esto no se va a modificar. Si la pregunta va en el sentido de creer que la masa de la población mundial pueda ser, en algún momento, lectora de buena literatura, yo te respondería que ese ideal optimista, que esa utopía no creo que se realice jamás. Lo que sí creo posible es que esa población mayoritaria lea un poco más de lo que lee hoy. Para eso haría falta que la gente descubriese que su vida puede ser mejor, más interesante y más feliz con la lectura. Es posible. En general, soy escéptico. La lectura nunca ha sido una ocupación fundamental para la mayoría: ni ha sido nunca así ni lo va a ser, pero tampoco importa. Lo que importa es conservar a los trescientos lectores, porque hoy esos trescientos lectores están amenazados por muchas circunstancias económicas, políticas y editoriales, y por las políticas públicas y la organización del sistema educativo. Incluso la posibilidad de reproducir a esos trescientos lectores está hoy amenazada. Finalmente, esos trescientos lectores, que serán seguramente trescientos autores también, son los que permiten que, como especie y como sociedad, podamos tener una imagen un poco más clara de lo que somos y lo que queremos. En este sentido, esos trescientos lectores son indispensables para poder soñar con que algún día haya cuatrocientos o quinientos. No creo que podamos llegar a más.

CIUDAD DE MÉXICO, 28 DE JUNIO DE 2004.

JULIETA FIERRO

La vida de uno está en los libros que ha leído

Nacida en 1948, en la ciudad de México, Julieta Fierro es una astrónoma mexicana de gran prestigio y una de las investigadoras científicas de máximo nivel con el que cuenta nuestro país. Autora de treinta libros de divulgación y de múltiples ensayos especializados, publicados en las revistas más importantes de México y el extranjero, esta científica posee el reconocimiento de la comunidad académica internacional en su disciplina.

En su amplia bibliografía destacan las obras *Cómo acercarse a la astronomía* (1991), *El universo* (1999), *Las estrellas* (1999), *Extraterrestres vistos desde la ciencia* (2000) y *La astronomía de México* (2001), que se reeditan constantemente, del mismo modo que han alcanzado amplios tirajes los libros de divulgación que ha publicado en colaboración con otros especialistas, entre ellos *El sistema solar*, *Las estrellas* y *El cosmos*, escritos con Miguel Ángel Herrera.

Por su destacada labor como divulgadora de la ciencia ha recibido, entre otros reconocimientos, el Premio de Divulgación de la Ciencia de la Academia de Ciencias del Tercer Mundo, el Premio Nacional de Divulgación de la Ciencia y el Premio Latinoamericano de Popularización de la Ciencia. En 1984, junto con E. Burgos y S. Arau publicó el libro para niños *Un paseo por el universo*, con un tiraje de ciento cincuenta mil ejemplares; también ese mismo año, en colaboración con otros científicos, participó en el volumen *Astronomía para niños*.

Docente de la Facultad de Ciencias de la Universidad Nacional Autónoma de México, además de investigadora de tiempo completo del Instituto de Astronomía de la misma UNAM, Julieta Fierro es miembro de la Academia Mexicana de la Lengua y fue presidenta de la Sociedad Mexicana de Museos y Centros de Ciencia, y directora de Museos de la Dirección General de Divulgación de la Ciencia de la máxima casa de estudios del país, lo cual quiere decir que bajo su responsabilidad estuvieron el museo Universum, el Museo de la Luz y la revista de divulgación científica *¿Cómo ves?*

Lectora no únicamente de temas científicos, sino, en general, de los más diversos géneros literarios (novela, poesía, ensayo, etcétera), su área de trabajo ha sido la materia interestelar y el sistema solar. En el ámbito internacional ha participado en programas académicos, exposiciones científicas y creación y remodelación de museos de ciencias, observatorios y salas de astronomía. Sus conferencias en torno del origen del universo, la evolución de las estrellas, la importancia de la divulgación de la ciencia y los nuevos planetas, entre otros temas, revelan la amplitud de sus intereses y conocimientos.

Sus primeros estudios los realizó en el Liceo Franco Mexicano, pero refiere que siempre sacó cero en francés y diez en matemáticas. La ciencia le interesó desde muy pequeña porque, según afirma, su padre platicaba con mucho entusiasmo sobre temas científicos, además de que en su casa y en la biblioteca de la escuela había libros muy hermosos de ciencia que inmediatamente atrajeron su interés y su gusto. El tema que más le apasiona es la cosmología, es decir, el estudio del origen y la evolución del universo.

Conversamos con quien es hoy, además de científica, una lectora gozosa de los diversos géneros literarios, pese a que en su infancia y adolescencia, por problemas de dislexia, la lectura de libros le representó más que una felicidad un tormento.

¿Cuándo y de qué forma descubriste la lectura?

En mi casa y con bastante dificultad, porque me costó siempre muchísimo trabajo aprender a leer, debido a una falta de habilidad natural para la lectura. Por eso comprendo la dificultad lectora de muchas personas. Hoy sé que padezco dislexia, pero en la época de mi niñez estos problemas no se detectaban tan fácilmente. Leer me costaba muchísimo trabajo y, además, me avergonzaba de ello, porque mi hermana mayor y mis compañeros leían rápido y yo no conseguía avanzar.

En el colegio, que era un colegio francés, todos los niños podían leer y entendían perfectamente, mientras que, en mi caso, yo me aterrorizaba cuando la maestra me pasaba al frente de la clase con un libro en las manos para leer en voz alta. Apenas lo podía hacer, muy lentamente, y ello me ocasionaba una vergüenza espantosa. Mientras mis hermanos se divertían con los cómics, yo fui descubriendo la lectura con mucho dolor. Por eso pienso que tenemos que innovar los sistemas educativos, de manera que, por un lado, se ayude a los niños a convertirse en buenos lectores, sin aburrimiento, y, por otro lado, que se elaboren textos adecuados, técnica y pedagógicamente, para aquellos niños que tengan dificultad con la lectura. Otro aspecto importante es que, en las escuelas, los libros no estén bajo llave; que las bibliotecas de aula sean realmente una opción para diversificar la experiencia de leer; que los niños no se restrinjan únicamente a los libros de texto.

Cuando ya dominaste la lectura, ¿recuerdas el primer libro que leíste con placer y sin dolor?

Creo que fue *La guerra y la paz*, de Tolstoi. Me fascinó. Y ésta fue una experiencia que se dio en el bachillerato o un poco después. Desde entonces, busco aquellos libros que me gusten, que me provoquen, que me fascinen, y desde entonces la lectura es parte fundamental de mi vida.

¿Qué es lo que encuentras en la lectura y que no hallas en otro ámbito?

Para decirlo pronto, la lectura es el espacio donde encuentro la respuesta a mis preguntas, donde hallo esparcimiento, donde me pongo a pensar; un ámbito extraordinario que deseo sea habitado también por otras muchas personas.

¿Cuál fue el primer libro o la primera lectura que modificó tu percepción de las cosas?

No te podría decir, con precisión, ningún título, pero creo que fue alguno de los libros de ciencia (astronomía, física, matemáticas) que había en mi casa.

¿Había antecedentes lectores en tu familia?

Sí, afortunadamente, mi papá tenía muchísimos libros; estaban en el pasillo de la casa y, además, no estaba prohibido tocarlos. Es verdad que no los tocábamos tanto como mi papá hubiese querido, pero los libros nunca fueron para mis hermanos y para mí objetos extraños. Ahora que te digo esto, recuerdo que Rosario Castellanos refiere que ella dejaba en su casa cerros de libros por todas partes con la ilusión de que su hijo se tropezara con ellos, quedaran abiertos en alguna página y leyera algo que le llamara la atención.

¿Hubo algún profesor en la escuela que contribuyera a facilitar tu interés por la lectura?

No, porque los profesores que me apapachaban eran los de matemáticas, los de ciencias, no los de literatura. Cuando vencí las dificultades de la lectura, yo diría que empecé a leer libros por un afán sangrón, por presumida, y luego ya no pude dejarlos porque me encantaron. Es una desgracia que muchos actuemos en función de la imagen que damos a los demás, pero en el caso de la lectura, desde mi experiencia personal, existió este elemento de presunción que, por fortuna, derivó en un placer que ha enriquecido mi vida.

¿Tu padre te animaba a leer?

No exactamente. Pero hay que tomar en cuenta que mi madre murió cuando yo tenía trece años; de modo que quedarse viudo con cinco hijos no fue nada fácil para él. A ello se añadía que uno de mis hermanos, el más pequeño, con un año de edad en ese entonces, padecía síndrome de Down. En esta situación, mi padre más bien buscaba que nosotras las mujeres lo ayudáramos en la casa con los niños y con las tareas del hogar. A partir de ese momento la lectura no fue algo que él nos recomendara, y a veces más bien nos lo prohibía, aunque no hay nada como prohibirle algo a un adolescente para que inmediatamente vaya contra esa prohibición.

¿En dónde crees que resida realmente el problema de la escasez de lectores?

Por principio creo que está en el hogar. Aunque nos quejemos todo el tiempo de los profesores, debemos reconocer que la mayor dificultad para lograr un mayor número de lectores está en la familia. La institución familiar ha cambiado tanto que ahora ya no es frecuente encontrar una familia nuclear, hay poca sobremesa y los niños no aprenden ni siquiera a hablar con corrección. Es muy difícil que los niños lean porque en sus casas no existe el hábito de la lectura. Por eso creo que la educación de las mujeres es fundamental, pues existe una correlación innegable entre el grado de escolaridad de la madre y el aprovechamiento escolar de los niños. Del mismo modo, esa correlación se puede detectar en los hábitos, incluido por supuesto el de la lectura. Debemos tomar en cuenta que quienes pasan mayor tiempo con los niños son las madres. Desde luego, la escuela, como institución, también puede influir y de hecho influye en la formación de las costumbres, pero en principio el problema de la lectura reside en la familia.

¿Cómo juzgas, entonces, el papel de la escuela en esta materia?

Hace poco, al revisar el programa de la SEP, relativo a la educación secundaria, detecté que un punto que no está entre el perfil del egresado es el placer de entender, ni tampoco se contempla la introspección y el valorarse como individuo. Un elemento fundamental para que uno se sienta bien consigo mismo es darse satisfacciones, y pocas satisfacciones hay tan grandes como aprender a leer y disfrutar la lectura. Te lo está diciendo alguien para quien aprender a leer fue una proeza. De pronto, toda esta parte lúdica está excluida de los programas escolares, lo cual me parece una falla, a la luz sobre todo de un argumento incontrovertible: si uno asocia cualquier actividad con el placer, uno tiende a repetirla.

¿Crees que esta asociación exclusiva del libro con los deberes escolares inhiba un tipo de lectura más placentera?

Lo que creo es que faltan propuestas que sepan conciliar el deber con el placer. Insisto: que los niños no sólo conozcan los libros de texto; que también se incentive su curiosidad por otras cosas y otros libros. Las dificultades vienen desde preescolar. Sé perfectamente que la idea no es enseñar a leer y a escribir desde preescolar, pero lo que sí se puede hacer es leer en voz alta para que los niños escuchen y aprendan, con las maestras, a disfrutar las palabras aun antes de que aprendan a decodificar los símbolos. Tengo la impresión de que estamos desperdiciando las habilidades de los niños. Tal vez es por todo esto que los niños aprenden a asociar la escuela con quedar bien con el maestro o con la mamá; es decir, van a la escuela en función de que les pongan la estrellita porque se portaron bien y no en función de las habilidades adquiridas y del placer de haber aprendido algo nuevo. Nos olvidamos de que la manera más fácil de a prender cualquier cosa, incluida la lectura, es por curiosidad y por imitación. Tenemos que enseñarles a los niños que si adquieren habilidades van a disfrutar mejor la vida y van a poder resolver mejor sus problemas. En este sentido, debemos conseguir que la lectura se vuelva una actividad estimulante. Hace falta también preparar a los maestros para que puedan detectar a esos niños que tienen problemas con la lectoescritura, y sepan, además, que hay miles de maneras de ayudarlos. Si yo, con mis dificultades naturales, aprendí a leer y a disfrutar la lectura, eso quiere decir que el problema no es insoluble. Por otro lado, un niño que aprende a resolver su problema tempranamente, deja de ser, en consecuencia, un problema para la escuela. Si no enfrentamos esta realidad con cursos que corrijan estos aspectos, se seguirá arrastrando esta problemática que, obviamente, se refleja cada vez más en deserción escolar.

En tu caso, ¿hubo algún tipo de lectura popular que haya influido en tu afición por leer?

No, porque, como te he dicho, mis dificultades para leer eran tremendas. Fue una lástima, por todo lo que me perdí, y porque sí creo que las lecturas populares pueden ayudar a incentivar lectores. Actualmente, en la Academia Mexicana de la Lengua estamos haciendo una serie de lecturas ilustradas que pueden dar muy buen resultado. Ojalá se aprovecharan mejor los recursos de las lecturas populares para hacer, por ejemplo, cómics con temas científicos. Las "lecturas vaqueras" inclusive podrían servir para ese propósito. Lo que sucede es que los ambientes están llenos de prejuicios, y a veces algo que puede ser muy bueno, muy eficaz, se desdeña de antemano.

En este sentido, ¿crees que el cómic o la historieta faciliten de alguna forma el acceso a la lectura?

Por supuesto. Una vez hice un cómic de astronomía del que se imprimieron ciento cincuenta mil ejemplares, y creo que fue un ejercicio muy bueno. Era un cuaderno para iluminar en el que participaron también otras personas muy creativas y se hizo con mucho ingenio y buen humor. Lo que hace falta en México son propuestas novedosas y cordiales para los lectores. Con la directora del Fondo de Cultura Económica y con mis colegas de la Academia Mexicana de la Lengua he comentado que, en el nivel de preescolar, deberían existir libros como "Las cien palabras más bonitas del mundo" (es sólo un ejemplo), en el cual pudiera integrarse poesía con pintura o dibujo, a fin de que los niños se enamoren realmente de nuestro idioma, de las palabras que usan y de aquellas que aún no forman parte de su vocabulario pero que entonces podrían descubrir en un libro divertido, gozoso. Es terrible el grado de limitación que tienen los adolescentes y los jóvenes en su vocabulario y, en consecuencia, si tienen un vocabulario limitado, la generación de ideas es igualmente pobre.

En tu adolescencia y juventud, ¿tuviste amigos o compañeros de la escuela que hubiesen alentado o reforzado tu interés por la lectura?

Sí, una amiga en la preparatoria, Ena Lastra, poeta y gran lectora. Estábamos en un internado y ella leía y me recomendaba lecturas. Gracias a sus recomendaciones leí, por ejemplo, *La montaña mágica*, de Thomas Mann, y *La divina comedia*, de Dante.

¿Y no tuviste lo que se denomina lecturas infantiles y juveniles?

No, por la misma dificultad que ya te expliqué. Cuando me nombraron directora de Museos de Ciencias de la UNAM, tuve dos motivos por los cuales pensaba que no debía aceptar: porque sufro migraña y porque mi ritmo de lectura es muy inferior con respecto a la mayoría de los lectores ávidos y profesionales. Sin embargo, lo pensé bien y acabé aceptando. Después de todo, soy autora de varios libros y hasta miembro de la Academia Mexicana de la Lengua. Esa dificultad natural no me impide por supuesto trabajar, y cuando leo lo hago con mucha pasión. Mi trabajo en la Academia es estimado y no creo que mis colegas estén arrepentidos de haberme elegido.

¿Qué encontrabas en los libros de texto de la escuela?

Eran todos en francés. Me gustaba cuando llegaban y estaban nuevos; entonces los forraba, pero ya después se convertían en un tormento. En la universidad no me pasó eso; más bien me parecían fantásticos, y leía y estudiaba con mucho entusiasmo antes de ir a clases. Entre más sabe uno, más aprende. Entre más se lee, más necesidad hay de leer. Esto seguramente ya lo has experimentado, pero a mí me lo hizo ver, con mucha claridad, Jorge Flores. Yo me hice buena alumna gracias a que leí con mucha atención los libros de texto.

En tu caso, por lo que me cuentas, leer y escribir no fueron actividades simultáneas.

Es que escribir también era un tormento. Yo siempre saqué cero en francés. Los once años que estuve en el Liceo Franco Mexicano saqué cero en francés, aunque en matemáticas obtenía diez. Obviamente tenía progresos, pero aprobaba porque era buenísima en matemáticas. Gracias a los maestros de matemáticas, que apreciaban mi talento para su materia, yo pude avanzar en la escuela. Si no hubiera sido por ellos, quién sabe lo que habría pasado.

¿Las matemáticas son una forma de lectura?

Sí, o, más bien, son otro lenguaje.

¿Crees que se necesite una disposición especial para ser lector, del mismo modo que otros son futbolistas, toreros, etcétera?

Pienso que sí, que hay gente especialmente dotada para eso. Tengo un hermano que lee un libro o más a la semana. A veces se queda toda la noche hasta que lo acaba, mientras que yo soy incapaz de esas proezas. Sin embargo, también creo que cualquier persona puede disfrutar la lectura intensa e inmensamente, del mismo modo que aunque no sea uno músico profesional, disfruta la música. No se necesita ser escritor o poeta para disfrutar las obras literarias y experimentar un gran placer. Yo sé que soy absolutamente incapaz de escribir un poema, pero disfruto intensamente la lectura de poesía.

Desde luego, esto no quiere decir que uno pueda disfrutar todas las cosas. Hay cosas que, si están fuera de nuestro interés, se pueden convertir en una tortura. No sé, por ejemplo, si cualquiera puede disfrutar los toros, por la violencia que tiene esta fiesta o tradición; sin embargo, hay una parte, la histórica, que a mí en lo particular sí me interesa. Y reconozco, también, que hay actividades que no me gustan. Una vez me invitaron a un desayuno de señoras y me pareció abominable, porque una de ellas, que daba consejos para la amistad y las relaciones, afirmaba que uno se puede llevar perfectamente bien con cualquier ser humano. Eso me pareció una tontería porque pensé inmediatamente en el Mochaorejas y no fui capaz de imaginar siquiera de qué modo hubiera podido establecer una simple conversación con ese individuo. ¿Qué podría conversar con él? ¿Acaso sobre la técnica del corte de oreja?

¿La lectura y la escritura producen siempre mejores personas?

Hasta donde entiendo, para poder pensar se requiere de palabras, porque las palabras están asociadas a conceptos. Yo creo que leer y escribir hacen que uno tenga nuevas ideas, y crear es una actividad extraordinaria. En este sentido, leer y escribir sí favorecen un mayor enriquecimiento espiritual de las personas. No sé si las hagan mejores, pero al menos sí más plenas. La mejoría es un término muy relativo, pero de lo que sí estoy segura es de que las personas que leen pueden desarrollar mucho mejor sus habilidades que aquellas que no lo hacen. El uso que se le dé a esas habilidades ya es otro asunto. Y esto es mucho más claro en el caso de la ciencia, pues cualquier habilidad humana se puede usar para el bien o para el mal. La energía atómica no es mala en sí misma porque a partir de ella se hayan fabricado bombas; ese es más bien uno de los malos usos que se le dio a un conocimiento científico. En el caso de la palabra, y del libro mismo, tú también lo sabes, dichos instrumentos se pueden utilizar también para ofender y lastimar, pero eso no es problema de la palabra y el libro sino de quien los usa.

¿Hay, entonces, libros buenos y libros malos?

Yo creo que sí. Desde los que están mal escritos hasta aquellos cuyo contenido tiene el propósito de engañar, de mentir o de confundir. En el caso de los que están mal escritos, son malos porque mutilan nuestro precioso idioma.

Sin embargo, como sabes, Plinio decía que no hay libro, por malo que sea, que no contenga algo aprovechable. ¿Qué piensas al respecto?

Que Plinio tenía razón: los libros malos sirven para que los contrastemos con los buenos. Un pésimo libro de poesía nos hará apreciar más y mejor la buena poesía. Un libro mentiroso nos hará comprender mejor un libro de ética. Para esto sí nos ayuda el contraste; para esto sí sirven los libros malos y, en función del criterio de quien los lee, pueden ser aprovechables.

¿Para qué te sirve leer?

Para muchas cosas: para disfrutar, para enterarme, para ponerme a pensar, para imaginar, para resolver problemas, para comprender, para probar el enorme placer de entender, para preservar el conocimiento, para comunicarme mejor, como compañía en momentos difíciles e incluso para pasar el tiempo.

¿Cuál crees que sea la mejor manera de contagiar el gusto o la necesidad por la lectura?

El amor. Hay varios elementos que se requieren para enamorar a una persona y estos mismos se deben utilizar para la lectura. Por ejemplo, cuando uno quiere enamorar a alguien, lo primero que hay que hacer es conocerlo. Si queremos que alguien lea, tenemos que enterarnos cómo es esa persona, para que el acercamiento con el libro que pretendemos tenga que ver con algo que le pueda interesar. Si es un niño y le gusta mirar las nubes, un libro acerca de las nubes puede ser extraordinario y, a partir de ese libro, puede aficionarse a la lectura de otro tipo de materiales. El libro relativo a las nubes lo puede llevar al tema de la lluvia, de los relámpagos, etcétera. Y ahí puede estar, también, el principio de la poesía o de una vocación científica.

Asimismo, es importante que ese contagio se produzca desde la edad más temprana. Al niño hay que permitirle que entre en contacto con los libros, pues el contacto físico agradable es esencial para el amor. Una buena edición, un libro hermoso, ayuda mucho. Debe haber, además, creatividad y buen humor, porque la creatividad y el buen humor, cuando se comparten, facilitan el enamoramiento. Y luego está la narrativa de lo compartido, porque los enamorados se preguntan constantemente si hay satisfacción en lo que hacen. Si uno utiliza las técnicas del amor para enseñar a leer, puede tener mucho éxito. El éxito mismo es parte del amor; los enamorados están gozosos cuando tienen éxito en lo que sea: por ejemplo, logran llegar a tiempo al cine, están felices y comparten su éxito. Si un niño termina la lectura del libro junto con su facilitador, esto ya representa un éxito compartido.

Y ahora que mencionas el cine, ¿crees que una mala película venza siempre a un buen libro?

No, para nada, pero una buena película sí puede vencer a un mal libro. Además, entre más lee uno, menos se deja sorprender por una mala película.

¿Hay libros que cambian el curso de la historia?

No sé; eso habría que preguntárselo a un historiador. Tú debes saber más de esto. Tal vez el *Quijote*.

En Los demasiados libros, *Gabriel Zaid formula una serie de preguntas irónicas y provocativas que me gustaría leerte para solicitar tu respuesta: "¿Sirve realmente la 'poesía comprometida'? ¿Daña realmente la literatura pornográfica? Los suicidas wertherianos, de no leer el Werther, ¿no se hubieran suicidado? La lectura de Marx, ¿produjo el 26 de julio en Cuba? La lectura de los evangelios, ¿produjo el bombardeo de Hiroshima?"*

Repítemelas, por favor, una por una.

¿Sirve realmente la "poesía comprometida"?

Sí, cómo no. Ha servido, de repente, para motivar a las masas. Quién sabe si los fines a los que se lleguen sean válidos. Pero creo que sí puede funcionar como reactivo.

¿Daña realmente la literatura pornográfica?

Yo creo que no. Tenemos un tabú muy irracional acerca de

la sexualidad. Hemos ensuciado el sexo, y eso es más bien lo que nos puede dañar.

Los suicidas wertherianos, de no leer el Werther, *¿no se hubieran suicidado?*

El suicida es una persona que atenta contra sí misma, hasta quitarse la vida, porque estaba deprimida. Sin duda alguna, su problema va más allá de la lectura de un libro. Parte de la ayuda terapéutica a una persona deprimida puede ser el proporcionarle lecturas, pero yo creo que se necesita más que eso. Es improbable que un libro evite o facilite la decisión de un suicida, y es terrible que, actualmente, los suicidios hayan aumentado entre los adolescentes.

La lectura de Marx, ¿produjo el 26 de julio en Cuba?

Creo que no, pero sí fue un factor que influyó bastante.

La lectura de los evangelios, ¿produjo el bombardeo de Hiroshima?

Ahí sí no sé qué contestarte. Simplemente, no sé.

Tú has escrito múltiples libros de divulgación sobre la ciencia, sobre la astronomía en particular. Uno de los objetivos de la divulgación científica, según entiendo, es la popularización del conocimiento para rebatir mentiras o prejuicios que, al respecto, suelen ser muy abundantes. ¿Ésta ha sido tu intención al escribirlos y publicarlos?

Escribí los primeros libros de divulgación porque me daba horror que el conocimiento estuviera encerrado en los institutos de investigación y que prácticamente no saliera de ellos. El primero lo escribimos entre nueve autores, y todos le teníamos pánico a lo que estábamos haciendo porque, en general, la ciencia es un universo cerrado, y de lo que se trataba era de abrir sus puertas. La finalidad de la divulgación científica es, en efecto, hacer popular el conocimiento científico; que la gente sepa cómo funciona la ciencia. Uno de mis libros más recientes se originó a partir de cientos de preguntas que los niños les formulaban a las maestras de preescolar y ante las cuales no estaban preparadas para contestarlas. Todos en general, pero sobre todo los niños, hacemos muchísimas preguntas acerca de la ciencia y del universo que si no se responden correctamente generan ideas muy erróneas. Todo esto resultó muy interesante y en estos días estoy escribiendo el segundo título de la serie. El trabajo no es tan simple porque entraña la siguiente dificultad: primero, las maestras de preescolar tienen que entender la pregunta del niño; después, traducirla a los científicos; luego, entender nuestras respuestas para enseguida traducirlas a los niños. Por eso los libros de divulgación científica exigen la claridad y la sencillez que son difíciles de conseguir.

Divulgar es, entonces, como traducir…

Y también una manera de contestarse uno mismo esas preguntas. Sólo tiene sentido escribir un libro si tenemos curiosidad sobre aquello de lo que vamos a escribir. Cada vez que termino un libro, yo misma me entero más, y mejor, de lo que los lectores querían saber.

¿Cómo elegiste la ciencia y, particularmente, la astronomía?

Yo siempre supe que iba a ser científica. Como te narré ya, desde pequeña me encantaban las matemáticas. Era muy buena en esta materia y nunca dudé de que mi destino vocacional estaba en la ciencia.

¿Contribuye Internet a la lectura?

Creo que sí, pero no necesariamente al tipo de lectura que más deseamos los que leemos libros. De todos modos, plantea una forma de lectura y de intercambio. La gente tiene tal curiosidad por entrar a Internet que hace el esfuerzo de leer lo que está ahí. Es un avance, pero como yo soy de la generación de los libros, a mí lo que me gustaría es que la gente leyera libros cuyo aporte intelectual sea por lo menos interesante. Aparentemente, el tipo de lectura que se logra en Internet no es lineal, sino que fomenta pasar de un tema a otro.

¿Qué opinión tienes de las bibliotecas públicas de México?

Que debemos conseguir que los muchachos las usen para su deleite y su placer. El número de usuarios disminuye en vacaciones; si la lectura estuviese relacionada con el placer, aumentaría. Es algo que no hemos logrado del todo porque junto con ello, como te dije anteriormente, es necesario que la gente se enamore de la lectura.

En tus viajes a otros países, ¿has notado la diferencia que hay en el hábito lector en relación con el nivel de lectura que tenemos en México?

Por supuesto. Japón es un ejemplo. México tiene más habitantes que Japón y sin embargo la cantidad de lectores ja-
poneses es superior a la de los lectores mexicanos. También
se editan más libros en Japón que en México, a pesar de
que existen cuatrocientos millones de hispanohablantes en
comparación con los cien millones de personas que hablan
japonés. Visitar las librerías en Japón es una experiencia extraordinaria por todas las maravillas que puede uno encontrar ahí y por la cantidad de personas ávidas en adquirirlas.
Otro caso es el de Estados Unidos. En México no conta-
mos con una sola librería equivalente a las mejores de Estados Unidos: con varios pisos, con amplio estacionamiento,
abiertas hasta altas horas de la noche, con cafeterías, con
salas inmensas para leer, a manera de biblioteca, en donde
la lectura es algo que inmediatamente se antoja de sólo
ver todo ese ambiente cultural. Es un placer para los ojos.
Estamos muy lejos, pero de veras muy lejos de lo deseable.

¿Cómo es tu biblioteca?

Un relajo, un desastre, un caos que, sin embargo, me gusta
mucho. Mis libros ya no caben en mi casa ni en mis oficinas, por eso lo que he hecho últimamente es, con todo
el dolor de mi corazón, donar todos aquellos que, creo, ya
no voy a volver a leer. Esto ha sido muy doloroso, pero yo
estoy segura de que seguirán teniendo utilidad en el Centro
de Lenguas Extranjeras, la Facultad de Filosofía y Letras, la
Biblioteca de Universum, el Instituto de Astronomía, la Facultad de Ciencias y, por supuesto, la Academia Mexicana
de la Lengua. Desde luego, hay libros que no voy a regalar
jamás porque son los que han marcado las etapas de mi

vida, y porque creo que, indudablemente, la vida de uno está en los libros que ha leído.

¿La mayoría de tus libros son científicos?

Fíjate que no. Tengo muchos libros de ciencia, pero también tengo muchísimas novelas. No debemos olvidar que la ciencia cambia aceleradamente; de modo que los libros científicos caducan pronto y tenemos que reciclarlos todo el tiempo. Por lo demás, mientras más acceso tenga uno a las múltiples expresiones de la actividad humana, más posibilidades tenemos de entender el mundo y de enriquecer nuestro espíritu. También hay libros que llegan a nuestras manos, por algún motivo, y que no nos interesa conservar. Si no me gustan, no veo la razón para atesorarlos.

¿Cómo determinas tus lecturas?

Con bastante dificultad, porque hay muchísimas cosas que quisiera leer y que sé que no tendré tiempo de agotar; entonces, debo hacer grandes esfuerzos de elección. Los últimos libros que he leído tienen que ver con los problemas de los seres humanos. Entre los más recientes están las novelas de los Premios Nobel de Literatura J. M. Coetzee y Toni Morrison. A la par de los libros de ficción, leo libros de ciencias. Ahora estoy leyendo sobre geología.

¿Y hay lectores de ciencia en México?

Yo creo que sí puesto que existe la colección La Ciencia para Todos, que es, según sé, la colección de ciencia más grande que hay en el ámbito de la lengua española. Está también nuestra revista *¿Cómo ves?*, que imprime diecisiete mil ejemplares, y hay también otras colecciones de ciencia y varios libros exitosos. De cualquier forma, siguen siendo pocos los libros y pocos los lectores. Lo ideal es que cada vez sean más personas las que se interesen en el conocimiento. En el caso de los libros científicos un problema adicional que encuentro es que, con frecuencia, las ediciones no son hermosas, y yo no entiendo por qué, pues a mi entender debe costar lo mismo hacer un libro feo que hacer un libro bello. No es nada más una cuestión de dinero. Hay quienes aún no entienden que para que den ganas de leer, los libros deben antojarse desde su aspecto mismo. Hay ediciones horribles de libros que pueden ser muy interesantes, pero que no resultan invitaciones muy atractivas. Desde luego, esto no sólo ocurre con los libros científicos. Recientemente compré un libro de Virginia Woolf, *La señora Dalloway*, que me interesaba muchísimo, pero que sólo pude encontrar en una edición espantosa, con erratas incesantes. Es decir, para leer un libro en una edición así, la exigencia fundamental es tener un enorme interés; de otro modo, lo abandonamos.

¿Cuál crees que sea la diferencia entre la emoción de un lector y la emoción de un no lector?

Tal vez un psicólogo podría determinarlo con más precisión, pero si tengo que darte una respuesta yo creo que las experiencias hacen que uno reconozca más matices en las emociones, y creo que muchas experiencias se logran a través de la lectura. Lo que no sé es si la intensidad de las emociones sea una cosa personal o dependa del factor externo, en este caso de ser lector o no serlo.

¿La lectura debe ser un hábito, algo que no se puede dejar, o simplemente una afición que podamos suspender sin ningún sentimiento de culpa?

Las dos cosas. Si uno es profesional, se necesita el hábito de la lectura para estar continuamente enterado de lo que pasa en su campo y en el mundo, pero ello no excluye la lectura por placer, esa que también tenemos derecho a suspender cuando se nos antoje sin ningún sentimiento de culpa. El sentimiento de culpa es algo que hemos aprendido a través de la educación judeocristiana y que a mi parecer no sirve de gran cosa.

¿Finalmente, cómo vislumbras el futuro de la lectura?

Lo veo difícil, porque México es un país pobre que, además, no está invirtiendo suficiente en educación, a pesar de que ésta sería una de las alternativas posibles para salir de la pobreza: por principio de cuentas, educar a su población e invertir en cuestiones que tengan que ver con la cultura, la ciencia, la tecnología y la investigación, como parte de este gran proceso educativo. Para que el futuro de la lectura, en México, tenga posibilidades de ser mejor, es imprescindible mejorar el sistema educativo nacional e incluir por supuesto en este mejoramiento el hábito de leer como un acto placentero.

CIUDAD DE MÉXICO, 21 DE JUNIO DE 2004.

FELIPE GARRIDO

Leer es mejor que no leer

Felipe Garrido nació en Guadalajara, Jalisco, en 1942. Estudió letras en la Facultad de Filosofía y Letras de la UNAM y, a lo largo de más de tres décadas, ha sido profesor de literatura, periodista cultural, editor, traductor, ensayista y cuentista. Ha trabajado en diversos proyectos editoriales en empresas privadas, la Secretaría de Educación Pública, el Fondo de Cultura Económica, la UNAM y el Consejo Nacional para la Cultura y las Artes. Entre los proyectos editoriales y las colecciones que han estado a su cargo destacan SepSetentas, Biblioteca Joven y Libros del Rincón.

En su obra narrativa y ensayística sobresalen los libros *Con canto no aprendido* (1978), *La urna y otras historias de amor* (1983), *Cosas de familia* (1984), *Garabatos en el agua* (1985), *Tierra con memoria y otros ensayos* (1991), *La musa y el garabato* (1992), *Historias de santos* (1995), *Del llano* (1995), *Voces de la tierra: la lección de Juan Rulfo* (2003) y *Conjuros* (2011). Ha publicado, también, libros destinados al público infantil y juvenil, entre ellos *Tajín y los siete truenos* (1982), *El coyote tonto* (1997), *Racataplán* (1998) y *Lección de piano* (2002).

Paralelamente a su labor práctica de promotor de la lectura, ha escrito trabajos teóricos al respecto, como *Escritura y alfabetización* (1986), *Cómo leer (mejor) en voz alta* (1989), *El buen lector se hace, no nace* (1999), *Estudio versus lectura* (2002) y *Para leerte mejor: mecanismos de la lectura y de la formación de lectores* (2004). Felipe Garrido tiene una vasta experiencia en el tema de la lectura y, a lo largo de los años, ha venido

defendiendo la necesidad de que la escuela no sólo desarrolle la lectura como una actividad obligatoria para el estudio,
sino también como una práctica voluntaria y permanente
donde lo que más importe sea el gusto de leer.

Bajo su concepción teórica, expuesta en diversos ensayos y conferencias, no es lo mismo *estudiar* que *leer*. Garrido
lo explica del siguiente modo:

> Entiendo por *estudio* una actividad obligatoria, cuyo propósi-
> to es memorizar cierta información por el tiempo necesario
> para cubrir el trámite de un examen y que generalmente
> incluye una simulación de la lectura. Entiendo por *lectura* una
> actividad voluntaria, cuyo propósito es comprender, dar sig-
> nificado al texto por el gusto de hacerlo —pues sin compren-
> sión no hay forma de mantener vivo el interés—. Se puede
> ser lector de cualquier disciplina —matemáticas lo mismo
> que historia o anatomía—; habría que dejar siempre un es-
> pacio para ser, al mismo tiempo, lector de literatura. Un buen
> lector es lector de cualquier materia y es, al mismo tiempo,
> siempre, lector de literatura. Porque lo que allí se explora es
> la experiencia de la vida; porque allí el lenguaje alcanza su
> más alta y compleja expresión, y el lenguaje es nuestro más
> entrañable y constante medio para construir nuestra propia
> conciencia; para expresarnos y comunicarnos, para conocer y
> transformar al mundo.

En esta distinción que lleva a cabo Garrido, delimitando
perfectamente lo que es estudio (obligación) de lo que es
lectura (placer), parecería que no hay modo de conciliar o
complementar dichas prácticas. Sin embargo, el escritor y
promotor de la lectura advierte la posibilidad de que, un

día, estos contrarios se fundan, y esto ocurrirá "cuando todos estén formados como lectores, cuando leer signifique esforzarse por construir la comprensión del texto y se haga de manera voluntaria y cotidiana, por el gusto de hacerlo"; entonces, "dejará de simularse la lectura, y estudio y lectura serán, muchas veces, una misma actividad".

Para Felipe Garrido, leer poemas, cuentos y novelas no es perder el tiempo, sino ganarlo. En uno de sus ensayos sobre la lectura, "Alfabetización y lectura en el siglo XXI", el autor de *La musa y el garabato* puntualiza:

> No es raro que en casa, y también en la escuela, se persiga a los lectores de literatura; que se les recomiende o exija aprovechar su tiempo en ocupaciones más útiles. No nos dejemos impresionar por los enemigos —casi siempre porque no fueron bien educados, porque no la conocen— de la literatura: aquellos que creen que leer poemas, cuentos y novelas es una forma de perder el tiempo. Como ya lo dije, sólo un buen lector de literatura será un buen lector de todo lo demás. Tener esto claro es importantísimo en nuestro tiempo, porque hay una gran batalla que se está librando en torno a la lectura y la escritura, y de su resultado dependerá, en enorme medida, lo que será nuestro porvenir en el siglo XXI.

En la presente entrevista, Garrido nos habla de su formación y de sus certezas en torno de la lectura y la escritura.

¿Cuándo y de qué forma descubriste la lectura?

Tuve la suerte de nacer en un hogar donde la lectura era algo normal. Dos de mis abuelos eran maestros, y mi padre y mi madre eran buenos lectores y magníficos cuenteros. Mucho más mi padre, a quien le gustaba contar historias por el gusto de contarlas. Por las noches, a la hora de cenar o antes de acostarnos, desde que éramos muy pequeños, mi padre y a veces mi madre nos relataban historias a mis hermanas y a mí. En consecuencia, yo no siento que haya aprendido a leer en la escuela; creo, más bien, que aprendí a leer y a escribir en la casa. Desde muy pequeño yo jugaba a escribir y hacía mis garabatos con enorme entusiasmo. Viéndolo a la distancia, estoy convencido de que ésta es la mejor forma de incorporarnos a la cultura escrita, y que no tendría por qué ser diferente a la forma en que nos incorporamos a la lengua hablada. Aprendemos a hablar, hablando y, de esta misma manera, se aprende a leer, leyendo, y se aprende a escribir, escribiendo. Desde luego, si una familia no está bien incorporada a la lengua escrita, difícilmente quienes van llegando a ella podrán integrarse a la lectura y a la escritura; pero las familias que sí poseen este dominio favorecen de un modo natural la incorporación de los niños a los hábitos de leer y escribir.

Yo me di cuenta de que no todo el mundo leía cuando empecé a dar clases en preparatoria, porque, además, tuve la fortuna de que, en la primaria y en la secundaria, varios de mis amigos fueran también lectores. En ese núcleo de amistades, nadie trataba de ser lector ni buscaba, conscientemente, superar a los demás en el número de sus lecturas, pero casi todos leíamos y nos prestábamos libros, nuestros padres nos regalaban libros, y todo eso lo comentábamos de una forma enteramente natural. Como ese fue mi mundo, tardé en descubrir que los lectores en México eran una minoría. Cuando empecé a dar clases en preparatoria y me

encontré con que mis alumnos del Centro Universitario
México no leían, me fue muy difícil explicármelo porque
en ese ámbito los muchachos y sus familias no tenían problemas económicos ni carencias mayores; poseían la capacidad económica para comprar libros y, sin embargo, he ahí
que no leían. De los cincuenta y tantos alumnos de cada
grupo, apenas tres o cuatro eran más o menos lectores en el
sentido que yo lo había sido de niño y adolescente; es decir,
que habían leído novelas de aventuras y algunos títulos más
de literatura, ciencia, historia, geografía, viajes, etcétera.

De la época de tu infancia, ¿recuerdas algún libro en particular?

Recuerdo que mi padre me regaló *El tesoro de la juventud*,
uno de cuyos secretos, que vine a descubrir después, es que
proponía muchísimos tipos de lectura. Traía de todo un
poco e incentivó mi afán de conocimiento porque yo estaba interesado en varias cosas a la vez. Me interesaban, por
ejemplo, los animales, y tenía varios libros sobre ese tema. A
los cinco o seis años, una de mis gracias era que podía distinguir entre un okapi y una gacela impala y que me sabía
los nombres y las ubicaciones en el mapa de las capitales
de varios países. Y así como leía mucho sobre animales y
países, me gustaban también los cuentos, las novelas, la poesía, la vida de los exploradores, las biografías de los héroes,
etcétera. Digamos que yo no era un lector especializado,
sino que tenía varios campos de interés, aunque había cosas
que no me importaban mayormente. Por eso, cuando llegó
a mis manos *El tesoro de la juventud*, me pareció espléndido
que esa serie de libros incluyese de todo un poco. Al pensar
en esto, creo que cuando se busca acercar a los niños a la

lectura, hay que evitar hacerlos lectores especializados en algún tipo de temas o en un género literario en particular. Pretender que un niño lea únicamente poesía o sólo cuentos es privarlo de las demás maravillas que hay en los libros. Es sin duda más sano, y más interesante y divertido, que junto con la poesía y los cuentos, se les dé la oportunidad de acercarse a las relaciones entre los números, lo que sucede en el interior de los organismos vivos, lo que ocurrió en el pasado, los relatos de viajes, etcétera. Esto es lo que yo encontraba atractivo en *El tesoro de la juventud*: que, con sólo cambiar de página, podía pasar de un poema a un artículo sobre la fundación de Roma y a una pequeña biografía acerca de algún científico.

Pero ¿recuerdas el primer libro o la primera lectura que haya sido fundamental para tu vocación?

No, pero recuerdo muy especialmente, entre las cosas que leía mi padre, los relatos de las aventuras de un cazador mexicano en África, que se apellidaba Estrada, y que se publicaban en *Excélsior*. Mi padre los leía con mucho entusiasmo y frecuentemente en voz alta, y a partir de ahí los libros sobre animales y viajes me interesaron mucho más de lo que ya me interesaban. Fue así como llegaron a mis manos los clásicos de Julio Verne, y todos aquellos que refirieran historias de náufragos o islas deshabitadas. Leí, por entonces, una adaptación infantil de *Robinson Crusoe* y algunos títulos de Salgari. Pero también me gustaba la poesía. Yo declamaba de niño en todas las fiestas de la escuela. Otro hecho que recuerdo es que la oficina de mi padre estaba muy cerca de la Librería de Cristal, a dos cuadras de la Ave-

nida Juárez, y a veces los sábados lo acompañaba y después
pasábamos a dicha librería. Mi padre me dejaba en el sótano, que era donde estaba la sección infantil, y él buscaba sus
libros arriba. Veinte o veinticinco minutos después bajaba,
y para entonces yo ya había formado una pequeña torre de
libros que había escogido en absoluta libertad en ese sótano
que yo veía inmenso; él separaba de ahí tres o cuatro títulos
y me los regalaba.

No te podría mencionar concretamente el primer libro
o la primera lectura que más me impresionó entonces. Lo
que sí te puedo decir es que empecé con cosas muy sencillas y luego seguí con lecturas de mayor densidad o complejidad; por ejemplo, *Los bandidos de Río Frío*, de Manuel
Payno, que me pareció interminable, porque lo leía y lo leía
y nunca acababa. Leí muchísimos tomos de la colección
Austral de Espasa-Calpe y quizá una de las lecturas especialmente importante en mi adolescencia fue la obra de
Chesterton: *El Napoleón de Notting Hill, El candor del Padre
Brown, El hombre que fue Jueves* y otros títulos más, algunos
de los cuales, luego vine a saber, estaban traducidos por Alfonso Reyes. Fue en años posteriores, con más conciencia
de la literatura, cuando percibí que ciertos libros consti-
tuían una revelación o modificaban de alguna manera mi
vida o mi visión de las cosas. Por ejemplo, en una época
relativamente reciente, hace quince años o más, cuando tra-
duje *Quizás*, de Lillian Hellman, puedo decir que mi vida
cambió. En un librito que no llega a cien páginas, Lillian
Hellman nos da una muestra de libertad para escribir y para
vivir. Pero se trata de experiencias tardías, como lo fueron
también, en su momento, *Sobre héroes y tumbas*, de Ernesto
Sábato, *Pedro Páramo*, de Juan Rulfo, y algunos poetas. Aho-

ra que menciono esto, debo decir que hay dos poetas con los que tengo un pleito permanente porque no termino de entenderlos nunca; son Jorge Cuesta y José Lezama Lima. Cuando creo que ya entendí un fragmento, tengo que regresar a otro anterior, y me doy cuenta de que la interpretación no siempre me convence. A ver si algún día por fin los entiendo.

En mis lecturas, siempre desordenadas, de mi primerísima juventud o de la adolescencia descubrí a varios autores y tenía noticias de otros muchos, pero también tenía el desconocimiento real de algunos que eran y son fundamentales. A los treinta años me percaté de que yo podía dar una plática o una clase sobre la *Divina comedia*, de Dante, aunque no la había leído *de veras*; podía también discutir largamente sobre el *Quijote*, pero no lo había leído *en serio*. Mi conocimiento de ambas obras se reducía a resúmenes, adaptaciones infantiles y juveniles y algunos capítulos sueltos. Las había picoteado, pero no las había leído.

Asustado por estas lagunas, me puse a hacer la lista de los libros que no podía dejar de leer, y entre ellos estaban el *Quijote*, la *Divina comedia*, la Biblia, la *Ilíada*, la *Odisea*, *Las mil y una noches*, *La montaña mágica*, *Pinocho* y los cuentos completos de autores clásicos como Perrault y Andersen, entre otros, de los que conocía textos sueltos pero no volúmenes íntegros. Habrán sido treinta o cuarenta títulos, que ya leí, algunos más de una vez, pero la lista aún no se agota porque conforme voy subsanando mis desconocimientos, se van incorporando otros clásicos, de modo que sigo y seguiré teniendo pendientes. Además, lo maravilloso de la lectura es que un libro nos lleva siempre a otro libro, y un escritor a otro escritor. Por ejemplo, Arreola me llevó a Papini,

Borges a Bioy Casares, y Rulfo a Hamsun. La admiración de Arreola por Papini es tan grande que llega el momento en que uno no puede seguir leyendo a aquél si antes no lee a Papini, asaeteado por el interés de saber por qué le gustaba tanto. Mis clásicos incluyen, por supuesto, a Rulfo y a Arreola, junto con Garcilaso, Stevenson, López Velarde, Neruda, Yáñez, Pellicer y otros más a los que leo permanentemente, a los que me gusta regresar. Por eso resulta casi imposible saber cuál de todos ellos ha sido el más decisivo.

Ese es otro de los placeres del lector: regresar una y otra vez a un mismo libro particularmente gozoso e interesante.

Yo diría que es igual que como se regresa a un lugar que ya se conoce y que le gusta a uno. Es como viajar, como escuchar música. Yo combino los regresos a territorios conocidos con los deseos de aventurarme a conocer nuevos autores, a veces recomendados, a veces simplemente tropezando con ellos en una librería o en una biblioteca; a veces incluso entre los mismos libros que uno ha comprado para leer después y que, por olvido, quedan escondidos entre otros que se van acumulando en la biblioteca personal.

En la escuela, ¿tuviste algún profesor que hubiese contribuido de modo importante a incentivar tu interés por la lectura?

Hubo un maestro de geografía, Alberto Godínez, que comenzaba sus clases con lecturas muy breves, de unos cuantos minutos. Godínez, que ahora vive en Guadalajara, nos acercó a la lectura a todos los que estábamos con él. Unas veces eran lecturas literarias, y otras de noticias o asuntos que podían ser sorprendentes, curiosos o interesantes. La estrategia que seguía era muy eficaz, porque siempre nos hacía creer que esas lecturas habían caído en sus manos por mera casualidad. Nunca nos decía que las había elegido de manera premeditada, sino que se las había encontrado en el camión, en una banca de un parque o en cualquier sitio cuya referencia, además, excitaba nuestra curiosidad. Antes de comenzar la clase nos leía dos o tres minutos, y después pasaba a su materia. Era muy grato comenzar la clase con esa lectura que él suspendía para pasar de inmediato a la geografía. Tuvieron que pasar muchos años para que yo supiera que aquello era algo intencional.

A partir de esa experiencia me quedó una certeza: si queremos acercar a la gente a los libros, nada es más fuerte que leer con ella. Lo mejor que podemos hacer para acercar a alguien a la lectura es leerle y despertar su interés o su curiosidad, del mismo modo que si queremos acercar a alguien al cine, lo fundamental es llevarlo al cine. Desgraciadamente, esta receta es tan sencilla que cuando uno la da, la gente se desilusiona un poco porque se imagina que leer debe tener una metodología más compleja. Como ya te dije, yo tuve la fortuna de que mis padres y mi abuela materna me leyeran en voz alta. Leer con los potenciales lectores es convertir esa lectura en un tema real de interés para las personas. Y no se requiere de un enfoque erudito, aunque ello se dé en la medida en que la gente se vaya especializando, cosa que no está mal, pero lo decisivo es más bien un enfoque vital.

Pensando en la gente muy joven y en los niños, que constituyen el público más adecuado para iniciar en la lectura, nada es mejor que leer con ellos, sin que la literatura deba ser cl área exclusiva —eso no quita que sea la más importante—, pues en ese repertorio de lecturas puede haber una muy amplia variedad de temas y géneros. En este sentido, Alberto Godínez fue, para mí, un maestro importante, y luego, ya en la preparatoria, otro maestro significativo en mi formación como lector fue Miguel López, que sí era un maestro de literatura, lo cual me permite desmentir a todos los que opinamos a veces que los maestros de esta asignatura son un antídoto contra la literatura. Miguel López era todo lo contrario porque estaba enamorado de cierto número de autores y leía con enorme entusiasmo a poetas como Enrique González Martínez y Antonio Machado, a quienes recitaba de memoria en clase y de quienes nos refería detalles de sus vidas.

Ya en la universidad, tuve otros maestros espléndidos, como Antonio Alatorre, Luis Rius, Sergio Fernández, Margo Glantz, María del Carmen Millán y algunos más que en estos momentos estoy olvidando. En todos los casos, la característica en común era el amor que tenían por ciertos autores. Los maestros eruditos no me acercaron a la lectura, o en todo caso no me acercaron por su erudición sino por su entusiasmo sobre lo que apreciaban y admiraban. Pienso, por ejemplo, en Antonio Alatorre que es, ciertamente, un erudito, pero también un apasionado de la poesía barroca. Lo que creo en el caso de Alatorre es que si se está enamorado de la poesía barroca, es probable que se vaya aprendiendo siempre algo más sobre ella y que con el tiempo ese amor conduzca a los caminos de la erudición. Pero el principio siempre es el amor. La erudición es la consecuencia. Lo que sucede es que, muchas veces, en la escuela se ven las cosas al revés, y se piensa, por ejemplo, que lo más importante es saber cosas sobre las materias, y con ello se descuida el amor que hay que tener por lo que hacemos.

En uno de sus libros, Arreola presume que él tuvo la suerte de no haber aprendido nada sino por amor; por amor al arte y por el arte de amar las cosas. Yo creo que ese es el camino correcto. Mis objeciones contra la academia y la erudición son cuando van por delante de esta aproximación amorosa a las cosas, pero no cuando son consecuencias de la devoción que se tiene por una materia, por una obra o por un autor; en este caso me parecen totalmente legítimas. Cuando van por delante de esta aproximación amorosa llega a darse la paradoja de que alguien sepa muchas cosas sobre algo que no entiende y que quizá ni siquiera conoce bien.

Los cómics, historietas, revistas de lectura popular, etcétera, ¿formaron parte de tus lecturas en tu infancia y adolescencia?

Sí, sin duda. La que más recuerdo es *La Familia Burrón*. A diferencia de otros lectores ávidos de historietas, no fui un gran coleccionista de ellas, pero las leí sin prejuicios e incluso con entusiasmo. Pienso que cualquier lector puede pasar por esta experiencia sin perder nada. En todo caso, pierde algo sólo si se queda en ellas, porque aunque podría ser, toda su vida, un feliz lector de historietas, se niega él mismo a usar su capacidad de leer para descubrir los mundos extraordinarios que hay en las otras lecturas. De todos modos, a este respecto sólo puedo decir que quien es feliz leyendo historietas, que lea historietas toda su vida. Por otra parte, cuando era niño, a mi casa llegaban, por suscripción, varias revistas, entre ellas *Selecciones del Reader's Digest* y *National Geographic*. Gracias a esta última empecé a aprender inglés, con la ayuda de mi padre, que nos leía los pies de grabado y luego nos los traducía. A los catorce o quince años, *Selecciones* me comenzó a aburrir y dejé de leerla. Ya no me parecía sorprendente nada de lo que traía, porque ya para entonces leía libros más asiduamente. Quizá por esto no llegué nunca a convertirme en adicto de historietas y de este tipo de publicaciones.

¿Qué tipo de lecturas infantiles hiciste?

En ese tiempo, casi todos los libros infantiles llegaban de España, Argentina y Chile. En México, eran muy pocos los libros destinados al lector infantil, salvo los que hacía José Moreno Villa para la SEP. Desde luego, en ese momento no me daba cuenta de esto ni por supuesto me importaba. Yo iba con mi padre a la Librería de Cristal, elegía los libros que me interesaban o que más me atraían y me iba feliz a mi casa con ellos. Los que más recuerdo son los libros españoles de cuentos y leyendas de Editorial Molino y una versión infantil del *Quijote*. No había, desde luego, la cantidad de títulos de literatura infantil que hoy tenemos en las librerías mexicanas, pero sí había una buena oferta, sobre todo de títulos importados de España, y en mi casa yo tenía un librero con los ejemplares que me pertenecían porque me los había comprado mi padre.

Leer y escribir, ¿fueron para ti actividades simultáneas?

Sí, y el deseo de dedicar más tiempo a escribir fue muy temprano. Lo que tardé más tiempo en descubrir es que uno escribe de lo que vive. Como reportero trabajé en

Contenido y en la revista *Mañana*. También en los suplementos de los periódicos *Novedades* y *El Heraldo de México*. Entre las cosas importantes que tengo que mencionar está la libertad que me dio Luis Spota, director del suplemento de *El Heraldo de México*, para escribir sobre lo que yo quisiera. Generalmente, en otros medios me pedían cosas muy concretas. En cambio, cuando comencé a colaborar con Spota, él me publicaba cosas que en otros lados no me habrían publicado; cosas que se iban pareciendo cada vez más a cuentos hasta que, de pronto, fueron cuentos. En realidad, mi primer cuento lo publiqué años antes en *La Gaceta* del Fondo de Cultura Económica y el culpable fue Emmanuel Carballo. Era la historia de un hombre que estaba emboscando a otro y, al matarlo, resulta que él se moría, pues eran la misma persona. Y ahora que lo digo, debo hacer una acotación y señalar que otro de mis autores fundamentales ha sido Julio Cortázar, y que este mi primer cuento rendía tributo al Cortázar de "Continuidad de los parques". En los años setenta, yo hacía reseñas para *La Gaceta* del Fondo de Cultura Económica y poco después, con Spota, encontré un lugar donde podía publicar lo que se me ocurriera.

¿Se necesita una disposición especial para ser lector del mismo modo que otros son boxeadores, futbolistas o toreros?

Hay muchísima gente, millones de personas, que cada sábado o cada domingo juegan futbol en el llano —hasta hace algún tiempo yo lo hacía y me gustaría volverlo a hacer— y, entre ellas, hay futbolistas llaneros muy buenos. Te preguntas, entonces, por qué no lo están haciendo de manera profesional. Mi respuesta es sencilla: porque hay accidentes en la vida,

ocupaciones, compromisos, deberes que atender, responsa-
bilidades familiares ineludibles, etcétera, que cambiaron para
siempre el oficio pero que no consiguieron nunca matar el
gusto. En la preparatoria yo recuerdo que había jugadores
verdaderamente espléndidos que, sin embargo, no llegaron
jamás a jugar futbol profesionalmente, porque se desviaron
antes en otra cosa. Con los lectores pasa algo similar. Creo
que, en principio, no hace falta una disposición especial para
hacerse lector. Lo importante es permitir que la gente entre
en contacto con los libros y la lectura. Ese es el principio
del enamoramiento. Y dejar abierto un espacio de libertad
para que la gente encuentre sus preferencias, aunque tampoco quiere esto decir que dé igual leer cualquier cosa. Hay
novelitas baratas y hay gran literatura.

El afán ultrademocrático de decir que da igual lo que
sea con tal de que se lea, me parece muy peligroso. No da
igual leer *best sellers* que clásicos, del mismo modo que no
da lo mismo el futbol que se juega en las ligas más exigentes que el de las cascaritas callejeras donde puedes salir a
jugar con tus sobrinos. En esencia, estás jugando futbol, es
cierto, pero no es el mismo futbol el que se juega en la liga
profesional o el de la Copa Mundial que el de la cascarita.
Todo tiene sus categorías, y ni el futbol ni la lectura son ex-
cepciones. ¿Por qué no es lo mismo leer una novelita barata
que el *Quijote*? Porque en la primera yo creo que hay una
experiencia de la vida más elemental: puede haber una tra-
ma o una historia que contar, pero la experiencia de la vida
no está recreada con intensidad. Conforme los autores son
capaces de poner en lo que escriben más sinceramente sus
experiencias profundas, en esa medida las obras tienen mayor contenido, y algunas tienen tan alto o tan intenso con-

tenido que podemos haberlas leído durante tres mil años y seguimos leyéndolas y encontrando en ellas temas que nos interesan. Entonces, yo creo que hay una gran gama de posibles lecturas, y que alguien con disposición puede hacer una carrera de lector, es decir, puede comenzar con esta literatura barata, con las historietas y las revistas sencillas, pero también puede ir descubriendo que necesita materiales que le den batalla, del mismo modo que un jugador de ajedrez necesita rivales con los que tenga chiste jugar. Jugar contra alguien que no sabe mover las piezas no tiene ningún chiste. Si se quiere divertir, un jugador de tenis necesita tener enfrente a alguien que lo haga sudar un poco. Un jugador llanero de futbol, si no sale nunca del llano, es casi imposible que juegue alguna vez en la Copa del Mundo. Con un lector sucede igual.

¿Refutarías la frase de Plinio según la cual no hay libro que sea malo?

Sí, por supuesto. La única forma de no refutarla es acordarse de Sor Juana. Un lector formado puede encontrar en cualquier libro un pretexto para seguir su propio discurso. Cuando a Sor Juana le prohíben leer y estudiar, ella dice que sí puede dejar de hacer lo primero, pero no lo segundo, porque Sor Juana veía la perspectiva de la habitación en la que se encontraba y empezaba a sacar consecuencias matemáticas, y veía a dos niñas jugando trompo en la arena, y por los círculos que describía el trompo ella empezaba a pensar en los movimientos de los planetas. En un libro, cada lector se encuentra según lo que cada lector es. En un libro sencillito, un lector muy sabio puede encontrar expresiones de grandes mitos universales en la medida en que recuerda sus otras lecturas, ésas sí extraordinarias. Pero un lector que no tenga ese bagaje, no va a encontrar nada de eso, y a veces no lo va a encontrar ni en otra clase de libros. Pero yo sí refutaría a Plinio o por lo menos situaría en su más exacto matiz su conocida expresión: un buen lector puede encontrar, incluso en un libro malo, tema para enriquecer sus reflexiones; tema que, por lo demás, puede encontrar aun sin leer.

¿La lectura y la escritura producen siempre mejores personas?

Tengo la impresión de que esta pregunta se ha hecho siempre con un enfoque sofístico, pero a mí no me cabe duda de que leer es mejor que no leer. Yo creo que la lectura y la escritura hacen siempre algo mejor a cualquier persona a pesar de que pueda ser una pésima persona. A un criminal, la lectura y la escritura no le van a quitar sus impulsos criminales, pero comparado con él mismo, la lectura y la escritura sí la pueden hacer una persona mejor. A alguien muy tonto, difícilmente la lectura lo hará inteligente, pero seguramente sí lo hará mejor respecto de él mismo. ¿Qué quiero decir con esto? Que la lectura y la escritura pueden mejorar a cualquier persona sobre lo que esa persona es, aunque, en su esencia, difícilmente vayan a transformarla en alguien distinto. La lectura y la escritura mejoran a cada quien pero no tienen un poder de conversión en un sentido moral y, a veces, ni siquiera en un sentido intelectual. La gente perversa que lee, sigue siendo perversa después de leer, pero es mejor que si no leyera. La gente corrupta que lee, sigue siendo corrupta después de leer, pero es mejor que si no leyera. Moralmente, la lectura y la escritura no tienen por qué mejorar a nadie. La lectura y la escritura son experiencias que nos permiten ahondar en otras experiencias y son elementos muy importantes de la lectura del mundo, y a final de cuentas, lo que más importa es la lectura del mundo. El mundo se lee mejor si se tienen los dominios de la lectura y la escritura. Desde luego, si se carece de ellas, también se puede hacer una lectura del mundo, y hay gente que puede hacerla con cierta profundidad sin saber leer y escribir, pero también es cierto que la haría mucho mejor, y con mayores recursos, si tuviese los dominios de la lectura y la escritura.

¿Quiere esto decir que todas las conductas y habilidades son mejores con su respectiva bibliografía?

Eso es exactamente lo que digo, pero también hay que tener cuidado en no caer en el extremo contrario, cuando la bibliografía no tiene su correspondiente sustento vital. Hay formas de conducta, habilidades y destrezas que hace falta vivir fuera de las palabras, por ejemplo, los valores. A mí me aterra lo que está sucediendo en la escuela, donde ya existe una materia de valores, pues pienso que estamos en vías de formar generaciones de gente que pueda dar las exactas definiciones de lo que son justicia y honestidad, sin que esto signifique que las practiquen en absoluto. Con frecuencia, la escuela convierte cualquier tema en un conocimiento intelectual aséptico que nos deja con la posibilidad de tranquilizar la conciencia con un 10 en valores y ser a la vez unos perfectos canallas. De ese mismo modo, hay quienes pueden sacar 10 en literatura y no leer absolutamente nada. La clase de literatura en secundaria obliga a memorizar ciertos nombres de autores, ciertos títulos de obras, pero no conduce necesariamente a la lectura, porque muchas veces es impartida por un maestro que no está enamorado de la lectura.

¿Hay libros que cambian el curso de la historia?

De vez en cuando sucede. Así como hay libros que cambian la vida de las personas, hay libros que pueden cambiar el concepto que tenemos de la historia, incluso cuando son falsos o cuando propongan una serie de mitologías discutibles. Por ejemplo, un libro tan mentiroso como *El laberinto de la soledad*, de Octavio Paz, cambió a este país. Yo creo que México no era como Paz lo describe en *El laberinto de la soledad*, pero después de publicado este libro, el país se fue pareciendo cada vez más a lo que Paz había escrito, porque cada vez hubo más gente que aceptó como verdades esas descripciones dogmáticas de, por ejemplo, la relación entre conquistadores y conquistados. Y recordemos que muchas de esas ideas no son originales de Paz, pero él las dijo tan bien que todo el mundo las aceptó. Ese es el peligro de los grandes poetas: que pueden mentir extraordinariamente. Porque si la realidad no era así, la realidad comienza a ser así ante los ojos de quienes desean convencerse de que esa debe ser la realidad. Yo creo que hay libros que cambian si no el mundo en su conjunto, sí ciertas partes de la sociedad; por ejemplo, los libros en los que se fundan las religiones: el Corán, la Biblia, los evangelios. Los evangelios cambiaron la vida en América y en otras partes del mundo, porque un libro forma parte de una tradición cultural y concentra muchos de los valores de un momento histórico determinado. Recordemos que se atribuye al *Werther* de Goethe una ola de suicidios, porque en una obra como esa se concentran realidades que estaban más difusas en la sociedad. Quizá es esto mismo lo que sucede con *El laberinto de la soledad.*

Me gustaría saber cómo responderías a las siguientes preguntas irónicas y provocativas que formula Gabriel Zaid en Los demasiados libros*: "¿Sirve realmente la 'poesía comprometida'? ¿Daña realmente la literatura pornográfica? Los suicidas wertherianos, de no leer el* Werther, *¿no se hubieran suicidado? La lectura de Marx, ¿produjo el 26 de julio en Cuba? La lectura de los evangelios, ¿produjo el bombardeo de Hiroshima?"*

Atribuirle toda la responsabilidad a los libros sería demasiado simple, pero si, como insisto, en los libros se concentra una realidad social difusa y, de pronto, al concentrarse, adquiere obviamente más fuerza, para mí está claro que una forma de leer la Biblia llevó, sin lugar a dudas, a las Cruzadas; asimismo, una forma de leer los evangelios pudo llevar al bombardeo de Hiroshima. Los suicidas que leyeron el *Werther* no se suicidaron por esa lectura, pero este libro les dio el último empujoncito que necesitaban para suicidarse. No era consecuencia ineludible, por supuesto, pues hubo quienes en esa misma época leyeron la obra de Goethe y no se suicidaron. Pero, en medio de un ambiente social y psicológico como aquel, los que tenían ánimo de suicidarse pudieron haber tomado con mayor determinación la idea del suicidio luego de leer el *Werther.*

La lectura de Marx, ¿produjo el 26 de julio en Cuba?

Me parece difícil poder probar que si no se hubiera leído a Marx no se habría producido la Revolución cubana. De lo que sí estoy seguro es que, si no se hubiera leído a Marx, esa Revolución habría sido diferente. La forma en que se dio incluye, por supuesto, la lectura de los textos de Marx, del mismo modo que las guerras de Independencia de Hispanoamérica incluyen la lectura de los enciclopedistas franceses. Si los independentistas de Hispanoamérica no hubieran leído a los enciclopedistas franceses, de todos modos la cohesión que España había mantenido en los territorios se habría roto, pero la forma de romperse habría sido otra.

En alguna etapa de tu vida, ¿hiciste uso de las bibliotecas públicas?

Durante mi infancia, la biblioteca de mi padre debió haber tenido unos tres mil o cuatro mil libros. No eran muchos, pero desde luego eran más de los que yo habría podido leer. En las bibliotecas de los padres de mis amigos, con los que solía conversar e intercambiar libros y lecturas, había cantidades similares de libros, e incluso alguno de ellos tenía muchos más: diez mil o doce mil. De modo que no necesitaba ir a las bibliotecas públicas, pues ya sea en la de mi padre o en las de los padres de mis amigos siempre solucioné mis necesidades de lectura, información y consulta. Por otra parte, en la escuela primaria nunca fui educado para ir a una biblioteca pública. De las escuelas a las que yo fui, la primera que tenía biblioteca fue la preparatoria: el Centro Universitario México, el CUM. Ahí fue donde empecé a usar una biblioteca distinta a la paterna y a la de los padres de mis amigos, porque, entre otras cosas, en el CUM había una inducción para el uso de la biblioteca escolar. Los maestros pedían ciertos trabajos y nos remitían a materiales específicos que estaban en la biblioteca. Pronto descubrí que había ventajas en ir a la biblioteca escolar, porque se facilitaba mucho la búsqueda y porque los materiales estaban perfectamente localizados. Ya en la universidad, usé mucho las bibliotecas de Ciudad Universitaria: la Central y la de la Facultad de Filosofía y Letras, y fuera de Ciudad Universitaria la del Museo de Antropología porque un tiempo estuve trabajando mucho sobre temas prehispánicos. La hemeroteca la comencé a usar gracias a María del Carmen Millán, que nos pedía ciertos trabajos que sólo se podían resolver consultando los periódicos. He seguido usando las de la UNAM y la de El Colegio de México.

¿Qué tipo de biblioteca personal has formado?

Los libros que tengo han ido respondiendo a intereses, a veces reales, a veces imaginarios. Ha habido momentos en que crees que te va a interesar mucho tal cosa y vas a leer sobre ella y terminas no haciéndolo, pero nunca toma uno el valor suficiente para de veras deshacerse de los libros que jamás se van a leer. Mi biblioteca se ha ido formando con obras de literatura e historia, básicamente; también, aunque mucho menos, con libros de ciencias sociales y arte. Es una biblioteca que refleja mis intereses en los movimientos literarios e históricos. En ambos casos, lo que domina es la literatura y la historia de México, aunque también tengo libros de literatura española e hispanoamericana, francesa, inglesa, etcétera, y obras de historia universal.

¿Has visto que en otros países se note la diferencia del hábito lector en relación con México?

Quiero responder a esta pregunta con un ejemplo que me parece ilustrativo. Cuando uno va a un hotel de playa en México es muy curioso darse cuenta de que los huéspedes extranjeros están leyendo aunque estén dentro de la alberca, y que muchos de esos hoteles tienen colecciones de libros en inglés. Hace tres años tuve la oportunidad de pasarme unas vacaciones de diciembre en Puerto Vallarta y acerqué unos libros en español a los que ya tenían en el hotel que, en su gran mayoría, estaban en inglés. Por principio de cuentas me llamó la atención el ver que, junto a las toallas, había libros que muchos huéspedes tomaban al igual que las toallas que se llevaban a la alberca. Se pasaban hasta cuatro horas leyendo, tirados al sol, y luego devolvían el libro y las toallas para, al otro día, continuar el gusto de asolearse y el placer de seguir leyendo. Eran, debo decirlo, y como lo habrás supuesto, lectores estadounidenses, alemanes, franceses, daneses. La comparación puede ser muy elemental, pero estoy seguro de que esos turistas pertenecen a sociedades en donde leer es una actividad que se lleva a cabo con la más absoluta naturalidad. Es cierto que, entre lo que leen, abundan las novelitas baratas y los *best sellers*, pero la diferencia es que ellos no se imaginan estar tirados al sol, descansando, sin leer. Han venido a tostarse en una playa, pero, al mismo tiempo, no quieren perderse el placer de la lectura. Ésta, creo yo, es la diferencia.

¿Qué es lo que hace la diferencia? Siguiendo con tu ejemplo, ¿por qué la gran mayoría de los turistas mexicanos que descansan en los hoteles de playa, en lo último que piensa es en leer?

Uno de los aspectos que hacen la diferencia es el promedio de escolaridad. Y voy más allá: sin escuela, no hay lectores. La escuela alfabetiza, pero yo creo también que puede y debe formar lectores. En diversos países cumple esta función. En México, lo que se hizo en los dieciséis años que duraron los Rincones de Lectura fue absolutamente excepcional, pues este programa nacional contribuía a formar lectores en la escuela. Lo que hace la diferencia entre México y España, Alemania, Inglaterra, Suecia, Dinamarca o Finlandia es, sin duda, el nivel de escolaridad, y también que en las escuelas de estos países existen programas orientados directamente a la formación de lectores. No importa que los que tienen bachillerato o licenciatura se dediquen luego a actividades que no estén exactamente relacionadas con sus respectivos estudios o con sus carreras, lo que importa es que esas personas, por su nivel de escolaridad y porque se ha trabajado con ellas para que descubran el placer y la utilidad de la lectura, tienen un concepto de aprecio por el libro y por la actividad de leer, y forman parte de sus hábitos de un modo absolutamente natural. Una población más escolarizada es una población más rica en sus experiencias culturales y en sus hábitos intelectuales. No es que la escolaridad forme por sí misma lectores, pero favorece sin duda una población lectora potencial mucho más rica.

El problema de países como México es que en ellos se pueden encontrar grandes lectores o lectores muy competentes y personas que tienen bibliotecas maravillosas pero, junto con ello, la población de lectores hábiles es muy pequeña. Por eso es necesario realizar un trabajo arduo en este ámbito, considerando siempre que hacer lectora a la población no es tan sencillo pues implica un cambio en la manera de ser de esa sociedad; es algo que lleva tiempo y para lo cual la escuela debe cumplir un papel fundamental en la medida en que acepte que su labor no termina en la alfabetización sino que debe continuar con la formación de lectores.

¿Cuál crees que sea la mejor manera de contagiar el gusto y la necesidad por la lectura?

Por principio de cuentas, lo ideal es que, quien va a contagiar ese gusto y esa necesidad tenga, precisamente, ese mismo gusto y esa misma necesidad. Es lo absolutamente deseable. Si alguien tiene de veras ese gusto y esa necesidad yo creo que el contagio es imposible de evitar, del mismo modo que si alguien es un gran bailarín y le encanta bailar, a su paso irá emocionando a otra gente. Como todas las demás aficiones, la de leer se contagia con el entusiasmo, con el deleite con el que se hacen las cosas. Pienso, por ejemplo, en el juego de dominó. Si los jugadores diestros y entusiastas permiten que se siente a la mesa un principiante, lo dejan que se equivoque y no son demasiado severos en sus críticas por esas equivocaciones, el principiante adquirirá confianza y más pronto que tarde estará convertido en un auténtico jugador de dominó, que reproducirá las manifestaciones de entusiasmo de quienes le enseñaron o le permitieron aprender. El principio es no ahuyentar al interesado. En la lectura es igual. Creo que ésta no es sólo la mejor forma, sino la única. Por eso me asusta la excesiva confianza que se entrega a otros métodos, muy particularmente los de la denominada "animación de la lectura", pues cuando se desplaza el objeto y se recurre a señuelos para leer, se está traicionando a la propia lectura. No hay que darle demasiadas vueltas a este asunto, la recompensa más grande de la lectura es la lectura misma, aunque los "animadores de la lectura" digan lo contrario.

¿Cuál es el futuro de la lectura?

Como todos, el siglo xx fue un siglo sangriento, muy cruel y, al mismo tiempo, fue un siglo capaz de soñar ideales maravillosos y uno de esos ideales fue que todos pudieran ser lectores y estar educados. Ahora, al entrar al siglo xxi, estamos ingresando también a un endurecimiento de la realidad en el que no está tan claro que todos puedan ser de veras lectores o que todos puedan recibir los beneficios de una sociedad más tecnificada. Siento que, si nos referimos a la lectura, las cosas podrían incluso empeorar en forma muy drástica.

Cuando pienso en lectura, pienso en tres niveles: uno muy elemental, que nos remite a alguien que está recién alfabetizado y que es un lector potencial más que real; un segundo nivel, que será el de los lectores utilitarios, de los que hay millones en México, pues más de la mitad de la población está constituida por gente que todos los días de su vida lee y escribe en sus trabajos, en sus oficinas, en sus negocios y en la escuela. Consideremos que, de preescolar a posgrado, hay treinta y dos millones de alumnos en México, y que esos treinta y dos millones de personas todos los días van a la escuela y todos los días leen y escriben. Hay además dos millones de maestros y seis millones de burócratas y no sé cuántos millones de gente que se dedica a los servicios y que todos los días lee y escribe con fines utilitarios. Este nivel utilitario de la lectura es el que creo que la escuela está apoyando casi de manera exclusiva, desentendiéndose

de un tercer nivel, que es realmente el decisivo para que
una población sea lectora. Este tercer nivel de lectura es
el de quienes leen por voluntad propia, el de quienes leen
no porque están cumpliendo obligaciones de trabajo, ni de
escuela, sino porque han descubierto el gusto, el placer de
leer. Esta palabra, placer, asusta a muchísima gente, porque
se piensa, quizá, que el placer se refiere a una búsqueda
pecaminosa o culposa o algo por el estilo. Quién sabe en
qué piense tanta gente que se asusta cuando oye hablar de
placer, pero cuando nos referimos al placer de la lectura lo
que estamos diciendo es que hay una satisfacción intelectual, además de un gusto de todos los sentidos, en descubrir y aprender cosas, en resolver problemas, en entender
el mundo. Lo que estamos diciendo, y que han dicho antes
otros muchos lectores y convencidos de la lectura, es que la
lectura placentera es aquella que se hace voluntariamente,
sin que intervengan las presiones o las coacciones de la escuela o del trabajo.

Cuando pienso en el futuro de la lectura creo que el segundo nivel, el de la lectura utilitaria, va a crecer de manera
considerable; no tardaremos mucho en que prácticamente
toda la población esté alfabetizada y sea capaz de leer y
escribir para trabajar y estudiar, lo que, por supuesto, no
está mal. Lo que sí está mal es conformarse con eso y no
aspirar a que la mayoría de la población sea lectora del tercer nivel, es decir, de la lectura voluntaria y placentera que
es, en resumidas cuentas, la verdadera lectura. Cuando en
las escuelas públicas se suspendieron los programas de lectura —no como una asignatura, sino como un ejercicio
idealmente cotidiano—, automáticamente surgió el peligro
de que lleguemos a tener dos formas de escuela: una de

primera, representada por los planteles en donde la lectura sigue teniendo un lugar importante —programas específicos que dedican tiempo a la lectura voluntaria—, y una de segunda, que abarca, me temo, a la mayoría de los planteles, en donde los programas de lectura son inexistentes.

En la actualidad, la Secretaría de Educación Pública está repartiendo una enorme cantidad de libros a las escuelas y las aulas, lo cual está muy bien, pero eso debe complementarse y reforzarse con programas de lectura, con capacitación de maestros y formación de lectores. Si esto no se corrige, lo que seguiremos teniendo es una élite bien educada y seguramente lectora, y una gran masa con escasos conocimientos y dedicada al trabajo intermedio, sin ninguna oportunidad de leer jamás. Además de que esto resulta muy injusto, con este sistema es muy difícil que la gente alcance el tercer nivel de lectura, desperdiciando con ello sus capacidades y ocasionando una mayor pobreza no sólo educativa sino también económica, social y, por supuesto, cultural en su más amplia dimensión. En tanto no se corrija esto mi percepción sobre el futuro de la lectura en México es más bien pesimista.

CIUDAD DE MÉXICO, 5 DE JULIO DE 2004.

GREGORIO HERNÁNDEZ ZAMORA

Por la desfetichización de la lectura

Gregorio Hernández Zamora nació en la ciudad de México en 1962. Es doctor en lengua y cultura escrita, por la Universidad de California en Berkeley, Estados Unidos. En su tesis doctoral, *Identity and Literacy Development: Life Histories of Marginal Adults in Mexico City*, extiende las investigaciones que ha venido desarrollando desde hace varios años acerca de las prácticas culturales (entre ellas, la de la lectura) de los jóvenes y adultos en las zonas marginales de la ciudad de México y su zona conurbada, especialmente en Ciudad Nezahualcóyotl (donde él mismo vivió su infancia y juventud), Cuautitlán, Ecatepec e Iztapalapa.

La experiencia propia, así como el trabajo de investigación más amplio que viene realizando, lo han llevado a publicar algunos ensayos, entre los que se encuentran "¿Quién define lo que es leer?: un debate inexistente en México", "La vida no es color de rosa: las mentiras sobre la lectura", y "¿Se puede leer sin escribir?", en los cuales propone una discusión más abarcadora sobre las condiciones sociales que posibilitan leer, escribir y pensar públicamente en nuestro país, más allá de la lectura como tema aislado, tal y como se entiende en los discursos oficiales de promoción de la lectura o en las visiones hegemónicas provenientes de los grupos intelectuales reconocidos. Para Gregorio Hernández es indispensable sacar la discusión sobre la lectura del mundillo mismo de la lectura, y situarla en el marco de dimensiones y fenómenos educativos, sociales y culturales más amplios.

A decir de este investigador, el libro y la lectura han sufrido una fetichización que no ha contribuido a discutir el tema de una manera abierta y desprejuiciada. Los valores positivistas que se conceden a la práctica cultural de la lectura están teñidos de una visión intelectual que ignora la realidad social y económica de los sectores etiquetados como "no lectores", y que los sitúa en una escala cercana a la barbarie, al identificarlos con la delincuencia y la criminalidad.

Añade que hay una arrogancia en la moralidad de quienes atribuyen a los libros y a la lectura, en sí mismos, un significado positivo y superior a otras formas de experiencia cultural. Y, al referirse a su propia circunstancia, explica:

Personalmente, como originario y habitante de Neza —en sus tiempos de polvo y lodo—, nunca conocí la "lectura por placer", ni en mi casa ni en la escuela. Me inicié realmente en la lectura con los libros de texto gratuitos de la SEP, con algunas historietas como *Duda: lo increíble es la verdad*, y *Los Agachados*, de Rius; y más tarde con libros, folletos, revistas y novelas que me permitieron entender la pobreza de mi familia, de mi comunidad y del país. Pero no leí "solo", sentado en un cómodo sillón, pues ni teníamos sillones en mi "casa" (según Gabriel Zaid, "leer es una actividad mental y solitaria"), sino junto a otros estudiantes y trabajadores del oriente de la ciudad de México con quienes compartíamos actividades de organización y trabajo colectivo, que nos obligaba a informarnos para actuar. Quienes han tenido o tienen la suerte de tener cómodos sillones, bibliotecas enteras en sus casas, padres universitarios, y tiempo y silencio para leer y disfrutar "el aroma de los libros" o "el placer de la lectura", no pueden proyectar sus prácticas de lectura, que son prácticas de clase, al resto del país.

En la pregunta misma "¿quién define lo que es leer?", el investigador reacciona contra una sola visión respecto de esta práctica. Propone que los diversos sectores interesados e involucrados en el tema (académicos, artistas, creadores, funcionarios públicos, etcétera) confronten sus puntos de vista y no únicamente en espacios que convocan a un mismo tipo de personas (foros académicos o foros culturales), y que este diálogo se amplíe y enriquezca con la inclusión de las personas acerca de las cuales se habla en dichos foros, es decir, los lectores y los llamados "no lectores", pues, entre otras cosas, sostiene que hay un enorme desconocimiento de la realidad social por parte de quienes hablan, en abstracto, del libro y la lectura.

Enfatiza: "Hablar de hábitos y habilidades de lectura de una población excluida de la educación, el trabajo y el desarrollo económico es simplemente absurdo, tan absurdo como evaluar los hábitos alimenticios de millones de pobres que no tienen acceso a la canasta básica, o los hábitos de higiene de quienes carecen de agua potable".

Para este investigador, "afirmar sin más que en México 'no se lee', por el hecho de que la gente no puede o no quiere leer lo que algunos quisieran, no es sino un acto de profundo clasismo y etnocentrismo". Concluye que "debemos entender primero por qué la gente lee lo que lee, con qué fines, bajo qué circunstancias, y sólo entonces ofrecer oportunidades para ampliar sus experiencias no sólo en la lectura, sino en el aprendizaje y en la vida".

Precisamente, en las historias de vida que ha venido realizando, como parte de una amplia investigación apoyada por el Consejo Nacional de Ciencia y Tecnología, la Universidad de California y las fundaciones Fulbright y

McArthur-Ford-Hewlett, Gregorio Hernández recoge la experiencia de decenas de personas cuyas prácticas de leer y escribir se dan en situaciones desfavorables que nada tienen que ver con las visiones idílicas. En la siguiente conversación, nos habla de esta experiencia, de su circunstancia personal y de los conceptos que le animan en la reflexión sobre las prácticas de lectura y escritura, en particular, y más ampliamente, sobre las prácticas culturales de México.

¿Cuándo y de qué forma descubriste la lectura y la escritura?

Viví mi infancia y juventud en Ciudad Nezahualcóyotl. En mi casa, al igual que en la mayoría de las casas de Neza, prácticamente no había libros. Con excepción de los libros de texto de la primaria, no creo haber tenido ninguna experiencia memorable de lectura, y menos de escritura, en la escuela. Lo que sí recuerdo es a algunos maestros, y sobre todo mi interés en los libros de geografía e historia. Mi primera experiencia de lectura realmente memorable se produjo gracias a una hermana mayor que estudiaba economía en el Instituto Politécnico Nacional. Ella y su novio eran activistas políticos de izquierda; en la década de los setenta, ellos llevaron a mi casa diversos materiales de literatura marxista y nos platicaban, con mucho entusiasmo, a mí y a mis hermanos, acerca de sus actividades y lecturas. Únicamente otra hermana y yo nos interesamos por estos temas y empezamos a leer, luego de escuchar sus conversaciones. Hablaban, sobre todo, de sus actividades, sus lecturas y las películas que veían, también muy relacionadas con aspectos sociales. En ese entonces, llevaban a la casa revistas e historietas de análisis político como *Estrategia*, *¿Por qué?* o *Los*

Agachados, de Rius; cuentos y revistas chinas como *Pekín Informa*, así como literatura soviética. Recuerdo especialmente las novelas *Así se templó el acero*, de Nikolai Ostrovski, y *La madre*, de Máximo Gorki que, de hecho, estuvieron entre las primeras obras literarias que yo leí completas y con mucho interés. Mi hermana y mi cuñado nos integraron a una especie de círculo de estudios en donde leímos, también, *Los bienes terrenales del hombre*, de Leo Huberman, que me impactó muchísimo, así como textos sobre materialismo dialéctico. La experiencia fue muy formativa, porque leíamos en una especie de seminario doméstico, en el que discutíamos acerca de lo que estábamos leyendo. Éstas fueron las experiencias más importantes en mis inicios como lector. La otra experiencia, fundamental en mi vida, en relación con la lectura, fue mi entrada a la universidad. En la Facultad de Ciencias Políticas y Sociales, de la UNAM, tuve profesores que me ofrecieron nuevas perspectivas e interpretaciones sobre la realidad social, todo ello acompañado, obviamente, de nuevas y múltiples lecturas que yo no habría podido hacer si no hubiese ingresado a la universidad. Mi experiencia como estudiante universitario fue fundamental en mi formación como lector, pues tuve la fortuna de contar con profesores que me ayudaron a reflexionar y a discutir sobre lo que leía, como Juan María Alponte, Juvencio Wing, Arnulfo Arteaga, Luis Cerda, Lysis Fajardo y muchos otros. Con esto quiero decir que mi formación como lector no se puede entender sólo como resultado del "gusto por la lectura", sino que está íntimamente ligada a toda una trayectoria de educación formal desde la primaria hasta la universidad.

Fuera de tu ámbito familiar, ¿qué leían, por ejemplo, tus amigos o conocidos de la infancia y adolescencia en Ciudad Nezahualcóyotl?

No recuerdo haber tenido ninguna conversación ni contacto, a ese nivel, con otras personas que leyeran. Fuera de mi contexto escolar, la gente que yo conocía en mi colonia eran personas de las que no podría decir si leían o no; sólo sé que se ganaban la vida en actividades parecidas a las de mis padres, quienes sólo estudiaron dos o tres grados de primaria. En particular mis padres no compraban el periódico. Mi madre vivía dedicada al trabajo doméstico y mi padre trabajaba como pintor de coches, actividad que deja muy poco tiempo y energía para cualquier otra cosa. En la primaria y en la secundaria, mi contacto con los libros estaba ligado a las tareas escolares. Sin embargo, fue en la secundaria donde leí dos libros que fueron muy importantes en mi formación: *México bárbaro*, de John Kenneth Turner, y la *Historia de la Revolución Mexicana*, de José Mancisidor. Los tuve que leer porque reprobé la materia de historia en segundo y tercero, y para acreditarla los maestros pidieron leer estos libros y elaborar los respectivos resúmenes. Es curioso que, justamente en estas materias que reprobé, tuve como maestros a una pareja que, en los años setenta, eran más o menos conocidos por su compromiso democrático: Ramiro Reyes y Rosa María Martínez. Ellos fueron también profesores en la Escuela Nacional de Maestros y murieron en un trágico accidente de carretera. Sus clases de historia me gustaban mucho, pero reprobé con ellos porque no me gustaba hacer tareas. Para mí fueron dos maestros muy importantes porque sabían escuchar y también compartir el entusiasmo de su profesión. Tenían la virtud y la paciencia de hablarnos no únicamente de las cosas de la escuela, sino también de la vida personal, y nos transmitían confianza más allá del ámbito escolar. Retomando el tema, en general la gente que yo conocía y trataba, es decir, los compañeros de la escuela, leía casi exclusivamente los libros de texto. Era obvio, además, que sus intereses y preocupaciones no tenían que ver con la lectura, pues nuestras familias pertenecían a sectores sociales de muy escasos recursos, "paracaidistas", gente que había llegado a Neza y autoconstruía sus viviendas en lugares donde se carecía de los servicios más elementales, como luz, drenaje y agua potable. Más tarde, en los años ochenta, cuando estuve en la preparatoria, que yo cursé en el Colegio de Ciencias y Humanidades, me tocó una época en la que los movimientos sociales y políticos, como las revoluciones en Nicaragua y El Salvador, generaban un gran interés y, por lo tanto, lectura de toda clase de material relacionado con ellos: volantes, folletos, revistas y periódicos, así como obras literarias y de análisis histórico y político, particularmente de orientación marxista.

La lectura, en ese entonces, ¿te remitía a la acción?

La lectura de *Los bienes terrenales del hombre* fue, para mí, una revelación, pues me hizo ver que el mundo se podía interpretar de múltiples maneras. Después, en el último año del CCH, me involucré en un grupo artístico musical con orientación social y más tarde en una organización política que agrupaba no sólo estudiantes, sino también obreros, campesinos, colonos y profesores universitarios. En este sentido, no es que la lectura nos moviera a la acción, sino que la actividad política nos obligaba a leer para elaborar proyectos, programas, análisis y propuestas de diverso tipo. Leíamos acerca de la situación económica, política, social e histórica del país y de otros países, pero todo esto en el contexto de un trabajo de organización que llevábamos a cabo en las escuelas, en el campo y en diversos centros de trabajo.

¿Distinguías, entonces, el propósito utilitario y el sentido del placer en lo que leías?

Nunca he pensado en esa división. Me gustaban, obviamente, algunos de esos materiales, pero yo jamás los vi como una cuestión de placer. Y, a la fecha, sigo sin hacer esta distinción. Hay materiales que son interesantes, me gustan, me entusiasman, me hacen pensar, y en este sentido son placenteros; si a eso se le puede llamar leer por placer, puede ser, pero yo no disocio el fin práctico del gusto por leer. En la secundaria, el primer libro que leí por iniciativa personal (fuera del ámbito escolar o político) fue el *Viaje al centro de la Tierra*, de Julio Verne. Digamos que me gustó leerlo porque me hacía imaginar muchas cosas, aunque no me remitiera a ninguna otra actividad; en cierto sentido es tal vez el único libro que he leído por puro ocio. Pero los otros materiales también me hacían imaginar, reflexionar, descubrir cosas, explicármelas de otro modo, y ello en sí mismo es, al menos para mí, placentero. Lo mismo me pasa con las novelas de Kundera que con los libros de científicos como Stephen Hawking o Lev Vygotsky, así como con materiales políticos e históricos: me interesan, me intrigan, me gustan y me son útiles al mismo tiempo. En otras palabras, no hacía entonces, ni hago hoy, una distinción entre leer por placer y leer por necesidad, interés o curiosidad.

¿Cómo entiendes, y explicas, el proceso de la adquisición del hábito de la lectura?

En México existe una obstinación en hablar de la lectura como un "hábito". En el debate (o no-debate) sobre la lectura en México nos ocurre lo mismo que en el terreno tecnológico: padecemos de un retraso de décadas. Mientras nosotros seguimos planteando el asunto en términos de "deficiencias en los hábitos de lectura" (lo que implica un diagnóstico *a priori*: "hay malos hábitos", y una solución: "mejorar los hábitos"), en el ámbito internacional la investigación sobre las prácticas de lectura desde los años ochenta ha insistido en reconocer el carácter de la lectura como una práctica social diversa (en géneros, propósitos, contextos, modos) inseparable de prácticas sociales más amplias (trabajo, comercio, religión, política, derecho, periodismo, arte, ocio, educación). En este sentido, el ejercicio de ciertas prácticas de lectura (lo mismo que de escritura o comunicación oral) no depende de hábitos puramente psicológicos e individuales, sino del acceso de las personas (los "lectores") a los espacios sociales, institucionales y culturales en los que a la vez se demandan y se aprenden ciertas prácticas de leer, escribir, hablar y pensar. Por ejemplo, una trabajadora doméstica y una profesora universitaria, en tanto lectoras, no se distinguen tanto por sus "hábitos", sino por las demandas y oportunidades radicalmente distintas que tienen para leer, pensar y hacer públicas sus ideas. No debemos perder de vista, entonces, que no todas las instituciones y actividades posibilitan por igual las prácticas de leer y escribir. La escuela es, por supuesto, una de las instituciones sociales privilegiadas para aprender y utilizar la lengua hablada y escrita de manera sistemática y crítica. En este sentido, más que preguntarse si la gente tiene o no el "hábito" de leer, hay que preguntarse qué *grupos sociales* tienen acceso a qué tipo y nivel de instituciones educativas.

En alguno de tus ensayos has dicho que debe sacarse la discusión de la lectura del mundillo mismo de la lectura y ponerla en el marco de dimensiones y fenómenos educativos, sociales y culturales más amplios.

Sí, así lo creo, pues los lectores no están separados del resto de las relaciones sociales, culturales y educativas. Se debe sacar la discusión de la lectura del mundillo de la lectura porque se ha circunscrito el tema y la discusión exclusivamente a la relación de los individuos con los libros. Por un lado, al hablar de "el lector", se mira a *los lectores* como individuos aislados y asociales (que tienen o no "el hábito de la lectura", al margen de su posición en las relaciones educativas, económicas y culturales); por otro, se fetichiza al *libro* como si éste tuviese existencia y significado en sí mismo; los libros son producidos y consumidos en el marco de prácticas, circuitos e instituciones culturales de las que ciertos grupos participan con plenos derechos, mientras que otros son marginados de manera sistemática. Al definir a alguien como lector o no lector en función del tipo de material que consume ("buenos libros") y de la finalidad con que lee ("por placer") se le aísla de su medio sociocultural, de sus identidades sociales, de los grupos sociales a los que pertenece, y de sus oportunidades educativas. Entendido así, el lector es sólo una abstracción, una especie de rebanada de ser humano recortada a partir de una sola de las diversas prácticas sociales que lo constituyen. Se pierde

de vista que esa persona no sólo lee (o no lee), sino que realiza también otro tipo de actividades, pertenece a diversos
grupos sociales o étnicos, es hablante de ciertas formas de
la lengua, y tiene acceso, o no, a ciertos recursos educativos.
Mantener una visión centrada exclusivamente en un lector
individual, aislado del mundo social, de la historia y de las
relaciones culturales, impide ver, precisamente, la generación de distintas prácticas de lectura asociadas con la diversidad de condiciones, intereses y posibilidades de los distintos grupos sociales. Vistos exclusivamente como individuos
que leen o no leen "buena literatura" (como lo entienden
diversos miembros de la élite intelectual), la gran mayoría,
si no es que el cien por ciento, de los indígenas de este país,
caerían en la categoría de "no lectores". Lo que tenemos
que ver es cuál es su situación histórica y social, y cómo han
sido y son sistemáticamente excluidos *como grupos sociales*
de la educación, el trabajo, e incluso de la cultura escrita. A
diferencia de otros países —como España misma—, las lenguas indígenas en México no son lenguas de uso público:
no son lenguas de instrucción escolar, ni de comunicación
en los medios, ni de uso jurídico, ni legislativo. Hay, además, diversos aspectos de nuestras culturas originarias que
no se identifican con lo que es la cultura occidental europea dominante, centrada en la ciencia y en la cultura escrita.
No es extraño, entonces que se den en México, al mismo
tiempo, prácticas y actitudes de automarginación entre los
grupos indígenas, lo mismo que entre los hispanohablantes que hablan cualquier variante no prestigiosa de la lengua. Resulta entonces claro que mirar a estos grupos como
"individuos que no tienen el hábito de leer" es extremadamente limitado, pues más bien se trata de actos de defensa

y afirmación cultural ante el desdén con el que la cultura dominante los observa. Muchos grupos indígenas saben muy bien que el leer, en este caso, no es sólo una cuestión de aprender algo más, sino de hacerse parte de una cultura que no es la cultura tradicional. No es el leer, nada más, sino lo que se lee. El lenguaje hablado y escrito no es neutral, pertenece a grupos sociales y forma parte de una herencia cultural.

Según esta apreciación, cuando los especialistas en lectura hablan del lector, ¿en qué tipo de persona están pensando?

En el campo educativo existe aún un fuerte psicologismo al hablar de la lectura y "el lector". Me parece que se hace abstracción de los aspectos sociales, culturales e históricos que constituyen al ser humano y piensan en un sujeto puramente psicológico; es decir, piensan en el lector como un sujeto en su relación con la actividad de leer. Con frecuencia se divide a los lectores en competentes o incompetentes, lo cual se asocia con una serie de conocimientos y habilidades mentales, psicológicas, cognoscitivas. Desde este punto de vista la división no es entre los que tienen o no el "hábito", sino entre los que "saben" y los que "no saben" leer. Los que saben leer —se afirma— comprenden lo que leen, y ese "comprender" ha sido teorizado precisamente por ciertos grupos de expertos, en particular en el ámbito de la investigación psicolingüística, como los procesos psicológicos y lingüísticos que están involucrados en el procesamiento de un texto. Para decirlo pronto, se recorta al lector como un sujeto procesador de lenguaje escrito, pero se pierde de vista que apropiarse del lenguaje (hablado o escrito) es un proce-

so cultural largo y conflictivo, pues el lenguaje es siempre el
lenguaje del otro. Y cuando ese otro es un individuo o grupo que representa otra clase social, otro estatus o jerarquía
social, otra cultura, apropiarse del lenguaje deja de ser sólo
un proceso cognitivo y se convierte en un proceso cultural
y político. Se transforma no sólo el conocimiento sino también la identidad personal y social de quien adopta otro lenguaje. Los jóvenes, lo mismo que los adultos, deciden hablar
o no (por tanto leer/escribir) el lenguaje de otros grupos en
función de intereses y necesidades de inclusión y exclusión
social, y no sólo en función de su "hábito de leer".

Por otro lado, en el ámbito de la lectura y la escritura
literaria y artística, se define al lector por su relación con
cierto tipo de literatura; es decir, se define a una persona
como lectora o no lectora en función de sus gustos literarios. Se le legitima la lectura siempre y cuando lo que
lee responda al gusto de los grupos artísticos y culturales
dominantes. Y se le define también cuantitativamente: si lee
"lo suficiente" o con la suficiente periodicidad. Prevalece
asimismo, el concepto de placer, según el cual, sólo es lector
quien lee por gusto y placer, no por necesidad. Las conno-
taciones etnocéntricas, clasistas y elitistas de esta visión son
obvias; se descalifica a los lectores de la misma manera que
en el ámbito de la música se descalifica como "incultos" a
quienes no eligen escuchar música clásica europea.

*¿Dirías, entonces, que hay una legitimación de la lectura a partir de
una idea dominante de lo que es el leer?*

Hay un concepto "psicologista", por un lado, y una visión
clasista, por otro, ambas sostenidas por grupos económica y

educativamente privilegiados. Los sectores históricamente
marginados no tienen acceso siquiera a una educación formal suficiente y de calidad, pero se pretende prescribirles o
imponerles prácticas de lectura de grupos cuyas condiciones socioeconómicas y educativas son totalmente distintas.
De este modo, para legitimar una práctica social que nunca
es neutra, se busca imponer las maneras de leer, los gustos
de lectura, y las razones para leer de ciertos grupos.

*Pero la lectura, según la investigadora francesa Michèle Petit, puede
servir también para restaurar identidades.*

En parte sí, pero separada de las prácticas de producción
cultural, la lectura tiene límites muy claros. Leer implica
recibir un material, que fue escrito por otros, que expresa
el pensamiento, las ideas y la cultura de otros, sean quienes
fueren, pero que pone a la persona en una situación de
receptor y no de autor y actor de su propio discurso; es
decir, como productor de su propio pensamiento y de sus
propias identidades. Por otro lado, las personas tendemos a
buscar información hablada, escrita o audiovisual que refleja *lo que somos*. Nos buscamos en imágenes de nosotros
mismos en la televisión, en las películas, en los libros, en
las revistas, etcétera, pero también a través de estos medios
vamos construyendo nuestras identidades. Remitiéndome
a mi experiencia personal, el haber tenido acceso, en una
etapa de juventud temprana de mi vida, a ciertos materiales, libros y lecturas, me permitió entenderme a mí mismo
más allá de mi mundo social inmediato (como miembro de
una familia, con un apellido, con una casa, que vivía en una
colonia equis); de este modo pude verme como parte de

una historia social más amplia, en este caso de los grupos migrantes que llegaron a Ciudad Neza en un momento de industrialización y urbanización del país. Ciertamente, lo que uno lee le va permitiendo reconstruir, preformar, ampliar, transformar la representación de sí mismo, pero no sólo nos construimos individualmente, sino que nos comprendemos también como parte de ciertos grupos, comunidades, herencias o tradiciones culturales, así como de ciertos procesos históricos. Lo que yo creo es que la lectura no es sino un eslabón en una cadena cultural mucho más amplia, integrada por conversaciones directas a las que uno tiene acceso, espacios sociales donde uno conoce el mundo, y todas las otras formas de circulación de la información y el conocimiento (radio, televisión, cine), además de los materiales propiamente escritos. Conocemos el mundo a través de los medios de comunicación, las instituciones sociales, la Iglesia, el mercado, los partidos políticos, los grupos sociales, culturales, los clubes deportivos, la escuela, etcétera. No formamos nuestra identidad únicamente a través de la lectura. A mi juicio, lo digo con todo énfasis y parafraseando el concepto marxista del fetichismo de la mercancía, existe hoy una fetichización y una cosificación del libro y la lectura como entidades abstractas. Una de las cosas que explica Marx en *El capital* es que mientras, aparentemente, las mercancías tienen un valor en sí mismas —nosotros miramos un diamante, un pedazo de oro, un billete y le atribuimos un valor por sí mismo—, en realidad no son sino objetos que median relaciones entre personas. Atribuirles a las mercancías, en particular al dinero, un valor por sí mismo es fetichizarlas, decía Marx. En este sentido, a mí me parece que existe una fetichización del libro y la lectura, como si tuvieran un valor en sí mismos, cuando, paradójicamente, los defensores más insistentes de "la lectura" y "el libro" no lo consideran así. Por un lado, hablan del libro en abstracto, pero cuando se refieren a lectores reales los califican o desaprueban en función del prestigio de los libros que leen. No hay entonces un valor intrínseco ni en el libro ni en la acción de leer; tan no lo hay que la mayoría de la gente en este país lee material (incluyendo libros) que ciertos grupos descalifican como lectura, descalificando, a la vez, a quienes los leen como lectores. No soy un defensor de la lectura de material comercial —la llamada literatura barata—, pero si vamos a hablar de lectura, de materiales para leer, y lectores, es indispensable conocer las experiencias vitales de las personas cuyo acceso no únicamente a la lectura sino a la cultura, a la educación y al mundo del trabajo es mucho más limitado que el de los grupos privilegiados. Saber esto es darse cuenta de que, para muchas personas, esos materiales que con tanta facilidad descalificamos son muy importantes en sus procesos de desarrollo personal y social. Hay personas a quienes he entrevistado en Iztapalapa, para quienes leer a Carlos Cuauhtémoc Sánchez o Paulo Coelho ha representado procesos de reflexión y crecimiento personales muy significativos. Es claro que leer este tipo de libros no es indicador de un "hábito deficiente" de lectura, sino del tipo de recursos culturales al alcance de esos grupos.

El problema reside entonces, según lo ves, no en el acceso a la lectura, sino en el acceso más general a la cultura y a la educación.

A la cultura, a la educación y a todos los espacios sociales que representan posibilidades de desarrollo. Esto está muy ligado con un concepto más amplio sobre lo que es el aprendizaje y el desarrollo humano. Por eso insisto en que es necesario sacar el tema de la lectura del mundillo de la lectura. Existe, no sólo en México, una sobrevaloración de la lectura frente a otros recursos culturales y de aprendizaje. Esta visión limitada sobre el aprendizaje y la cultura está siendo cada vez más cuestionada tanto por la teoría como por la investigación empírica del aprendizaje que ha documentado cómo aprenden las personas y qué significa crecer y desarrollarse en contextos de vida reales. Explico un poco. A diferencia de otras especies biológicas, los seres humanos tenemos un proceso de desarrollo intelectual mediado por esquemas culturales y sistemas simbólicos entre los que el lenguaje hablado y la escritura son centrales. Sin embargo, no adquirimos el lenguaje hablado y escrito por herencia biológica; se trata de una herramienta simbólica imposible de aprender al margen de la interacción social. El lenguaje es social, por definición; un lenguaje que sólo sirviera para uno mismo no sería un lenguaje; por lo tanto, es una herramienta cultural que sólo es posible adquirir al participar en comunidades y actividades donde las personas hablan, escriben o leen de distintas formas y con diferentes propósitos. Estas actividades se dan en cualquier ámbito de la vida social, pero la escuela es un espacio privilegiado justamente porque lo que ahí se hace es pensar, aprender y comunicar ideas, no sólo sobre el mundo sino sobre el lenguaje mismo, y mediante el lenguaje. Más aún, en el contexto escolar, y en especial en la educación superior, el aprendizaje tiene lugar fundamentalmente a través de actividades de leer y escribir obras literarias y científicas, esas que sí cuentan como "leer" para quienes han accedido a este tipo de educación pero lo han olvidado. El punto es que los miembros de los grupos marginados no carecen únicamente de acceso a la lectura, sino a una multitud de espacios de acción y de interacción social, incluyendo la educación formal.

En 1993 estuve en algunas comunidades indígenas de Chiapas y Yucatán, y los niños de Los Altos de Chiapas, de quinto o sexto grado de primaria, no sabían qué era la Selva Lacandona. Y si trataba uno de explicarlo a través de un mapa, para ellos el mapa era una cosa absolutamente abstracta. Es muy difícil entender o leer un mapa cuando no se ha tenido la experiencia de viajar. Es exactamente como el concepto de "mar" entre personas que sólo han visto la selva o la ciudad. La imaginación sirve, pero no es suficiente. Hace falta experiencia vivida. Por eso digo que la lectura, como medio de aprendizaje, es limitada, se ha sobredimensionado. Quienes no sólo han leído sino también vivido muchas experiencias, olvidan con frecuencia que estas experiencias e interacciones sociales son centrales en el aprendizaje: viajar, practicar algún deporte o actividad artística, desarrollar y controlar el cuerpo a través de diversas actividades. Las experiencias vitales constituyen referentes centrales para la lectura de textos.

Por otro lado, estamos viendo que en las últimas décadas cada vez hay más desempleo. Una gran cantidad de personas carece del acceso al empleo, a diferencia de los integrantes de los sectores sociales privilegiados que, desde muy jóvenes, heredan ese acceso al empleo, sin que para ello importe mucho si son o no lectores. Una investigación sobre infancia y trabajo realizada en México por una compañera mía de Berkeley demuestra que, al igual que en otros países

con una economía parecida, los que heredan el acceso al
trabajo lo hacen en actividades prestigiosas, remuneradas,
reconocidas y que les van generando capital cultural y económico desde temprana edad, pues son herederos de posiciones familiares. De lo que carecen muchas personas
marginadas es de los ámbitos de desarrollo, especialmente
aquellos que demandan y posibilitan tareas de leer y escribir. Antes, el ámbito al que tenían acceso la mayoría de las
personas de los grupos marginados era el del trabajo en
empleos de servicio; hoy ni siquiera eso es seguro. ¿Cómo
se puede hablar de acceso a la lectura, cuando hay gente en
México que ni siquiera tiene acceso a los bienes elementales
de subsistencia y para quienes el acceso al empleo, en caso de
que lo tengan, está limitado a actividades de servidumbre
en donde leer y escribir es lo que menos se necesita?

*¿Quieres decir con ello que la lectura, en el concepto sobredimen-
sionado que mencionas, se ha sobrepuesto a otras formas de experiencia cultural?*

Sí. Precisamente porque leer y escribir han sido experiencias casi naturales y centrales en el desarrollo de las personas
que han tenido acceso a la alta escolaridad y a la llamada alta
cultura, muchas de ellas tienden a proyectar en forma etno-
céntrica o clasecéntrica —si es posible decirlo así— lo que
para ellos ha sido fundamental en su formación personal.
Desde su punto de vista, inevitablemente parcial, lo único
que les falta a los demás para "civilizarse" y ser mejores es
"ser lectores". Yo, en lo personal, ciertamente, no puedo negar que en mi proceso de desarrollo el acceso a actividades
de lectura y escritura ha sido muy importante pero, por lo

mismo, identifico que hay sectores sociales e individuos de sectores sociales cuya experiencia vital y de aprendizaje se da a través de otro tipo de experiencias. Pienso, por ejemplo, en los campesinos, quienes han construido su sabiduría por su relación con la tierra y con conocimientos ancestrales provenientes del trabajo físico. Pienso que hay una arrogancia cultural por parte de las élites intelectuales cuando creen que los campesinos tienen un déficit como personas porque entre sus experiencias centrales no está la lectura. Cuando leí el libro de Ethel Krauze, *Cómo acercarse a la poesía*, que es un libro autobiográfico, me gustó mucho la idea de escribir un libro sobre la poesía refiriendo la experiencia personal y no la poesía en abstracto. Pero, ciertamente, ese libro es un buen ejemplo de cómo una persona, desde su más tierna infancia, ha vivido entre libros y lectores, y ello resulta fundamental para afirmar el valor de *esa* experiencia y su sentido de pertenencia a un cierto sector social. Cuenta la autora que cuando era muy pequeña, su madre pasaba horas y horas sentada escribiendo su tesis de doctorado, leyendo libros de filosofía y autores clásicos. Es natural que al crecer en este medio ella atribuya un valor supremo a la literatura, pues se identifica como un miembro representativo de esos sectores cuya formación y crecimiento se basa en actividades intelectuales como leer, escribir y hablar, más que en el trabajo físico. Resulta entonces que, bajo el concepto de que sólo son lectores quienes leen "buena literatura" o autores prestigiados, prácticamente todos los trabajadores son "no lectores".

Desde tu punto de vista, así como hay que sacar la discusión del tema de la lectura del mundillo de la lectura, también hay que

*evitar referirse a la lectura como un fenómeno aislado de la cultura,
en general, y de la escritura en particular.*

Una persona que escribe, lee forzosamente lo que escribe;
es decir, desde el momento en que está escribiendo está leyendo. En cambio, una persona que lee no necesariamente
escribe. Hay, en esto, una limitación que ha sido explicada
con mucha claridad por la investigadora Emilia Ferreiro.
Ella advierte que "hablante" es el término que utilizamos
para referirnos a los usuarios de la lengua hablada. Decimos
que una persona es hablante de cierta lengua, pero la lengua
hablada se habla y se escucha. Hablar una lengua significa
que uno entiende, por la vía auditiva, lo que otros dicen,
y que los otros entienden, cuando escuchan, lo que uno
habla. Sería muy raro un grupo humano que solamente escuchara y entendiera pero no hablara. En términos psicolin-
güísticos y cognitivos eso no existe; es imposible aprender y
entender un lenguaje si uno mismo no lo habla o no tiene
alguna forma de comunicación simbólica. Los sordomudos
no pueden vocalizar pero tienen un lenguaje de signos, con
las manos, que es un código del lenguaje escrito y hablado.
En el caso del lenguaje escrito, ha señalado Emilia Ferreiro,
usamos la palabra "lector", lo que sería el equivalente al
"oyente" en el lenguaje hablado. Al "oír" la lengua, un hablante adopta un papel "pasivo" o receptivo; en el caso de
la lengua escrita, el lector o la lectura sería el aspecto pasivo
o receptivo del proceso de interpretación del lenguaje. Entonces, una persona que solamente lee pero no escribe sería
un ejemplar de esa extraña especie de "oyentes" que sólo
escuchan y entienden pero no hablan la lengua; alguien
que no dice nada como reacción a lo que escucha. Cuando

se escucha, es indispensable, imprescindible hablar, articular y comunicar el propio pensamiento, producir la propia habla. Por eso, mirarnos únicamente como lectores es, en el mejor de los casos, creer que sólo estamos capacitados para consumir, así se trate de los mejores productos culturales. Debemos concebir la lectura y la escritura como aspectos indisociables. Así como en la lengua hablada no podemos ser únicamente oyentes, en la lengua escrita, tampoco podemos ser únicamente lectores.

¿Cómo interpretas la frase "leer para ser mejores"?

La frase no deja de ser una simplificación que se inscribe precisamente en este marco de una ideología que fetichiza la lectura. Es una postura ambigua, porque por un lado se le atribuye a la lectura un valor intrínseco, según el cual leer te hace mejor; pero, por otro lado, gente que emplea esta frase descalifica aquellas prácticas de lectura que le son ajenas cultural, lingüística o ideológicamente. Yo, en lo personal, no me considero un promotor de la lectura, pero sí un promotor de ciertas ideas, de ciertos planteamientos, de ciertas visiones del mundo y, por tanto, de cierta acción educativa y cultural. Pero estas ideas se encuentran sólo parcialmente en materiales escritos. Lo que los adoradores de la lectura olvidan es que uno no promueve "la" lectura, sino sólo los libros y textos con los cuales ha formado su visión e ideas; olvidan, asimismo, que el contacto con las personas y el intercambio de ideas por diversos medios es central en la construcción de uno mismo, lo que a fin de cuentas contribuye a hacerte mejor o peor persona, independientemente de si lees mucho o poco, bueno o malo, exquisito o comercial.

¿Cuál sería una nueva manera de entender la formación lingüística
y literaria en oposición a la pura y exclusiva formación como lector?

Hay un aspecto básico que es la posibilidad de apropiarse
del lenguaje. Los recién nacidos carecen de lenguaje, y un
aparato fundamental del proceso de desarrollo y formación
de los seres humanos es irse apropiando progresivamente del
lenguaje. Pero el lenguaje no existe como un sistema abstracto. No hablamos español en abstracto, hablamos cierto
tipo de español, el español que hablan ciertos grupos, ciertas
personas, ciertas comunidades. Entonces, un punto central
es dar la posibilidad de acceder a distintas variedades del
lenguaje, y crear las condiciones que permitan a las personas
apropiarse del lenguaje y utilizarlo a través del desarrollo
comunicativo. El desarrollo comunicativo de las personas
debería incluir la apropiación tanto del lenguaje hablado
como del lenguaje escrito y de otras formas de comunicación. En este sentido es fundamental, desde la infancia,
poder desarrollar distintas capacidades comunicativas: como
lector, como escritor, como escucha y como hablante.

En alguna parte has dicho que se ha excluido de la discusión de la
lectura a los mismos lectores o no lectores que son los sujetos de los
análisis de quienes disertan al respecto. ¿Así lo crees?

Lo que veo es que la gran mayoría de los comentarios a este
respecto son afirmaciones abstractas o conclusiones a partir
de estadísticas sobre la venta de libros. En el mejor de los
casos, lugares comunes que parten de prejuicios raciales,
culturales, de clase y de escolaridad; pero he visto muy pocas referencias concretas a personas reales, especialmente

aquellas de las que se afirma que no leen. Por otro lado, en los eventos de discusión pública sobre el tema se invita solamente a "expertos", literatos o funcionarios, pero nunca —hasta donde yo he visto— a personas o grupos que trabajan directamente con las comunidades marginadas. Una causa de esto es que los expertos ni siquiera tienen contacto con los que "no leen". Conozco académicos, funcionarios y escritores cuyo único contacto con gente pobre y de baja escolaridad es con sus propias sirvientas y choferes. En algún artículo escribí que "no ponen un pie en los barrios pobres", y no era una metáfora; disponen de uno o varios vehículos último modelo y jamás usan transporte público; les da miedo o asco (o ambas cosas) pisar la sucias calles donde viven "los que no leen".

¿Te refieres a un concepto canónico o hegemónico?

Sí, es un concepto dominante dentro de ciertos grupos. Como te decía, muchos de quienes hacen afirmaciones categóricas sobre la lectura no tienen el menor contacto con los grupos sociales sobre los cuales hacen sus afirmaciones. Existe un enorme desconocimiento de cuáles son realmente las condiciones de vida y las prácticas de lectura y escritura de los grupos marginados en México. Y no sólo sobre las prácticas de lectura y escritura, sino también sobre las prácticas comunicativas en general. Se habla de la lectura a través de la estadística, pero muy poco se dice, y menos se sabe, de las expectativas y de las posibilidades culturales de esas personas que viven al margen de las prácticas prestigiadas y hegemónicas de la cultura. Se dice que esa gente no lee. ¿Pero se dice, acaso, cómo vive o sobrevive esa gente y qué es lo que sí lee? En Europa y Norteamérica, la investigación sobre las prácticas cotidianas de lectura y escritura entre los grupos marginados se inició desde de los años ochenta, en el siglo XX. En México este tipo de investigación, si bien escasa, ha realizado aportaciones centrales que son desconocidas o ignoradas por quienes hacen afirmaciones en los medios con base solamente en conceptos abstractos y muy estrechos de lo que significa ser culto, lector y educado. Lo que es paradójico —y lamentable— es que visiones tan desinformadas predominen incluso entre las élites culturales, que aseguran leer demasiado.

Bajo esta perspectiva, ¿se ha regresado a la distinción entre civilización y barbarie? Los no lectores, ¿son los nuevos bárbaros?

Pues en esa concepción, sí. Y esto tiene una relación directa con la tradición histórica, colonial y colonizada de nuestros países. Uno de los puntos centrales del trabajo ideológico y político de dominación de los imperios colonizadores, durante varios siglos, consistió precisamente en etiquetar, en construir al otro, en representar a los colonizados como bárbaros, como salvajes, y como mentalmente inferiores, porque carecían de los valores y las tradiciones intelectuales y culturales de los conquistadores europeos. Sólo en la medida que iban siendo convertidos a esos valores (lengua y religión), comenzaban también a "civilizarse". Enrique Florescano describe en su excelente libro *Memoria mexicana* cómo este proceso tuvo lugar en México; mientras que el mismísimo José Vasconcelos, considerado hasta hoy paladín de la promoción de la lectura en México, se refirió a los grupos nativos como "carentes de cultura", de aquí que llevarles "la" lectura y "la" cultura fue parte central de su proyecto para "civilizarlos".

Hoy día la mayoría de nuestros países son, teóricamente, independientes; ya no hay esa división formal entre civilizados y bárbaros, pero en la práctica seguimos reproduciendo los esquemas coloniales, ahora mediante la división de las personas y las sociedades en "alfabetizados" y "analfabetos". Hoy se habla incluso de analfabetos digitales. La lógica de las políticas y de los discursos sobre la alfabetización y la lectura, especialmente en los países del Tercer Mundo, sigue siendo esta misma. La discriminación se fundamenta en los juicios de valor referentes a la poca práctica de lectura de las poblaciones, o a la lectura escasa de libros prestigiados. Ese es el sentido de las estadísticas de lectura que permea incluso las visiones de los intelectuales, un sector que por principio se autodefine como más informado y lector. El "no lector" y el lector de "subliteratura" son bárbaros, salvajes ante los ojos de los intelectuales. Recientemente, por ejemplo, José Emilio Pacheco hizo un comentario que expresa claramente esta visión. Se refería él a la creciente violencia, criminalidad y delincuencia en México. De su comentario se infiere que los delincuentes lo son porque no leen o porque no tuvieron la oportunidad de leer. Esta interpretación refleja un atraso de décadas en su propio conocimiento sobre la investigación histórica, cognitiva y sociocultural sobre las consecuencias de la lectura y la alfabetización, la cual, en síntesis, no ha encontrado evidencia sólida de que leer o utilizar algún sistema de escritura (especialmente el alfabeto latino) tenga consecuencias cognitivas, morales o "civilizatorias" significativas. Pero su visión está teñida también de una enorme fetichización del libro y de un grave desdén por los diferentes. Es una visión que, además, reafirman y divulgan los medios de comunicación a cada momento, bajo la presión de los grupos intelectuales más influyentes de México. El que no lee es un salvaje, en riesgo de caer en la violencia y la criminalidad. Tal es la conclusión. En lo personal, por la investigación que he venido realizando y por el contacto que he establecido con mucha gente que, teóricamente, no lee, no veo esos rasgos de estigma con que los han clasificado los grupos de las élites intelectuales. El desempleo crónico y la falta de oportunidades educativas, en cambio, crean frustración y desesperación que llevan a la gente a delinquir o a utilizar medios poco "civilizados" para sobrevivir.

Aunque esto no es privativo de México. Los grupos y los organismos intelectuales de todo el mundo lo ven del mismo modo.

Así es, por eso insisto en que el tema de la lectura y su fomento debe sacarse del mundillo de la lectura, para situarse en un contexto cultural y social más amplio, más abarcador; de otra forma será imposible entender muchas cosas. Si nos referimos a organismos internacionales, por ejemplo, la ONU y la UNESCO, se trata de instituciones que surgen después de la Segunda Guerra Mundial, justo cuando se crea en el ámbito internacional el concepto mismo de subdesarrollo. Harry Truman, presidente de Estados Unidos, es uno de los primeros que habla del "subdesarrollo" en el contexto de la posguerra, de la Segunda Guerra Mundial. A partir de la nueva reorganización sociopolítica mundial, se hace imprescindible reconstruir al mundo y dividirlo: esta división se hace entre países occidentales o "civilizados" o "libres" y países comunistas o autoritarios. Otra división, central en este proceso, es justamente aquella entre países "desarrollados" (y "cultos") y países "subdesarrollados" (y "bárbaros"). Tal división se funda en la pretensión de garantizar la hegemonía económica y política de Occidente, y especialmente de Estados Unidos; hegemonía que se garantizaría no sólo con esquemas financieros y políticos, sino también con esquemas educativos y culturales aplicados a las regiones que se buscaba controlar. Es así como nace el concepto de subdesarrollo educativo y cultural en instituciones de la posguerra, como la ONU y la UNESCO. El analfabetismo se introdujo entonces como un componente central del discurso del subdesarrollo; por supuesto, se ignoró o se negó en absoluto la importancia y el valor de los conocimientos autóctonos de los pueblos que, sin embargo, poseían tradiciones y cultura propias. Europa, en general, y en particular los países más "civilizados", han cerrado los ojos o han pretendido ignorar que es ahí, en el corazón geográfico de la cultura occidental ilustrada donde se han dado las más espantosas experiencias de barbarie y brutalidad, llevadas a cabo por los pueblos supuestamente más civilizados, más letrados, más educados, y más cultos, como la Alemania nazi, por citar sólo un ejemplo. Otras naciones, igualmente cultas, han protagonizado, y siguen protagonizando, los episodios más salvajes de genocidio, colonización y saqueo. De modo que es ahí donde los esquemas y las divisiones entre cultos e incultos, entre civilizados y bárbaros, entre lectores y no lectores fracasa estrepitosamente.

¿Se puede ser un lector bárbaro?

Digámoslo así: la sociedad estadounidense es una de las sociedades más educadas y más lectoras del mundo y es, a la vez, una de las más salvajes y bárbaras; entre otras cosas, bárbaramente consumista. Las otras sociedades, los otros países somos "subdesarrollados" o estamos "en vías de desarrollo" porque no reunimos los requisitos, los indicadores socioeconómicos de las naciones de Norteamérica y Europa. Por eso, para subsanar nuestro déficit (de consumo, de educación, de cultura, de lectura, etcétera), nos han aplicado (las agencias internacionales y nuestros propios gobiernos) políticas compensatorias y paternalistas. De todo esto se desprende una visión de orfandad o de carencia, en la que aquellos que tienen una relación limitada con la lectura y la escritura son considerados, en nuestros países, como inferiores o carentes de cultura. Al poner el acento en esto, se pierde de vista el hecho mucho más grave de que esta gente está excluida de casi todos los ámbitos de la vida social y económica, pero también de los espacios públicos en donde la comunicación hablada y escrita tiene lugar, como las instituciones educativas, los medios de comunicación, o el Estado mismo. Al carecer de voz pública en todos los ámbitos y en todas sus modalidades (hablada, escrita y audiovisual), es natural que estos sectores estén también excluidos o incluso autoexcluidos de la lectura, no de la lectura en sí, sino las prácticas de lectura ligadas a la participación económica, social y educativa.

¿La lectura y la escritura constituyen un poder?

Ésta es una discusión que ha tenido lugar al menos en los últimos veinte años. En Estados Unidos, por ejemplo, existe muchísima literatura sobre el tema de lo que llaman el empoderamiento a través de la alfabetización o de la lengua escrita. Existen distintas visiones y versiones tanto dentro de la investigación teórica como en la práctica educativa. La lectura y la escritura, aparentemente, constituyen un poder para diversos actores sociales, pues tanto instituciones oficiales y agencias internacionales, como grupos civiles, organizaciones y movimientos sociales, e incluso movimientos revolucionarios, han considerado siempre la alfabetización, y por lo tanto la lectura y la escritura, como un elemento central en sus programas de acción. Esto nos indica que hay una valoración social, casi universal, de que el leer y el escribir representan alguna forma de poder o de empoderamiento.

¿En qué consiste exactamente este empoderamiento?

En el debate académico ha habido sectores que afirman que la invención y uso de la escritura, aunque en particular se refieren al alfabeto grecolatino, tiene consecuencias cognitivas importantes. Para estos autores leer, pero sobre todo escribir, reestructura, reorganiza y expande nuestro lenguaje. La escritura es una actividad metalingüística, que permite una reflexión sobre el lenguaje mismo, una reconstrucción, una elaboración y, por lo tanto, como el lenguaje es el instrumento central del pensamiento, teóricamente escribir sería una herramienta de poder, pues expande el desarrollo lingüístico y, en consecuencia, el desarrollo intelectual. En otras palabras, el lenguaje hablado y escrito —en tanto sistemas simbólicos creados por los seres humanos— tiene una función decisiva en el desarrollo intelectual, pues nos permite no sólo nombrar el mundo exterior, sino nombrar y controlar nuestro propio proceso de pensamiento. Por medio del lenguaje nos damos "órdenes" a nosotros mismos, a nuestra propia mente, acerca de lo que queremos saber y lo que nos interesa ser y hacer. Leer y escribir, en este sentido, son herramientas que contribuyen a ampliar el potencial expresivo y reflexivo del lenguaje hablado. Sin embargo, la investigación empírica, y esto es un hecho comprobado, no muestra diferencias sustanciales en el desarrollo cognitivo entre grupos y personas que poseen y utilizan la escritura, y grupos o sociedades ágrafas, es decir, que carecen de un sistema de escritura. Lo que sí se ha demostrado, en cambio, es que hay distintas formas, distintas prácticas y usos de la lectura y la escritura que conducen a distintas formas y prácticas de hablar y de pensar. Una cosa es escribir para conservar registro de una transacción comercial y otra escribir para entender, analizar, conceptualizar o argumentar algo.

Otra postura, también central en el debate teórico e histórico, es la llamada visión crítica de la alfabetización, representada centralmente por Paulo Freire. En esta visión, se sostiene que leer y escribir representan un poder en la medida en que los grupos oprimidos utilicen estas prácticas como herramientas para entender su propia posición subordinada en el mundo y para reescribir su propia historia. Es decir, se entiende que la lengua escrita sirve para "leer el mundo", dice Freire, y "escribir su propia historia". En este sentido, la lectura y la escritura constituyen un instrumento de conocimiento, conciencia y autodeterminación, que les permite a las personas construirse a sí mismas y convertirse en agentes de su propio lugar en el mundo. En otras palabras, desde la perspectiva de este educador brasileño, la lectura y la escritura críticas representan un instrumento de elaboración intelectual y, por tanto, de poder que puede cumplir una función central en la liberación de los grupos oprimidos.

Por último, el tema de la lectura se ha vuelto, de pronto, importante. ¿A qué lo atribuyes?

Tiene que ver, me parece, con el proceso de desmantelamiento sistemático de nuestro sistema educativo en las últimas décadas. México es hoy en día un país donde un segmento impresionante de la población joven y adulta está excluida de la educación formal. Pero el mundo está, como dice Eduardo Galeano, patas *pa'rriba*, y en vez de entender que es el sistema económico y educativo el que margina sistemáticamente a los desposeídos, creemos que son éstos los responsables de su propio fracaso laboral, educativo y social "porque no leen". Es así como en lo que respecta a educación y políticas de alfabetización ya no sabemos qué ha pasado ni a dónde vamos. Hemos permitido que la injusticia y la desigualdad económica y educativa en nuestro país alcancen niveles brutales. Es comprensible entonces que en todo el país se escuche que hace falta leer. Yo también creo que leer es fundamental, pero por razones distintas a las que predominan en los medios y en las campañas oficiales ("para crear el hábito de la lectura", "para hacer un país de lectores"). Es indispensable leer porque a lo largo de su historia este país ha sido saqueado, vendido y malbaratado por criminales de adentro y de afuera, y lo sigue siendo hoy día. Peor aún, hemos perdido la capacidad de imaginar que las cosas pueden ser diferentes. Leer y escribir son, en este sentido, herramientas indispensables para crear nuevos proyectos y utopías. Pero darse cuenta de esto y tomar iniciativas para cambiar las cosas exige no sólo lectura sino, fundamentalmente, *organización social*. Y hasta ahora no conozco ninguna campaña oficial, ni ningún intelectual preocupado por la lectura, que inviten a leer *y a organizarse*. Leer para sentir placer en medio de la tragedia nacional, les suena aceptable, pero leer y organizarse para cambiar las cosas, empieza a sonar incómodo.

Lo que es claro es que la lectura no se puede separar de la educación. Lo que hay que seguir con mucha atención es cómo se plantea la temática y hacia dónde se orienta la discusión. Porque las políticas educativas se definen en gran parte en función del discurso de los grupos más directamente centrados en la promoción de la lectura y de la "alfabetización informática". Creo que esto es limitado pues un diálogo más amplio que incluya otros actores sociales y otras voces, incluyendo las de aquellos que por principio se descalifica como lectores. En tanto se siga viendo la lectura como un fenómeno aislado de las relaciones sociales, económicas, y educativas, la discusión no saldrá jamás del mundillo de la lectura y, en el peor de los casos, será tan sólo un estéril monólogo.

CIUDAD DE MÉXICO, 25 DE MAYO DE 2004.

Francisco Hinojosa

La lectura es un don que se hace evidente

"Francisco Hinojosa —escribió Christopher Domínguez Michael en su *Antología de la narrativa mexicana del siglo xx*— cree en la infancia como el jardín del edén donde los niños juegan a la guerra como bárbaros de la edad primigenia".

Ciertamente, esta es una de las definiciones que mejor retratan la búsqueda y las consecuciones de este magnífico escritor, nacido en la ciudad de México en 1954, cuya mayor virtud es no aburrir jamás a sus lectores, sean niños, jóvenes o adultos, pues así como los niños disfrutan de narraciones tan plenamente imaginativas como *A golpe de calcetín* (1982), *Cuando los ratones se daban la gran vida* (1986), *Joaquín y Maclovia se quieren casar* (1987), *Aníbal y Melquiades* (1991), *La peor señora del mundo* (1992), *Amadís de anís, Amadís de codorniz* (1993), *Buscalacranes* (2000) y *Ana, ¿verdad?* (2001), así también los jóvenes gozan con novelas tan divertidas como *Una semana en Lugano* (1992) o *La fórmula del doctor Funes* (1993).

Del mismo modo, los lectores adultos, o los lectores en general, quedan plenamente satisfechos con sus obras narrativas y ensayísticas, donde los géneros se retroalimentan, dirigidas al más amplio público: *Informe negro* (1987), *Memorias segadas de un hombre en el fondo bueno y otros cuentos hueros* (1995), *Cuentos héticos* (1996), *Un tipo de cuidado* (2000), *La verdadera historia de Nelson Ives* (2002) y *La nota negra* (2003), libros gracias a los cuales Hinojosa está considerado como fundador y maestro de una muy amena y original corriente literaria que hace uso del esperpento, la caricatura, la parodia y el retrato fielmente ridículo, patético y regocijante de la —con excesiva frecuencia— absurda vida cotidiana.

Entre sus narraciones cortas más singulares, en esta vena irónica y plena de sarcasmo están sus magistrales "Memorias segadas de un hombre en el fondo bueno", "Lo que tú necesitas es leer a Kant", "Dimas Lis, hombre lobo", "Informe negro", "Nunca en domingo", "Lina Luna, oaxaqueña, en la prisión", "La averiada vida de un hombre muerto", "A la sombra de los caudillos en flor", "Quijote Hidalgo", "Historia de lo que sigue", "Un ejemplo de belleza", "La llave", "Explicación", "A los pinches chamacos" y "La verdadera historia de Nelson Ives".

Con un privilegiado sentido del humor y una gran capacidad para reflejar el sentido exacto aunque generalmente inadvertido de la realidad, los textos de Francisco Hinojosa recargan la tinta en la ridiculez de cierto comportamiento humano y, con frecuencia, llevan hasta las últimas consecuencias el sarcasmo sobre las actitudes intelectuales y artísticas. En este sentido, Hinojosa es un autor satírico emparentado, por ejemplo, con Jorge Ibargüengoitia y, fuera de la lengua española, con, digamos, el Woody Allen de *Cómo acabar de una vez por todas con la cultura*, *Sin plumas* y *Perfiles*, ejercicios diestros de sátira social e individual que retratan el comportamiento anómalo y enfermizo de personas que navegan por la vida con bandera de respetabilidad y buena salud mental.

Uno de sus cuentos, "A los pinches chamacos", revela el gran talento de Hinojosa para abordar el tema de la infancia. Si en sus libros destinados mayormente al público infantil, el escritor mexicano es capaz de romper con las convenciones ñoñas y de fingida puerilidad, para entregar a sus lectores relatos de insólita acidez que los niños son los primeros en celebrar, en este relato refiere, sin caer jamás en la moralización ni en el juicio "ético", la génesis de la delincuencia infantil y juvenil que puebla las calles de las principales ciudades, entre ellas, por supuesto y en primer lugar, la de México.

Otros textos suyos juegan con una fantasía desbordada, donde la tragicomedia de la vida parece no tener asideros en la realidad seria. O quizá tendríamos que decir que esa realidad seria es bastante cómica y delirante, sin que hayamos tenido el don de Hinojosa para verla con exactitud. El que Hinojosa no haya renunciado a su infancia, le permite mirarse y mirarnos con entera libertad y con profunda sinceridad, esa misma libertad y esa misma sinceridad con las cuales responde a nuestras preguntas a propósito del libro y la lectura.

¿Cuándo y de qué forma descubriste la lectura?

La descubrí a los dieciséis años de edad, leyendo un libro que había ganado un hermano mío en un concurso de oratoria: *Crimen y castigo*. Esta novela de Dostoievski fue mi primera lectura seria y completa, pues aunque ya había leído antes algunas otras cosas, por lo general fragmentarias, lo que me marcó en definitiva como lector fue *Crimen y castigo*.

¿Qué es lo que habías leído antes?

Muchos cómics y unos cuantos libros infantiles. Recuerdo una serie ilustrada de cuentos de los años cincuenta que todavía se sigue reeditando: *Los siete secretos*.

¿Y había libros en tu casa o antecedentes lectores en tu familia?

Había libros, pero no necesariamente antecedentes lectores. Los libros estaban ahí por sus lomos de colores, como objetos culturales que no podían faltar en una casa, pero no porque importara mucho su contenido ni porque fuera fundamental leerlos. De joven, hacia los veinte años, descubrí que mi abuelo materno había sido un gran lector que sacrificaba los centavos que tenía para comer a cambio de libros.

Los libros que tenías a tu alcance, en ese entonces, ¿no eran libros de lectura?

Había algunos de literatura, y otros más de esoterismo y geografía, también una biografía de Leonardo da Vinci y los infaltables títulos, en esa época, de un escritor que hoy se lee menos pero que entonces era importante: Stefan Sweig. También algún título de Nikos Kazantzakis y, por supuesto, los clásicos de rigor: Homero, Dante, Cervantes. Lo que sucede es que yo no leí nada de esto sino hasta después de haber descubierto que la lectura podía ser placentera, gracias a *Crimen y castigo*, de Dostoievski.

¿Tuviste algún profesor que te ayudara a leer o que facilitara tu acceso a los libros y la lectura?

Sí, hubo uno en la escuela secundaria, que era apasionado de sus clases y de quien recuerdo mucho sus interpretaciones sobre el *Quijote*, de Cervantes, y *Los de abajo*, de Mariano Azuela. Además de la manera de transmitirnos el entusiasmo de su lectura, su pasión por los libros nos cautivaba. También tuve otro maestro en la preparatoria que ponía a nuestro alcance muchas lecturas y que, además, te brindaba la oportunidad de conversar con él acerca de ellas.

¿Crees que haya fallado la escuela en incentivar el gusto por la lectura?

En mi caso yo creo que, definitivamente, sí. La mía era una escuela de religiosos a los que no les importaba en absoluto la lectura; más aún, creo que la consideraban peligrosa. En la actualidad, esto se ha modificado notablemente, sobre todo a partir de que los programas de estudio de la Secretaría de Educación Pública insisten en el desarrollo de habilidades lectoras.

Es decir, encuentras que hay una diferencia entre tu experiencia infantil de lectura y la de los niños de hoy…

Sí, yo creo que hay una diferencia sustancial, pues pese a las fallas o carencias que pueden tener los programas de lectura en la escuela y fuera de ella, es innegable que hoy en día el hecho de leer tiene un propósito mucho más amplio que el de transmitir exclusivamente conocimientos. Cada vez es más frecuente que se acepte, desde la educación primaria, que el placer de la lectura también es algo importante para la formación intelectual de los alumnos. Otro dato importante acerca de esta diferencia es que la oferta editorial que existe hoy es infinitamente superior a la que existía hace quince años, tanto en cantidad como en calidad.

¿Qué cómics influyeron en tu afición por la lectura?

Superman, Batman, Chanoc y las tiras cómicas de los periódicos.

¿Crees que el cómic y la historieta puedan representar un principio que facilite el gusto por la lectura?

No estoy seguro de que sea así, sobre todo si pensamos que el cómic forma parte de una cultura más visual que escrita. En muchos casos, la ilustración tiene un gran peso, en cuanto a su calidad, y uno muy menor el texto, que suele ser descuidado. Salvo los casos del cómic moderno y contemporáneo, en donde existe un mayor equilibrio entre ilustración y texto, además de otra intención, en cuanto a la calidad artística, la mayor parte de este género no se preocupa demasiado por el contenido escrito, al menos desde un punto de vista literario.

¿Tuviste amigos o compañeros que hayan reforzado tus intereses de lectura?

Sí, sobre todo a partir de una especie de *boom* que se dio en torno de la literatura de José Agustín; en la preparatoria encontré con quién conversar sobre libros y literatura, y esto se debió en mucho al interés que nos despertaban los libros del autor de *La tumba.*

¿Tuviste lo que se denomina lecturas infantiles?

No, las tengo más bien de adulto; todavía sigo enterándome de mucha literatura clásica y moderna en este género.

Cuando comenzaste a leer de manera sistemática, ¿había libros para niños y jóvenes como los que tenemos actualmente?

No, en lo absoluto; no había publicaciones con la calidad que tienen las de ahora. Había libros para niños y jóvenes, pero eran muy pocos y, además, por lo general, estaban traducidos al español de España, lo cual les restaba el impacto que se necesita para que te intereses de entrada por una historia. Hoy en día, en México, los niños y los jóvenes tienen acceso a libros clásicos, modernos y contemporáneos traducidos al español de México, además de los muchos títulos escritos por autores mexicanos.

¿Qué encontrabas en los libros de texto de la escuela?

Mi padre se dedicó a varias cosas, pero en el fondo tenía una vocación frustrada de actor; recuerdo que en alguna ocasión leyó e interpretó algunos de los textos del libro de lecturas de primaria. Quizá por eso, en mi primera oportunidad, fui responsable de hacer uno de esos libros. Yo participé, hace tres décadas, en la preparación del de sexto año, que aún está vigente, para la Secretaría de Educación Pública, y este año acabo de publicar los libros de lecturas, de primero a sexto año, para una editorial privada, Ediciones Castillo. Desde hace una semana estoy trabajando en otras antologías para jóvenes de secundaria.

¿Leer y escribir fueron para ti actividades simultáneas?

No, primero descubrí la lectura y, más o menos dos años después, comencé a escribir. Digamos que a partir de la lectura de *Crimen y castigo* me volví un lector frecuente, constante, al grado de descuidar incluso mis estudios, o más bien todo, con tal de leer. Empecé a escribir como a los 18 años de edad.

¿Crees que se necesite una disposición especial para ser lector del mismo modo que otros son futbolistas, toreros, etcétera?

No, yo creo que todos pueden ser lectores. No creo que haya una habilidad innata para la lectura; lo que sí creo es que hay quienes tienen una mayor facilidad de concentración o de disposición frente a un libro. La experiencia me ha demostrado que todo el mundo puede leer y disfrutar un libro; la cuestión está en descubrir ese libro que nos llevará necesariamente a otro y otro más.

¿La lectura y la escritura producen siempre mejores personas?

La tendencia sería a que esto fuera así, pero no podemos olvidar que incluso lecturas virtuosas y aun religiosas han dado muy malas personas. La cárcel está llena de gente que lee la Biblia. Y lo cierto es que la lectura no se puede calificar desde un punto de vista moral.

¿Crees que Plinio tiene razón cuando dice que no hay libro malo?

No, difiero de esa sentencia, y en este sentido sí discrimino totalmente. Hay muchísimos libros malos, o más bien, hay muy pocos libros buenos, y sin embargo, no alcanzarían nuestras vidas para acabar de leerlos.

¿Para que sirve leer?

Aquí puedo dar al menos dos respuestas. Por un lado, está el placer. Así como además de alimentarme, ingiero ciertas cosas para brindarme un gusto, de este mismo modo leo con el propósito de procurarme placer, independientemente de que lo que lea tenga una función formativa desde el punto de vista intelectual. Por otro lado, está la lectura del conocimiento y la información, que puede muy bien convivir, en una misma persona, con aquella que se hace por un principio placentero.

¿Cuál crees que sea la mejor manera de contagiar el gusto y la necesidad de leer?

El disfrute personal. Cuando se disfruta algo, se transmite de alguna manera auque no se diga. Con sólo ver a alguien que no puede soltar un libro, con observar el grado de deleite que encuentra en él, habrá quienes deseen saber qué hay detrás de eso. En casos así, ni siquiera es necesario querer propagar la lectura a través de la recomendación; es suficiente la intensidad de la emoción.

En tu contacto con los maestros, ¿has encontrado esta intensidad emotiva en relación con la lectura?

Tengo mucho contacto con los maestros, sobre todo con aquellos a quienes sí les interesa la lectura: veo en ellos una pasión y un gusto que antes no existían. Creo que este fenómeno tiene aproximadamente unos diez o doce años, desde que la Secretaría de Educación Pública empezó a publicar los Libros del Rincón. A partir de entonces se produjo un auge que, por otra parte, propició el surgimiento de más escritores para niños, y ello ocasionó también un mayor interés de las casas editoriales por este género y un mayor número de lectores. Me consta que cada vez hay más maestros y padres de familia interesados en la lectura. Y no me refiero a la enseñanza de la lecto-escritura, sino a la lectura por placer. Incluso en las etapas primeras, como en la preescolar, cada vez hay más educadoras y padres que tienen un interés auténtico por contagiar a los niños pequeños la experiencia compartida de un cuento, de una historia. Y creo que este fenómeno se debe, nuevamente, a la calidad de la oferta editorial.

¿Crees que una mala película venza siempre a un buen libro?

Eso es algo que todavía hay que ver. Sé, por lo pronto, en la experiencia más reciente, que los libros de *Harry Potter* se consumen en cantidades tan grandes como el número de espectadores de las películas. No sé qué vaya a suceder después, pero por el momento los niños están leyendo. Desde el punto de vista estadístico sería interesante saber cuántos ejemplares se venden al día de los tomos de *Harry Potter* sobre los que ya se hicieron películas. Es un fenómeno digno de estudiarse tanto en el caso de los niños como en el de los adultos. No sé si la película *Como agua para chocolate* se siga viendo en la misma proporción que se sigue leyendo el libro de Laura Esquivel, pero sí sé que un buen lector puede perfectamente leer *El proceso*, de Kafka, y ver con la misma pasión la película de Orson Welles.

¿Hay libros que cambien el curso de la historia?

Yo diría que todos los libros cambian el rumbo de la historia; cada libro va cambiando algo, en alguna medida.

En Los demasiados libros, *Gabriel Zaid incluye una serie de preguntas irónicas y provocativas que me gustaría formularte, textualmente, para saber cómo las responderías: "¿Sirve realmente la 'poesía comprometida'? ¿Daña realmente la literatura pornográfica? Los suicidas wertherianos, de no leer el* Werther, *¿no se hubieran suicidado? La lectura de Marx, ¿produjo el 26 de julio en Cuba? La lectura de los evangelios, ¿produjo el bombardeo de Hiroshima?"*

Creo que hay personas a quienes sí les sirve la poesía comprometida, aunque de poesía no tenga mucho, y a poetas a quienes les sirve aún más, tanto que incluso su actividad se transforma en un *modus vivendi* más que en un modo de vida. El compromiso vende.

¿Daña realmente la literatura pornográfica?

Si subrayamos el ingrediente literario sobre el pornográfico, haría tanto daño como la literatura rosa o un *western*.

Los suicidas wertherianos, de no leer el Werther, *¿no se hubieran suicidado?*

Tendríamos que hablar quizá de porcentajes. No sé de qué lado se inclinaría la balanza: si de los vivos o de los muertos que leyeron realmente con pasión el libro de Goethe. Los que se suicidaron tal vez no necesitaban más que un leve empujón, y ése se los proporcionó, posiblemente, el *Werther*.

La lectura de Marx, ¿produjo el 26 de julio en Cuba?

No lo produjo, pero sí influyó en que se produjera.

La lectura de los evangelios, ¿produjo el bombardeo de Hirosima?

Absolutamente, no lo creo. Hoy podemos ver que no se necesita leer nada (ni siquiera un informe acerca de la improbable existencia de armas de destrucción masiva) para bombardear un país.

¿Hay realmente demasiados libros?

Sí, en definitiva. Hay una sobreabundancia. Cuando veo la mesa de novedades de una librería, por lo general recuerdo todo lo que tengo pendiente por leer. Sin embargo, siempre queda la sensación de que algo nos falta y que está por venir.

¿Por qué escribes?

Primero, porque me da placer y porque es lo mejor que sé hacer en la vida, y, después, porque sé que lo que escribo incide muy especialmente en niños y jóvenes. Tengo una comunicación innata con niños y jóvenes, y me interesa mucho este tipo de lector. Hay por un lado una necesidad y, por el otro, una responsabilidad. Además, el hábito de la lectura, que es algo que me interesa mucho, se funda en gran medida en la atención más cordial y más imaginativa que se pueda brindar a estos lectores.

¿Existe una literatura especial para niños y jóvenes, y otra para adultos?

Creo que la literatura para niños y jóvenes es también para

adultos, mientras que la literatura para adultos no siempre la puede comprender un niño y, aun en caso de comprenderla, no siempre le interesa. Pero si la literatura para niños y jóvenes tiene calidad, le va a interesar también a los adultos.

¿Has sentido que tus libros hayan modificado, en algún momento, el comportamiento de los lectores?

Sé de muchas personas. Lo fundamental, lo importante para mí, es que varias de ellas se hayan vuelto lectoras a partir de mis libros. Niños, muchachos y aun personas no tan jóvenes me han referido que lo primero que leyeron fue un libro mío y que después han seguido leyendo hasta convertirse en lectoras asiduas. En no pocas ocasiones me han manifestado que la lectura modificó sus vidas y el comportamiento en su casa y con su familia y amigos. Tengo frecuentes testimonios de niños y jóvenes, de padres y maestros.

Uno de tus libros más celebrados y leídos, entre los niños y los jóvenes, pero también entre los adultos, es La peor señora del mundo. *¿Qué tipo de testimonios has recogido al respecto?*

Hay muchos. A partir de la lectura de este libro, algunos maestros han pretendido hacer responsable al autor de un mensaje premeditado, a la manera de un psicólogo malévolo que escribe para inyectar a los niños una sustancia que producirá reacciones insospechadas. Otros han encontrado en *La peor señora del mundo* múltiples valores, especialmente la solidaridad, y están también los que encontraron en la anécdota de este libro una muestra, según dicen, de la corrupción de la niñez mexicana. El libro ha despertado las más diversas y apasionadas reacciones: desde prohibiciones de lectura en las escuelas y en las familias, hasta las felicitaciones y los entusiasmos más enfáticos.

¿Contribuye Internet a incentivar el hábito de la lectura?

Yo creo que sí, y pienso que no debería haber una pugna entre Internet o los juegos o la televisión y los libros. A mi juicio, el uso de Internet ha traído a la lectura y a la escritura más beneficios que daños.

¿Has hecho uso de las bibliotecas públicas?

Sí, en mis tiempos de estudiante y, luego, cuando estaba escribiendo algunos libros que requerían cierta investigación, entre ellos *A golpe de calcetín* y *Joaquín y Maclovia se quieren casar*, que tienen, ambos, un contexto histórico determinado.

¿Has notado diferencia entre el nivel del hábito lector de México en relación con el de otros países?

Sí, por supuesto. Sólo por poner un ejemplo, puedo mencionar el caso de Colombia, no ya digamos los de Francia o España. En Medellín, Colombia, tuve la experiencia de asistir a un encuentro, "El Juego Literario", donde los niños leían obras mías e intercambiaban postales, dentro de un sistema que abarcaba escuelas, bibliotecas y centros de lectura. Lo que más me sorprendió allá fue el enorme entusiasmo en torno de los libros y la lectura; algo que apenas estoy comenzando a percibir en México. Otro elemento que noté en Colombia es que la figura del bibliotecario tiene una connotación de gran importancia para los niños y las comunidades. Los niños solían decirme, con gran naturalidad: "Mi bibliotecaria me recomendó que leyera este libro", o "mi bibliotecario me contó tal cuento". Esta figura del bibliotecario, con la relevancia que tiene en Colombia, apenas se está empezando a dar en México, y creo que su desarrollo es fundamental para incentivar el gusto por la lectura.

En este sentido, el bibliotecario cumpliría también la función de promotor de la lectura...

Yo creo que en estos momentos tenemos que multiplicarnos y cumplir distintos papeles. El bibliotecario puede ser, y yo diría que debe ser, un muy importante promotor de la lectura.

¿Te preocupa transmitir la necesidad de leer?

Sí, y lo que más me gusta es hacerlo a través del contagio.

¿Qué tipo de biblioteca has formado?

Una biblioteca muy amplia en la cual trato de ser cada vez más selectivo. Estoy deshaciéndome de todos esos libros que nunca leeré o que leí a medias porque no tenían importancia para mí. Hay que liberar a los estantes de todos esos materiales que sólo ocupan lugar.

¿Cómo está integrada esta biblioteca?

Tiene de todo, desde recetarios hasta manuales de agricultura orgánica. Mucha poesía (que hemos reunido mi esposa y yo), bastante narrativa, ensayo y una gran cantidad de libros para niños y jóvenes.

¿Un buen lector lee de todo?

Pienso que sí, pero también creo que un buen lector debe privilegiar los libros en función de sus intereses y de su gusto.

¿Cómo determinas tus lecturas?

Por el azar, por intuiciones y, algunas veces, por recomendación directa de los amigos. Pero son tantos los libros importantes o fundamentales que nos faltan por leer que llega un momento en que, más que comprar nuevos títulos, hay que encerrarnos en nuestra propia biblioteca y leer todo aquello que tenemos pendiente y que dejamos para después.

¿Hay en México suficiente público lector para la literatura infantil y juvenil?

Hay cada vez más; en este sentido, soy muy optimista. Estoy seguro de que la población mexicana del futuro próximo va a leer muchos más libros que la del pasado y la del presente. No es cuestión nada más de estadísticas, pero los lectores que actualmente se forman superarán sin duda el uno o el dos de promedio anual que actualmente se nos atribuye. La proliferación de elementos en torno al libro (ferias, programas de lectura, celebraciones literarias, actividades escolares, etcétera) influye de manera muy importante en el hábito lector, sobre todo de los niños y los jóvenes. Hoy, el Fondo de Cultura Económica y algunas editoriales españolas como SM y Alfaguara están publicando a muchos autores mexicanos, en el ámbito de la literatura infantil y juvenil, con muy amplios tirajes y con gran aceptación por parte de los lectores. Ello habla, creo yo, de la importancia que va adquiriendo la lectura en México.

¿Qué opinas de los programas oficiales de lectura?

Me gusta todo lo que se hace alrededor del libro, pero siento que donde falta mucha preparación, donde habría que poner una mayor atención —antes incluso de facilitar el acceso de los libros mismos— es en la sensibilización del magisterio. Creo que hay que preparar mucho más a los profesores antes de entregarles libros o de darles la responsabilidad de ser los mediadores de la lectura. De todas maneras son programas muy modernos, que representan un esfuerzo realmente loable.

¿Qué tan determinante es el ámbito familiar para influir en el gusto de leer?

Yo creo que es definitivo. Por lo general, el hábito lector que más perdura se contagia en el hogar. En la actualidad, apenas estamos formando a las futuras generaciones de padres lectores que, a su vez, serán quienes formen a sus hijos transmitiéndoles el gusto y la necesidad de leer. Vamos por buen camino, pero los resultados no los veremos sino en un futuro que ojalá sea próximo.

¿Qué elementos tomas en cuenta para hacerte una idea acerca de quién es lector y quién no?

En primer lugar, en una persona que lee el lenguaje es más rico, lo mismo que son más amplias su capacidad de expresión, su habilidad comunicativa y su facilidad de contacto con los demás. Todo esto junto se nota inmediatamente en la persona; hay un enriquecimiento personal que es visible; la lectura es un don que se hace evidente.

¿En tu caso, la lectura es un hábito, es decir, no puedes estar sin leer, o es una afición que puedes suspender en el momento que desees?

Es un hábito que, sin embargo, puedo también interrumpir en el momento que yo quiera. Lo que sucede es que casi nunca quiero suspenderlo. Desde que me adentré en la lectura, a los dieciséis años de edad, prácticamente no he dejado de leer. La lectura es parte principal de mi vida. Siempre estoy leyendo, y por lo general leo y escribo simultáneamente.

¿Cuál es el futuro de la lectura?

Reafirmo mi optimismo en una visión de mejoría con respecto al pasado y al presente. Creo que los niños y los jóvenes que hoy están leyendo van a influir de modo determinante para que sus hijos o pupilos sean lectores. Los padres que ya supieron lo que significa el disfrute, el goce de un libro, lo transmitirán sin duda, y muy fácilmente, a sus hijos. Esto a diferencia de los padres que hoy desean que sus hijos lean pero cuyo deseo está vacío de sustancia porque no predican con el ejemplo. Ciertamente, son personas que piensan que el libro va a conseguir hacer mejores hombres a sus hijos y de hecho desean que sus hijos sean mejores que ellos mismos, pero el problema es que sus hijos no los ven leer y no le encuentran sentido a ese deseo, porque no hay una relación entre lo que se quiere y lo que se hace o se deja de hacer. Mientras el deseo no vaya acompañado del ejemplo, difícilmente engendrará lectores.

CIUDAD DE MÉXICO, 4 DE JULIO DE 2004.

JOSÉ AGUSTÍN

La lectura beneficia incluso a los que no leen

José Agustín nació en Acapulco, Guerrero, el 19 de agosto de 1944. Perteneciente, junto con Gustavo Sainz, Parménides García Saldaña, Jesús Luis Benítez, entre otros, a una corriente literaria renovadora en México, publicó en 1964 su novela *La tumba*, ópera prima que inauguró una precoz y brillante carrera literaria que ha continuado con otras novelas, libros de cuentos, obras de teatro, crónicas y ensayos.

Aunque se ha vuelto un lugar común ubicar la obra de José Agustín en una pretendida estética denominada "de la Onda" desde que Margo Glantz compiló y prologó, en 1971, la antología *Onda y escritura en México: jóvenes de 20 a 33*, el escritor rechaza esta fórmula a la que atribuye una consecuencia lesiva. Al respecto, puntualiza:

> Yo nunca he estado de acuerdo en la idea de la literatura de la onda. Ni remotamente fue una corriente literaria, y si lo fue habría que replantearla y redefinirla. Me he pasado la vida luchando contra esto que más que algo bueno me ha resultado lesivo por reductivista y folclorizante. Como Burroughs o Ferlinghetti, que nunca aceptaron ser *beats*, yo tampoco acepto la idea de Margo Glantz, aunque admire mucho a Sainz o a Parménides. Es algo ante lo que ya me he resignado pero que, cuando se puede, trato de recomponer en la medida de lo posible.

En su amplia bibliografía de más de cuatro décadas sobresalen los títulos *De perfil* (1966), *Inventando que sueño* (1968),

Abolición de la propiedad (1969), *Se está haciendo tarde (final en laguna)* (1973), *Círculo vicioso* (1974), *El rey se acerca a su templo* (1977), *La mirada en el centro* (1977), *Ciudades desiertas* (1982), *Furor matutino* (1984), *El rock de la cárcel* (1984), *Ahí viene la plaga* (1985), *Cerca del fuego* (1986), *No hay censura* (1988), *Luz interna* (1989), *Luz externa* (1990), *No pases esta puerta* (1992), *Dos horas de sol* (1994), *Vida con mi viuda* (2004), *Arma blanca* (2006) y *Vuelo sobre las profundidades* (2008).

Entre 1990 y 1998 publicó en tres volúmenes su informativa y sarcástica *Tragicomedia mexicana*, una crónica política y cultural de la vida en México de 1940 a 1994, que precedió a *La contracultura en México* (1996). En 1995 reunió en un volumen sus *Cuentos completos*, que reeditaría, sustancialmente aumentado, en 2002.

Renovador de la literatura mexicana, desde 1966 José Agustín asumió su autobiografía contra la corriente convencional y contra los prejuicios de los críticos que, puritanamente, apelaban al "buen gusto" y a la "buena educación". *La tumba* y *De perfil* constituyeron verdaderos acontecimientos culturales en la década del sesenta e irradiaron su fuerza en años y décadas posteriores.

En uno de los pasajes de su autobiografía precoz, José Agustín explica: "Para mí, *La tumba* fue más bien exorcizar y dejar constancia de un estado de ánimo oscuro, depresivo, pesimista, bastante común por lo demás, que en mi caso se compensaba con el sentido del humor y una visión satírica… Era mi primera novela, escrita a los dieciséis años, y por tanto sumamente tierna".

La tumba no fue su epitafio sino su nacimiento como escritor. Y si, "a pesar de su ingenua pedantería" (diagnóstico de Emmanuel Carballo que José Agustín considera acertadísimo), *La tumba* sorprendió por su lenguaje, su desparpajo y la seguridad con la que asumía la literatura un narrador que la había escrito a los dieciséis años de edad y publicado a los veinte, los libros que le siguieron no sólo confirmaron la firme vocación de José Agustín, sino también la de muchos lectores que abrevaron en sus páginas. Juan Villoro cree, por ejemplo, que *Se está haciendo tarde* es la novela más intensa que se ha escrito en México. Por su parte, Luis Humberto Crosthwaite enumera las cuatro hazañas verdaderas de José Agustín:

> Tumbó las barreras generacionales: los jóvenes de ahora lo leen y lo descubren como los jóvenes de hace 30 años; eliminó las fronteras entre música y literatura; derribó los tabúes acerca de lo que podía tratarse en los beneméritos libros de literatura mexicana, inundándolos de sexo, drogas y crítica social; resucitó la literatura, al menos para una generación emergente de escritores, y con esto les enseñó a correr, les mostró que no había límites y, sobre todo, les dijo a quienes quisieran escuchar que en la creación literaria se tiene que arriesgar el pellejo… todo escritor se juega la vida en cada párrafo.

Una virtud más de José Agustín, no menos importante que las anteriores, es que revitalizó la amenidad de la experiencia de lectura, de modo tal que son muchos los que han empezado a leer y a aficionarse a los libros gracias a sus novelas y sus cuentos. Lector empedernido él mismo, si alguien ha hecho algo en México por la lectura, ese es José Agustín. Y lo ha hecho predicando con el ejemplo.

Admiradora declarada de este joven sexagenario, Elena Poniatowska escribe:

De los libros de José Agustín se tiran anualmente miles de ejemplares, y cuando no, el libro corre de mano en mano, lo prestan, viaja con facilidad. He visto secres, taquimecas, vendedoras y cajeras dejar a un lado *Ciudades desiertas* para atender a su clientela. Los libros agustinianos son ágiles, hacen reír; se encuentran en las terminales de los autobuses, en el aeropuerto, en las tiendas de autoservicio. Entretienen, quitan el aburrimiento, la monotonía del trayecto; tienen que ver con la vida de México, con los jóvenes, con la actualidad y las rolas. Como él mismo, sus libros son libros contentos: "Padre, padrísimo", responde siempre Agustín. El trato con él es fácil; no vacilaría en considerarlo el más accesible de los escritores. Jamás se niega, jamás acepta de mala gana. Todo le parece padrísimo.

Además, por si todo esto, que está muy bien dicho, fuera poco, los libros de José Agustín nos llevan siempre a pensar. Son muchos los lectores mexicanos, sobre todo jóvenes, que se han divertido y han ejercitado el pensamiento con sus novelas o con sus cuentos, con sus crónicas de rock o con cualquier libro suyo, siempre iconoclastas, siempre inclasificables y siempre divertidos y reflexivos.

Al cumplirse cuarenta años de la primera edición de *La tumba*, que coincide con los sesenta años de su autor, hemos conversado con él acerca de su oficio de lector; un largo y apasionado oficio sobre el que tiene mucho que decir y enseñar. En sus orígenes de lector, en sus experiencias estimulantes, encontraremos quizá la clave de los móviles de la lectura, tan difícil de hallar en libros de teoría literaria y en manuales de estrategias que se afanan, a veces infructuosamente, en conseguir que los jóvenes lean. Esta es la conversación con un escritor y con un lector que ha sabido compartir, desde hace cuatro décadas, su enorme felicidad por la lectura.

¿Cómo llegaste a la lectura?, ¿cuál fue tu primer libro o tu primer contacto con el acto de leer?

Lo primero que recuerdo es *El libro de oro de los niños*. Debo de haber tenido unos siete u ocho años. Gracias a él me apasioné por la mitología. Un vecino me prestó la *Ilíada* y quedé fascinado con las historias de la guerra de Troya, que había leído ya en una versión condensada para niños. Me encantó el lenguaje, que me sonaba a la vez fascinante y extraño. Pero después de leer la *Ilíada*, le dije a mi amigo: "Oye, el problema es que aquí no termina la historia: no está lo del Caballo de Troya ni nada de eso". Entonces él me prestó la *Odisea*, que leí con la misma fascinación. De tal forma que comencé con Homero y luego me seguí con la *Eneida*, de Virgilio, que sí cuenta la toma de Troya y la huida de Eneas. Para entonces estaba bastante encarrerado con los libros, porque mis hermanos mayores, que tenían trece o catorce años, empezaron a leer muchísimo en ese periodo. Leían a Federico García Lorca, Pablo Neruda, Vicente Huidobro y las novelas de los escritores existencialistas que, a mediados de los años cincuenta, tenían una enorme presencia. Por todo esto, yo empecé a leer también todas las cosas que ellos leían y que comentaban entre sí. Dejaban los libros por cualquier lado. No es que me dijeran que leyese este o aquel, sino que los dejaban por ahí y predicaban con el ejemplo. Yo los tomaba y me ponía a leerlos. Mis lecturas fueron, por cierto, muy desordenadas, pero absolutamente apasionantes.

Si nos remitimos a esta experiencia, ¿dirías que el ambiente donde se lee es fundamental para que los que no leen adquieran este gusto?

Si no es fundamental, sí es al menos una gran ayuda, porque no es lo mismo estar en un contexto donde la gente prácticamente no lee y no hay libros, a estarlo donde sí los hay y donde los lectores te ponen el ejemplo. Curiosamente, mi papá no era un gran lector; más bien nosotros, con el tiempo, lo volvimos un gran lector. Yo me hice lector más por el impulso de mis hermanos que por el de mi papá. Pero mis hijos, que sí crecieron en un ambiente lleno de libros y donde la lectura es una cosa de lo más común, desde pequeños traen formidables lecturas. Esto se debió, sin duda, a que el contexto en ese sentido les fue siempre muy favorable.

El investigador italiano Armando Petrucci dice que el futuro de la lectura está precisamente en una práctica que rechaza los cánones académicos en nombre de una libertad absoluta para leer lo que se nos antoje. ¿Qué opinas a este respecto?

Yo me adheriría sin duda a ese planteamiento, porque todo un programa de lecturas puede ser muy útil, obviamente, pero también ya trae consigo cierto sentido de la obligación o del trabajo y, para mí, en aquella época, la lectura era fundamentalmente un placer. Yo leía por el puro gusto de leer. Y aunque sí comencé realmente por el principio del canon, por los clásicos griegos y latinos, después ya estaba leyendo a los existencialistas y mucho teatro contemporáneo, e iba pasando asociativamente de una cosa a otra. Por ejemplo, cuando estaba en quinto de primaria leí *El muro*, de Sartre, que me dejó paralizado y me metió muy fuerte en muchos intereses que serían básicos en mi vida. Uno, Rimbaud, porque yo estaba muy chavito y, como era de esperarse, me identifiqué como loco con el poeta niño. Y luego, Freud y el psicoanálisis. A su vez, las lecturas de Rimbaud me llevaron a los poetas malditos: a Verlaine y a Baudelaire. Baudelaire me mandó a Edgar Allan Poe, y gracias a Poe empecé a entrar con mucha facilidad al mundo de la novela gringa del siglo XIX. Y Freud me condujo a Jung y a otros psicoanalistas. Cuando tenía trece o catorce años, venía mucho aquí a Cuautla y el padre de un amigo mío era un naturista ilustrado, un médico homeópata con muy buenas lecturas sobre todo del ámbito psicoanalítico. Pasábamos varios días en su casa, donde tenía todos los libros de Wilhelm Stekel, que yo leía fascinado, porque eran puros casos clínicos muy freudianos sobre sexualidad. Luego se puso muy de moda Erich Fromm, al cual empecé a leer, y poco a poco fui cayendo en más autores de psicología hasta que finalmente me quedé con Jung, que es para mí el psicólogo más fascinante. Y todo esto, como te digo, arrancó de la lectura del libro de Sartre. Después me interesé por el surrealismo, y leí sobre todo a Paul Éluard y a Breton, y ellos a su vez me mandaron a la Generación Perdida de Estados Unidos. Uno de mis grandes héroes, entre los diez y los veinte años, fue Francis Scott Fitzgerald, a quien leí en su absoluta totalidad; me fascinaba en especial *Tierna es la noche*, una novela que me pegó durísimo y que también incidía en toda la cuestión psicoanalítica. También Hemingway y Nathanael West. Me pasé luego a la literatura *beat*, que estaba muy ligada al existencialismo. Leí primero a los poetas: Allen Ginsberg, Ferlinghetti, Gary Snyder y Gregory Corso, y luego descubrí *En el camino*, la gran novela de Jack Kerouac, que se había convertido en un acontecimiento tremendo. Al poquito rato ya estaba con William Burroughs, y me empezó a entrar una gran fascinación por la literatura estadounidense contemporánea, aunque leía todo lo que me caía en las manos. Además, para entonces iba yo mucho a las librerías, estaba más o menos orientado y ya sabía qué era lo que andaba buscando.

¿Recuerdas tu primera visita a una librería?

Así, especialmente, no; pero sí me acuerdo de grandes librerías que frecuentaba mucho. La Librería de Cristal, en donde trabajaban varios amigos míos (Ricardo Vinós, Parménides García Saldaña, Federico Campbell, Ignacio Solares), y la Zaplana de San Juan de Letrán, que era fascinante. Antes de casarme trabajé unos meses en la Porrúa del Zócalo, que tenía una bodega muy buena. Me quedaba idiota viendo maravillas inconseguibles, como la primera versión de *Tierna es la noche*, porque Scott después modificó la estructura y así es como circula. Por desgracia me corrieron cuando se dieron cuenta de que a diario mis libreros engordaban gracias a su bodega. Me gustaba muchísimo también una pequeña librería, cuyo nombre no recuerdo, que tenía un señor que se llamaba Castro Vido y que estaba en Orizaba, enfrente de la iglesia gótica de la esquina de Puebla; era una librería pequeña pero muy bien surtida, y ahí entre otras cosas descubrí la colección de literatura porno y semiporno de Maurice Girodias y su Olympia Press, que editó a Burroughs (*Junkie* y el *Desayuno desnudo*) cuando sus obras estaban prohibidas. Gracias a esta librería, y a la edición de Girodias, llegué a *Lolita*, de Nabokov, otro de los libros más deslumbrantes de mis primeros años. En esa librería, a la que iba con mucha frecuencia, me podía pasar horas enteras platicando con Castro Vido, que era decentísimo, y una relación semejante solamente la volví a tener con Polo Duarte, cuya librería, extraordinaria, Libros Escogidos, estaba en la Alameda, exactamente en el lado opuesto del Hotel del Prado, y ahí Polo era la maravilla de maravillas: era un gran lector y un extraordinario amigo, y como sabía que estábamos jodidones nos alquilaba los libros por un peso. Leíamos el ejemplar con mucho cuidado, para no dañarlo y para que él lo pudiera vender después. Muchos libros venían intonsos y había que abrir los pliegos; entonces, esos te los alquilaba Polo en dos pesos. Yo leí no sabes qué de cosas gracias a Polo Duarte. Para mí, la suya fue la última gran librería que hubo en México. Ahí los sábados se reunía medio mundo. Iban Otaola, Guillermo Rousset, Pepe de la Colina, Francisco Hernández, Florencio Sánchez Cámara, Gerardo de la Torre, Gabriel Careaga y Gustavo Sainz, que era amiguísimo de este hombre. Los borrachones mandábamos traer los alcoholes de la cantina que quedaba al lado, y los cafeteros el café de la cafetería del otro lado. Era una librería chiquita, estrecha, y en el fondo se hacían las chorchas. Siempre que tengo oportunidad lo digo: Polo Duarte fue un librero queridísimo e importantísimo en mi desarrollo.

¿Crees que este tipo de librero ya desapareció en México?

Definitivamente. Yo ya no encuentro a nadie así. Ahora se venden los libros en las Comerciales y en los Sanborns, una cosa tan impersonal y tan pésimamente concebida que está acabando con las librerías. Las tipo Gandhi (café, actos culturales, precios un poco más bajos), que vienen de las parisinas del Boulevard Saint Michel, sin duda están mejor, menos despersonalizadas, pero también ya es otra cosa. La última librería verdaderamente sensacional que conocí fue The Living Batch, en Albuquerque, Nuevo México. No tenía madre. En Estados Unidos han concebido al menos las Barnes & Noble, que son pobres en catálogo, es decir, dependen de lo que está en circulación, pero son cómodas y bien diseñadas. Y en México aún quedan algunas librerías de viejo muy padres.

Tú fuiste un lector atípico, puesto que te iniciaste con Homero y luego continuaste con la gran literatura moderna y contemporánea. Esto quiere decir que no leíste libros infantiles...

Prácticamente, no. Fuera de *El libro de oro de los niños.* Yo leí a Salgari y a Verne hasta los dieciocho o veinte años y me gustaron muchísimo. Al único escritor de temas infantiles o juveniles que sí leí de niño fue a Mark Twain, y me enloqueció; me identificaba tremendamente con Tom Sawyer y Huckleberry Finn. Los libros de Twain fueron claves para mi vida. A los veintiún años vía Polo Duarte leí, además, por primera vez, *El hobito,* la traducción de *The Hobbit,* y me clavé muy fuerte con Tolkien; luego leí *El Señor de los Anillos,* que es una novela absolutamente genial, hoy muy popular por la adaptación que hizo el cine, pero que en aquel momento casi nadie conocía. Entré a Lewis Carroll por las vías del lenguaje, a través de Nabokov y Joyce. Carroll fue también para mí deslumbrante, como Lawrence Sterne. Ya mucho más tarde leí también fascinado a Michael Ende y a otros autores, como Francisco Hinojosa, pero lo cierto es que la literatura para niños no la leí realmente de niño. De niño leía más bien atrocidades; libros que otros niños de mi edad por supuesto no leían.

¿Cuál fue tu relación con la literatura popular y la subliteratura: revistas, cómics, historietas, fotonovelas, etcétera?

Tuvo mucha importancia, pues fui lector de cómics desde muy pequeño. Por supuesto empecé con los clásicos, los cuentos de vaqueros, los monitos gringos, los de Walt Disney, los de la Warner, y me clavé muy fuerte en ellos. En mi caso constituyen sin duda una influencia literaria. *La Familia Burrón*, por ejemplo, la leí desde su primer número y aún la sigo leyendo, aunque ya no cada número: nada más los de doña Borola y Satán Carroña. Después ya le empecé a entrar más a los cómics de aventuras: a los superhéroes tipo Batman y Supermán, y a los de Marvel Comics, con el Hombre Araña, los Cuatro Fantásticos y demás. Después descubrí las maravillas de *Heavy Metal*, con Giger, Moebius, Serpieri, Manara, pero de adolescente fueron decisivas *Mad* y *Playboy*, que leí desde muy chavito. El *Playboy* por las chavas, por supuesto, y me pasé a *Penthouse* desde que apareció, porque siempre fue *hardcore* y menos fresa. Y la revista *Mad* porque me divertía enormidades, incentivó mis tendencias hacia la sátira social, las parodias y todas las formas de ejercicio del humor. Ahora ya no la leo tanto porque decayó muchísimo desde que le empezaron a meter comerciales y a romper con una tradición muy rica en ironía. Sin embargo, conserva el filo de la crítica política y le pega a Bush con mucho ingenio.

¿Y la denominada literatura galante, porno, semiporno; esa de Memorias de una pulga, Fanny Hill, Grushenka, *etcétera?*

Sí, también la frecuenté, pero ya un poco mayor. Sartre incentivó mi lado oscuro. Recuerdo que leí bastante asombrado a Henri Barbusse, sobre todo *El infierno*, y luego el libro que me clavó más en la literatura francamente porno fue *Candy*, de Terry Southern, que escribió con Kubrik el guion de *Doctor Insólito*. *Candy* era una sátira sangrienta de todos los fenómenos espirituales que se estaban dando, los principios de la contracultura y el *new age* de ahora. Me divirtió muchísimo, se me hizo cachondísima y me llevó a muy buenas chaquetas. También leí las *Memorias de una pulga* y *Fanny Hill* (un amigo muy querido, Sergio Martínez Cano, tradujo la novela "no expurgada" de John Cleland para no sé qué editorial de México y en ese tiempo la leí con avidez adolescente), al igual que muchos libros de la colección verde de Olympia Press, como la *Historia de O*, de Pauline Réage, que es hija directa del Marqués de Sade, a quien leí mucho: *Justine, Juliette, Los 120 días de Sodoma, Los crímenes del amor* (pero, aunque muy interesante, se me hizo bastante aburrido e ideologizante), y también del barón Sacher-Masoch, cuya *Venus de las pieles* tardé siglos en conseguir y me dejó bastante indiferente, quizá porque la leí fuera de tiempo. Además de los libros insulsamente pornográficos de la colección Jaguar, de Diana, le entré con devoción a Henry Miller, que me fascinó; y cuando conocí a Sainz y Elizondo, leí al Aretino, a la Monja Portuguesa y especialmente a Bataille.

¿Crees que las lecturas populares puedan ser un principio para estimular un gusto por la lectura más seria, más ordenada y selectiva?

Yo diría que los libros que en un momento dado te dan la mano para que los tomes y van a medio camino contigo, son muy estimulantes, y como todos los libros son vasos comunicantes que te llevan, casi invariablemente, a otra cosa. Ahora, en cuanto a libros realmente populares, pues hay de todo tipo: García Márquez es muy popular, y quizá para algunos no sea una literatura muy fácil para empezar a leer, sobre todo si comienzan con *El otoño del patriarca*, que puede ser un libro muy denso. Por cierto, en el fondo el gran temor del Gabo es acabar como Vargas Vila, popularísimo en su tiempo y ahora olvidado. Grandes autores han sido extraordinariamente populares en su momento. Flaubert, con el proceso judicial que tuvo por la publicación de *Madame Bovary*; Zola no se diga; Balzac, por supuesto; Dostoievski y Tolstoi, igual, lo que motivó protestas universales cuando no le dieron el primer premio Nobel de Literatura al conde. Algunos de los más grandes autores han sido extraordinariamente populares en su momento. *Werther*, de Goethe, fue un *best seller* verdaderamente tremendo, que generó toda la racha de suicidios, actitudes y decepciones espirituales. Por cierto, la epidemia de suicidios de gente joven se está dando en la actualidad, en Estados Unidos y México en especial, pero por motivos nada románticos.

¿Te llevó la lectura hacia manifestaciones artísticas ajenas a la literatura?

Yo creo que se dieron al parejo. Mi hermano mayor era pintor y prácticamente desde niño me hizo apreciar la pintura un poco desde su óptica. Por eso, muchos de los que eran sus pintores favoritos son los míos también: Vermeer,

Caravaggio, Velázquez, Bruegel, etcétera. Con la música, igual; desde chavitos estábamos oyendo música. Yo, por mi parte, el rock and roll, pero en mi casa se oía también mucha música clásica, porque mis hermanos cuando empezaron a leer entraron a la cultura en serio. Entonces, empezaron a llegar los Shostakovich, los Stravinsky, los Ravel, los Mahler, los Beethoven, los Mozart, y los Schubert; este último, uno de mis músicos favoritos de todos los tiempos. También, a veces los libros me llevaban hacia cierto tipo de música. *Juan Cristóbal*, de Romain Roland me redescubrió a Beethoven, al igual que la *Sonata a Kreutzer*, de Tolstoi. Al leer a los *beats*, me interesé muchísimo por el jazz. Yo ya oía jazz, pero a partir de la lectura de los *beats* lo empecé a escuchar más asiduamente y comencé a comprar los discos de los autores clave: Ellington, Parker, Gillespie, Miles. En otras ocasiones la obra musical me mandaba a la literatura: Beethoven a Schiller, Ravel a Mallarmé.

¿La lectura te dota de algún poder especial que no poseen aquellos que no leen?

Lo que te da primero que nada es vida. Para mí, una de las cosas fundamentales de la lectura ha sido que ciertos libros se convierten verdaderamente en una experiencia vital, además de literaria y artística. Son los libros que le fascinaban a Jung y que me gustan a mí también. Entre sus favoritos, él mencionaba *Los elixires del diablo*, de Hoffmann, *Ella*, de Rider Haggard y especialmente *El Golem*, de Gustav Meyrink, que es otro de mis libros de todos los tiempos, junto con *El ángel de la ventana de Occidente*. Estos libros, en algún momento, hacían que mi vida se redujera notablemente, pues lo único que cobraba vida era el libro mismo. Cuando los leía era como si yo me achicara y el libro de repente se llenara de luz y empezara a existir por sí mismo. Yo quedaba fascinado, sumergido enteramente en eso. Me generaban emociones y sensaciones extraordinariamente intensas. Recuerdo que cuando estaba leyendo por primera vez *La guerra y la paz*, había capítulos en que de repente, y esto me ocurre con alguna frecuencia, ya no quería seguir leyendo de tanto que me excitaban y me impactaban. Entonces cerraba el libro y casi al instante, a los cinco segundos, lo tenía que volver a abrir y seguir leyendo, y tenía la sensación de que había salido como con más vida del libro. Lo que te quiero decir es que, entre otras muchas cosas, las lecturas son experiencias, y éstas sin duda enriquecen a quien las vive, generan la sabiduría que tanto le hace falta a los conocimientos. Ese tipo de persona se ha desarrollado más, al menos en esa área, y ciertamente adquiere un poder individual y social. Reafirma la autoestima por una parte, y prestigia, aunque sea desdeñosa o envidiosamente, en el medio social. Si no se cae en la pedantería, que es una forma bastante vulgar de ostentación, de nuevorriquismo, el que lee mucho, y bien, ciertamente adquiere *un poder*, no El Poder. Si lo sabe utilizar, perfecto.

Cuando se es verdaderamente lector, ¿se lee de todo? ¿Qué opinión tienes de esta experiencia de multiplicidad y diversidad?

Que es fundamental. No puedes constreñirte a un tipo de lectura, más aún si tienes marcos de interés mucho más amplios. Yo, por ejemplo, siempre he leído mucho ensayo sobre música, sobre jazz, biografías de músicos y temas afines. También me interesó, desde un principio, en alguna medida, la ciencia. Hay un especialista en Lewis Carroll, Martin Gardner, que toma las propuestas de Carroll desde un punto de vista científico y escribe libros absolutamente sensacionales de física y matemáticas muy buenos para los que, como yo, somos más bien extranjeros en esto. O Dunne, con su *Un experimento con el tiempo*. Desde chavito, mi hermano se clavó muy fuerte en la filosofía y yo también empecé a entrarle en la medida que podía. Con algunas cosas pude y con otras de plano no. Leí fascinado a Platón y a Aristóteles, pero me atoré con Hegel, no tanto con la *Estética*, que leí muy bien, como con *El ser y la nada*, que tenía cosas que me dejaban verdaderamente bizco. Leí también a los padres del existencialismo: Nietzsche, Jaspers, Heidegger, Kierkegaard, que son autores que están muy presentes en mi primera novela, *La tumba*, porque me tenían fascinado por los planteamientos que estaban mucho más cerca de las cosas que yo vivía. Ciertamente Nietzsche fue el mayor desafío y el mayor disfrute. Desde niño me interesó muchísimo la historia. Y los conocimientos en general. Me gustaban los textos escolares. Cuando llegaban los libros de la escuela, en febrero (en aquella época las clases empezaban en febrero), yo me los leía como si fueran novelas. Con excepción del de matemáticas, todos los demás me los echaba de un jalón y después me era muchísimo más fácil seguir las clases porque de alguna manera ya tenía asentada la materia primordial. Descubrí que dos de mis pasiones eran, por una parte, la geografía (mi papá, que era piloto aviador, me empezó a traer atlas sensacionales), y por otra parte la historia. Me leí, a los trece o catorce años, la *Historia de Roma* de Theodor Mommsen.

Que es un volumen grandísimo. ¿Cómo le hiciste?

Pues a pasitos, sin prisa y sin pausa, y la verdad sea dicha, saltándome las partes que no me interesaban mucho, cuando Mommsen se clava en las costumbres muy específicas, ya que es un libro muy meticuloso y muy detallado de toda la vida romana. Igual, al leer la Biblia me eché con lectura automática *Levítico*, *Números*, *Deuteronomio* y otros libros menos narrativos, filosóficos o poéticos.

Ya desde entonces ejercías uno de los derechos del lector a los que se refiere Daniel Pennac, en su libro Como una novela, *que es el derecho a saltarse páginas.*

Por supuesto. Yo en esto no soy muy religioso. Le entro a cualquier libro; si es difícil y requiere que me tome un exprés para poder agarrarle la onda y vale la pena porque el estilo lo pide, o algo me interesa mucho, me lo tomo y me fleto, aunque ésta sea muy densa y no me atrape de inmediato; pero, si no es así, dejo de leer el libro o me salto partes si considero que no valen la pena. Aunque, claro, si te empiezas a saltar partes en un libro, generalmente vas a acabar mandándolo a la chingada. No siempre es así, pero por supuesto que tenemos derecho a saltarnos las páginas que no nos interesan o que, al menos en ese momento, no nos resultan apasionantes. Me pasó, por ejemplo, con algunos libros de filosofía y nunca pude ni con Lacan ni con Wittgenstein, aunque lo intenté; pero no me sucedió con los libros de historia, que me gustaban muchísimo. Mommsen me llevó a leer a Julio César, por ejemplo, y había un librito, que ya no sé si esté circulando, de H. G. Wells, *Breve historia del mundo*, que comprimía en unas doscientas páginas la historia de la humanidad desde los orígenes y que me orientó mucho. La historia me llevó también a novelistas que me encantan, como Robert Graves, de quien casi todas sus novelas históricas me parecen sensacionales, desde *Yo, Claudio*, hasta las que se publicaron más recientemente y que yo no conocía, como *Rey Jesús*, *Las islas de la misericordia* o *La hija de Homero*. Ahora me gusta muchísimo Amin Maalouf y disfruté intensamente *Los jardines de luz*, que es, efectivamente, deslumbrante, y por supuesto *Samarcanda*, *León el Africano*, *La roca de Tanios* y *Las cruzadas vistas por los árabes*, que son auténticas maravillas. A partir de los diecisiete o dieciocho años le entré a la sociología y a la cultura política; empecé sobre todo con los marxistas, pues mi hermano mayor era un ultramarxista y me hizo leer a Lenin y a Marx y a Engels, de quienes me gustan mucho el *Manifiesto comunista*, *La guerra civil en Francia* y *Los orígenes de la familia, la propiedad privada y el Estado*; bueno, este último es de Engels nada más. Me asomé a *El capital* pero salí espantado. Leí a Kautsky y su *Los orígenes y fundamentos del cristianismo*, que es absolutamente sensacional. También a Bakunin, pero el que me quitó el aliento fue Max Stirner con *The ego and its own*, que creo que en español se llama *El yo y su propio*.

¿La lectura se dio a la par que la escritura?

Yo estaba escribiendo prácticamente desde antes de que empezara a leer. Desde que tenía seis o siete años. Primero hacía cómics. Y en éstos, los dibujos se fueron haciendo poco a poco más pequeños y los globitos del texto cada vez más grandes. Después eran páginas que tenían una o dos ilustraciones, y ya de pronto era la página completa sin ilustraciones. Mi primer texto sin dibujos, mi primer cuento, por decirlo así, lo escribí en quinto de primaria y, desde entonces, ya nunca he parado de escribir. En esa época también ya estaba muy metido leyendo. La escritura está ligadísima a la lectura, y yo no la podría concebir de otra forma.

Dirías entonces que leer y escribir no son actividades disociadas; que siempre van juntas.

En mi caso, sí. Además, son mutuamente estimulantes. Una de las cosas que me hacen escribir con mucho gusto es leer algo muy bueno, sea de quien sea. García Márquez me contaba que él, para escribir un cuento, primero se ponía a leer a los grandes maestros del género: Chéjov, Gógol, Maupassant, Poe, Fitzgerald, Hemingway, Borges, Cortázar, Rulfo, Arreola, etcétera, y ya que se había nutrido del más alto nivel posible de calidad cuentística, se ponía a escribir. A manera de aclaración, añadía que era muy probable que no consiguieras superar lo que habías leído, pero que al menos te impregnabas de lo mejor para intentar alcanzar ese nivel. En mi caso, me he dado cuenta de que me resulta muy estimulante leer buenas novelas; me dan ganas de escribir, y si ya estoy escribiendo no dejo de leer aunque las novelas o ensayos nada tengan que ver con lo que yo escribo en cuanto a técnicas o temática.

Aparte de El muro*, de Sartre, ¿qué otros libros modificaron de manera determinante tu percepción de la vida y la literatura?*

Además de *El muro* y de *Tierna es la noche*, que ya te mencioné, también me impresionó muchísimo *Lolita*, de Nabokov.

Casi me la sabía de memoria, pues entre los doce y los veinte años debo haberla leído, aquí sí religiosamente, una vez por año. Y aunque leí casi todo Nabokov, *Lolita, Pálido fuego* y *Desesperación* se me hicieron con mucho lo mejor de este gran novelista, junto con sus memorias. También fue decisiva la lectura de *Bajo el volcán*, de Malcolm Lowry, fue una impresión enorme la hondura de las líneas temáticas, la dimensión de los personajes, el magistral manejo del lenguaje, la erudición, los juegos de palabras, el sentido del humor tan especial y la tragedia misma, aparte del tema del alcohol y la terrible idea de llegar a tocar las puertas del cielo y en vez de entrar despeñarse en el abismo. Fue un libro que me dejó marcas imborrables. Ahí te van otros: *Las mil y una noches, La vida es sueño* de Calderón, *El eterno marido* y *El idiota*, de Dostoievski, *Fausto* de Goethe, *La divina comedia* del Dantiux, *El asno de oro* de Apuleyo, *Las metamorfosis* de Ovidio, *Madame Bovary* de Flaubert, *The Catcher in the Rye* de Salinger, *El gran Meaulnes* de Alain Fournier, *En el camino,* de Kerouac, *Trampa 22* de Heller, *Los elixires del diablo* de Hoffmann, *El Golem* de Meyrink, y *Simio*, de Wu-Chengên. También *El hacedor de estrellas* de Stapledon, las *Crónicas marcianas* de Bradbury, *Más que humano* de Sturgeon, *¡Tigre! ¡Tigre!* de Bester, *Ubik* y *¿Sueñan los androides con ovejas eléctricas?* de Philip K. Dick, *Dunas* de Herbert, y *El juego de Ender* de Scott Carson. O las historias fantásticas, de Poe y de Baudelaire, *El halcón maltés* de Hammett, *El gran sueño* de Marlowe, *El cartero llama dos veces* de James Cain. De la literatura mexicana, me impresionaron mucho *Los de abajo*, de Mariano Azuela, *Confabulario total*, de Arreola, *Los albañiles*, de Leñero, y *Los muros de agua*, de José Revueltas. Después, Sor Juana. Pero también fueron clave en mí Homero, Sófo-

cles, Heráclito, Jung, Nietzsche, Freud, los evangelios y los
libros sagrados de Oriente.

Mientras leías alguno de estos libros, ¿te propusiste escribir algo similar?

A Nabokov me lo planché descaradamente en *La tumba*.
La tumba termina con un autoepitafio que está tomado
de la sentencia poética de muerte que escribe Humbert
Humbert antes de matar a Quilty. Se trata de un plagio
deliberado, aunque en forma de paráfrasis. Y eso que me
contuve de no apropiarme de más cosas, pues *Lolita* me
seducía enormemente, sobre todo en el estilo. Otro libro
que me sedujo en ese sentido, estilísticamente hablando,
fue el *Ulises*, de Joyce. Le empecé a entrar por primera vez
como a los catorce años y no entendía una chingada, pero
así como cuando leí la *Ilíada* y ese lenguaje totalmente insólito me deslumbró, del mismo modo, la manera como
Joyce manejaba el lenguaje me pareció extraordinaria; de
una inteligencia, de un ingenio, de una cultura, de una erudición muy muy seductoras. Qué de juegos con el lenguaje
y luego el monólogo porno sin puntuación. Entonces también, mecánicamente, en mi escritura reproducía algunos
joycismos, casi sin darme cuenta, aunque no llegaba ahí al
extremo del planche vil como en el caso de Nabokov. Por
otra parte, algunos de mis textos están muy cargados de
atmósferas que había yo recogido de otros libros; por ejemplo, mi cuento "Luto" tiene mucho de las atmósferas de las
novelas existencialistas, además de influencia del cine, sobre
todo del que empezó a darse en aquella época "de la in-
comunicación": los primeros Antonioni, Godard, Truffaut,
Resnais y este tipo de cineastas me generaban estados de

ánimo más bien *dark*. En realidad, el ejercicio del planche nada más lo ejercité esa vez, en *La tumba*, y lo dejé en el libro a sabiendas. Me dije: si lo cachan, pues que lo cachen, y si no, no pasa nada. En otra ocasión me impresionó que Malcolm Lowry dijera algo así como que la literatura es patrimonio de todos los escritores y que se valía apropiarte de los recursos de otro cabrón si te hacían falta. De hecho, el propio Lowry lo ejercitaba directamente. Entonces, yo de pronto encontraba en algunos libros ideas o técnicas y también me las apropiaba sin el menor empacho; por ejemplo, Kundera reúne a personajes de la vida real con los de ficción y los hace coexistir; esto se me hizo tan sensacional que en algunos textos retomé la idea. En fin, si encuentro algo que otro utilizó y a mí me parece válido y necesario para lo que estoy escribiendo, no dudo en usarlo. También me acuerdo de la polémica que se dio a fines de los años cincuenta entre Octavio Paz y Emmanuel Carballo sobre los orígenes de *El laberinto de la soledad*. Carballo decía que, para escribir su libro, Paz había saqueado ideas de Samuel Ramos, Leopoldo Zea y los otros filósofos del grupo Hiperión sin darles ningún crédito, a lo cual Paz le contestó que el león tiene derecho a tragarse al cordero. Con esto, Paz avaló de lleno el plagio, ya que tampoco le dio el crédito al autor de la frase, Paul Valéry.

¿Esto sería, más o menos, el equivalente de lo que dice José Emilio Pacheco en el sentido de que lo leído es tan nuestro como lo vivido?

Exacto. Vivir los libros o la lectura es un término correcto, porque desde que me inicié en ellos, yo sentí que me transfiguraban, que me hacían salir distinto, que era otro: un ser con más experiencia de la vida. Por eso considero que los términos "experiencia literaria" o "experiencia artística" son precisos, justos para nombrar este hecho; porque no nada más es lo que sientes al estar leyendo, sino que si el libro es muy bueno, sales diferente de él: muchísimo más enriquecido en todo sentido; te da discernimientos, te hace conocerte mucho más a ti mismo, te permite establecer una relación entre lo que tú eres y te es afín, y entre lo que te repele. Además, te muestra la realidad en su justa dimensión. Toda la literatura se vuelve una red de significados. Para mí, la literatura es más valiosa en cuanto más significados tiene, cuando es más densa en el sentido no de que sea difícil de leer, sino de que en determinado espacio quepa mucho y posea distintos niveles de lectura; eso es para mí la verdadera densidad. Un buen libro de pronto te hace vivir, te hace crecer, te hace conocerte a ti mismo, te enseña religión, educación, historia, geografía, costumbres, infinidad de cosas, y todo eso por medio de un gran placer.

A decir de la especialista en lectura Michele Petit, la lectura reconstruye o repara, incluso en situaciones límite. ¿Has sentido que un libro haya reconstruido o reparado tu existencia?

Sí, cómo no. Hay algunos libros que están muy interrelacionados con mi vida interior. En especial, *El Golem* y *El ángel de la ventana de Occidente*, de Gustav Meyrink, son dos libros que están muy relacionados con mi manera de concebir los fenómenos espirituales, y sus lecturas fueron experiencias muy intensas e importantes en su momento. Puedo decir también que mi vida cambió por completo después de leer los libros principales de Jung; los sigo leyendo y constituyen parte fundamental de mi formación de la vida, lo mismo que el *Tao te king*, de Lao Tse, el *I Ching* no se diga, el *Bhagavad-Gita*, *El libro tibetano de los muertos*, *El libro de la gran Liberación*, *El gran yogi Milarepa*, *El secreto de la flor de oro*, las partes que he leído del *Mahabharata* y de los *Vedas*, y *Budismo y eternidad*, de Mircea Eliade, que es un compendio absolutamente extraordinario de todas las maneras de espiritualidad y pensamiento de la India.

¿Dirías, entonces, que hay libros que tienen una función terapéutica?

Sí, por supuesto. Te curan el alma o te la ensucian más. Algunos pueden tener una función altamente nociva, pero eso es tu problema, no del autor. Hay, en cambio, libros que pueden ser muy terapéuticos. La poesía, fundamentalmente. Ciertos poemas leídos en los momentos clave de tu vida pueden profundizarte o aclararte las emociones, las sensaciones y los sentimientos. Pueden despejarte el alma. Hay libros balsámicos cuya lectura puede lograr una curación del alma. Lo mismo que leer, escribir es para mí tremendamente terapéutico. En cuanto a mis procedimientos de escritura, tal vez sean poco éticos o por lo menos discutibles, porque lo que estoy haciendo es escarbar en mí mismo y sacar toda mi mierda. Al exteriorizarla, al objetivarla en el papel, la echo a la vía pública. A ver cómo se las arreglan con ella los que quieran leerla. Pero, bueno, también va lo mejor de mí mismo. Si yo lo he sobrevivido, el lector también puede hacerlo.

¿Estarías de acuerdo en que hay libros que sólo revelan su potencial y riqueza en la relectura, y que sin embargo atrapan al lector que puede incluso no comprenderlos del todo en su primera experiencia de lectura?

Sí, claro, cómo no. El *Ulises*, por ejemplo, yo lo debo haber leído como tres o cuatro veces. La primera nada más vi el plano meramente técnico; en la segunda me empecé a adentrar en los contenidos. Pero el libro se me reveló, o eso creo, hasta la tercera o cuarta lectura. El *Quijote*, igual. En un principio me atrajo por el estilo, qué estilo más sensacional el de Cervantes. Es personalísimo, muy cadencioso y la inteligencia reverbera todo el tiempo. En los años setenta a un grupo de cuates (Juan Tovar, Luis Carrión, Jorge Fons, mi hermano Augusto) nos dio por releer el libro al mismo tiempo. Y entonces creo que sí pudimos apreciar todos los niveles y aprender mucho. Así me ocurre con textos que leí muy tempranamente y que por angas o por mangas tengo que releer y de repente me digo: ¿qué es lo que leí la vez primera, qué era lo que yo veía entonces cuando me gustaba mucho pero que ahora siento que no le agarraba la onda para nada? Rulfo es otro ejemplo. Me leí *Pedro Páramo* y se me hizo fascinante el estilo, el lenguaje, la estructura y todo, pero ya percibir bien la problemática de la muerte y la densidad tan tremenda de contenidos que tiene el libro, pues fue hasta una tercera o cuarta lectura. O *Rayuela*, de Cortázar. Con Arreola me pasó lo mismo. Primero le leía más el ejercicio del estilo extraordinario, el juego de artificio bien dado y la perfección del lenguaje, pero ya hasta lecturas subsecuentes advertí muchas cosas que no pude percibir en la primera ocasión. En este sentido, soy partidario de la relectura, no llegando al extremo de muchos que a mi edad ya no quieren leer nada nuevo y nada más se la pasan releyendo lo que siempre les gustó mucho; a mí esa actitud se me hace un poco triste, porque se están perdiendo de muchísimo. Arreola mismo era así. Él confesaba que no leía nada nuevo, salvo las cosas que le llevábamos al taller. Bueno, ya era bastante. Decía que él era absolutamente feliz con François Villon, Paul Valéry, Marcel Schwob y Gérard de Nerval, y que ya no quería saber nada de lo nuevo, de lo cual desconfiaba profundamente. Está bien, si así era feliz. Pero en mi caso yo sí prefiero el ejemplo de José Revueltas o Alejo Carpentier que siempre, hasta el final, estaban leyendo cosas nuevas entre las que podían descubrir a autores fascinantes. Ello desde luego sin olvidar que la relectura también es formidable, porque con cada lectura, de acuerdo al momento en que se hace, se encuentran cosas extraordinarias que no se pudieron ver en un principio. Los libros que yo más he releído son *Las mil y una noches*, *Lolita*, *Tierna es la noche*, *El Señor de los Anillos* y *Simio*. El de la lectura interminable es el *Libro de los cambios*, o *I Ching*.

¿Influyó mucho Juan José Arreola en tus lecturas?

Muchísimo, pues una de las partes del taller era precisamente la lectura de textos para saber sobre las formas poéticas y narrativas. Leíamos, por ejemplo, a Apollinaire o a Carroll. Yo los descubrí precisamente en el taller de Arreola, y me fascinaron. También a Edgar Allan Poe y a Maupassant, para aprender a manejar los elementos y la estructura del cuento. Arreola siempre estaba revelándonos un mundo de lecturas tremendo. Nos hizo amar la poesía francesa: los poemas de Victor Hugo, Villon, Baudelaire, Ronsard me los aprendí de memoria y luego con el maestro los andábamos declamando juntos. Yo todavía puedo hacer numeritos que la gente nunca se espera de mí; como estar en París en el Puente Mirabeau y declamar "El Puente Mirabeau" de Apollinaire. Otro maestro muy importante para mí fue Guillermo Rousset, que me llevó a algunos textos sobre teoría literaria que en aquel momento fueron muy importantes para mi formación. También me hizo interesar muchísimo por Ezra Pound y T. S. Eliot, y por dramaturgos como Bertolt Brecht y Eugène Ionesco. Tradujo *Los siete pecados capitales del pequeño burgués*, de Brecht, y *Personae*, de Pound, esta última una traducción absolutamente sensacional. Tenía, además, la misma escuela de Arreola en cuanto a gusto editorial. Hacía ediciones bellísimas, de una finura y una perfección increíbles. Rousset, como maestro, me mandó a la onda brechtiana y a una literatura de contenido político, aunque también me reveló a Salinger con *Franny y Zooey*; *The Catcher in the Rye* lo leí hasta 1965, cuando Sainz se quedó estupefacto de que no lo conociera y me lo prestó. Ése es otro libro de varias relecturas.

En tu búsqueda de lecturas, ¿alguna vez recurriste a las bibliotecas públicas?

Por las razones que ya te he contado, es decir, porque en mi casa el libro era una presencia constante, de niño nunca tuve necesidad de ir a las bibliotecas públicas. Tampoco me lo enseñaron en la escuela, el Miserable Colegio Simón Bolívar. Entré a una de ellas hasta que me casé la primera vez, a los dieciséis años. Estaba yo en Veracruz y como Margarita Dalton y yo tuvimos que pasar un mes allá en lo que llegaba el siguiente barco para poder irnos a Cuba, me puse a trabajar vendiendo cortineros, pero más bien me iba de pinta a la biblioteca. Leía sobre todo enciclopedias y libros sobre la historia de Austria, que era lo que me tenía fascinado en ese momento. Volví a las bibliotecas hasta los años setenta, cuando empecé a dar clases en universidades y tenía que hacer infinidad de consultas. Y también después, cuando escribía la *Tragicomedia mexicana,* que me exigía libros imposibles de encontrar en librerías. Entonces me iba a la Biblioteca de México, en la Ciudadela, o a la Nacional en la UNAM.

¿Recuerdas algún momento de tu vida en que hayas sido no lector?

No, nunca. Siempre he leído a lo largo de toda mi vida. No puedo andar sin un libro. Y lo leo, por supuesto. Hasta la fecha, donde quiera que vaya siempre llevo uno o varios libros.

¿Qué es lo que compartes de una lectura?

Primero que nada el entusiasmo que me generan ciertos libros. Puedo comprar cinco o seis ejemplares de un mismo libro y regalarlos nada más por el gusto que me dio leerlo a mí, y luego, ya que lo leyeron esas otras personas, ponerme a platicar acerca de él. Eso es lo máximo. He ejercido también como reseñista desde que tenía veinte años y lo sigo haciendo ahora aunque de modo menos sistemático. He escrito sobre libros que me parecen criticables, por malos, para partirles toda la madre, pero me gusta más hablar de libros que me entusiasman y tratar de transmitir ese entusiasmo al lector. Con frecuencia, en las conferencias que doy, me piden que recomiende libros sobre todo para los jóvenes que empiezan a leer, y ahí me tienes a mí echando mi listita. O contando novelas. He llevado a cabo antologías, cuyo principal interés es contagiar mi entusiasmo por ciertos textos o por ciertos autores.

¿Te entusiasma leer aquellos libros canónicos que no leíste en su momento y que puedes descubrir ahora?

Claro. Leí a Dickens, por ejemplo, como hasta los cuarenta y cinco años, y me encantó. Tengo muchas lagunas: no he leído bien a Balzac, a Zola, a Hawthorne, a muchos más, sin contar a los contemporáneos; hay varios que conozco, pero desconozco a muchos. Mi incultura es abismal. La barbaridad de libros buenos que no he leído seguramente no me la acabaré jamás. Como todos los lectores asiduos, yo también compro libros que por una u otra razón no leo de inmediato, y que de pronto resurgen para descubrirlos; es formidable. Lo que no me gusta es la acumulación, juntar libros por juntarlos, por eso reviso periódicamente mi biblioteca y voy leyendo y descartando. Hago una pila con lo que desecho o tengo repetido, y los regalo al que me visita o a las bibliotecas públicas de Cuautla o de Tetelcingo.

¿Te has encontrado con jóvenes que descubrieron la literatura a través de los libros de José Agustín?

Algunos, sí. Por eso escribió Juan Villoro ese texto tan bonito que se llama "Hombre en la inicial", y en el que dice que si leíste *La tumba* o *De perfil* ya llegaste a primera base, y de ahí te sigues. Sé que es real. Efectivamente, me llegan testimonios de gente que me dice que empezó a leer gracias a *La tumba*, *De perfil* o *Inventando que sueño*. Se trata sobre todo de jóvenes. Ya luego leen otras cosas. Y por eso Enrique Serna, en *El miedo a los animales*, hace el chiste de que primero empiezas a leer a José Agustín y luego ya te pasas a las cosas buenas.

Es un homenaje en realidad.

Sí, claro; en todo caso es muy placentero desflorar lectores.

¿Según tu experiencia, cuál es el mejor modo de adquirir el gusto por la lectura?

Yo creo que tiene que ver con una inclinación natural; con cierta vocación que te lleve, desde un principio, a leer muy tempranamente. No me lo puedo explicar de otro modo, porque hay miles de niños a quienes les puedes dar a Salgari o a la Rowling y no por ello serán lectores empedernidos. También tiene mucho que ver, como tú mismo lo has investigado, el medio en que se vive. Si estás entre gente que lee y que, además, le gusta leer y se entusiasma con los libros, y habla de ellos y constantemente nos remite a su experiencia de lector, eso sin duda te estimulará. Un buen maestro puede ser fundamental en este sentido. En quinto y sexto de primaria yo tuve, por ejemplo, a Virgilio Cúpich, un excelente profesor que no solamente me alentaba a la lectura, sino que también me recomendó libros magníficos.

¿Todo el mundo puede ser lector?

En principio yo creo que sí. Leer es, en buena medida, no sólo un vicio, sino también un hábito. Entonces es cosa de crear el hábito de la lectura. De hecho, yo pienso que la gente lee mucho en México; lo que pasa es que lee lo que no debe. Pero las novelitas vaqueras, las revistas de historias facilonas, los cómics mismos que ahora ya no son tan facilones (hay novelas gráficas en verdad complejas), son indiscutiblemente materiales de lectura. Yo siento que lo que esa gente necesita es encontrar el vehículo adecuado para pasar a otros libros y ver que las lecturas más serias no están en una torre de marfil y saber que los libros no muerden, que por leer no te vas hacer un mamón, o algo por el estilo. Con un poco de comprensión y de ayuda, esta gente se pondría a leer mejores libros. Ciertamente ayudaría mucho una campaña de medios muy muy bien pensada, que rehuya las fórmulas mercadotécnicas y, para complementarla, la edición de libros a precios accesibles en sitios populares. También las bibliotecas de aula, desde el jardín de niños, pero hechas con plena conciencia y no para cubrir las apariencias políticas.

Dice Michèle Petit que, con frecuencia, uno se dedica a la lectura porque ha visto a una persona sumergida en sus libros, inaccesible, y la lectura apareció como un medio de acercarse a ella. ¿Estarías de acuerdo con esto?

Sí, de pronto, un libro es el vehículo para llegar a otra persona. Una gran amistad que yo hice cuando estaba muy chavito fue con un cuate a quien me encontré leyendo a Henry Miller. Estábamos en una peluquería, *of all places*. Yo estaba leyendo también y, al rato, ambos mirábamos primero furtiva y luego descaradamente qué era lo que cada quien leía. A partir de ahí se dio una excelente relación que duró toda la vida. Fue Óscar Villegas Borbolla, un dramaturgo muy bueno, casi desconocido, que murió hace poco. Otro es el caso, ya muy frecuente, de los correos electrónicos que comentan sobre lecturas. Ésta es una relación que se da entre lectores y que puede resultar estimulante. "El Poema Seminal", por ejemplo, es un esfuerzo muy noble. Cada semana te manda tres cuatro poemas muy buenos y de toda índole.

¿Cómo inciden las tecnologías digitales en la lectura?

Yo no creo que la computación o cualquier adelanto tecnológico vayan en detrimento de nada. Me daba mucha risa, a fines de los ochenta, cuando el uso de la computadora se empezó a hacer más frecuente y algunas personas decían que si escribías en computadora la calidad decrecería. El problema no está en la máquina, la máquina es un instrumento. Las glorias de la computadora me las cantó García Márquez desde el 77 o el 78, cuando él y Gustavo Sainz fueron de los primeros que escribían con procesadores de palabras. Yo empecé como por el 84 o el 85, pero ellos ya llevaban muchas horas de vuelo. García Márquez tenía razón cuando me dijo que para la corrección no había nada mejor que la computadora. Ahora bien, leer en monitor es una monserga, así es que si me envían textos literarios electrónicamente, salvo que sean breves, por lo general los imprimo y encuaderno. No he visto que prospere mucho la lectura de materiales literarios, especialmente extensos como las novelas, vía la pantalla; están los casos de quienes han subido libros a la red que se leen pagando una lana, y creo que no han funcionado; sólo en adelantos. Es muy incómodo leer en una computadora, incluso en las portátiles.

¿Cómo vislumbras el futuro de la lectura?

No veo un futuro muy esplendoroso, aunque tampoco muy negro. Creo que seremos muchos los que seguiremos leyendo y enriqueciéndonos tremendamente con ello. Soy de los que creen que si bien la literatura no te da el Poder, sí te convierte en cierta forma como en una especie de ciudadano especial, una suerte de conciencia colectiva que transmite conocimientos y experiencias artísticas. ¿Por qué la gente habla del complejo de Edipo si nunca ha leído a Freud o a Jung? ¿Por qué son muchos los que hablan de lucha de clases si nunca leyeron a Marx? ¿Por qué hablan de la voluntad de poder si nunca leyeron a Nietzsche? ¿Por qué hablan del sadismo o del masoquismo si nunca han leído a Sade o a Sacher-Masoch? Porque hay algunos que los leyeron y supieron transmitir y universalizar las ideas y conceptos que desarrollaron esos autores. Todo esto indica que los libros tienen una penetración mayor que la que algunos imaginan, aunque mucha gente no los lea. Por eso pienso que esos que sí leen son ciudadanos de alta calidad, que logran transmitir y enseñar cosas sin que los demás se tomen la molestia de leer o más bien se priven del gustazo de poder hacerlo. No creo que el libro vaya a ser eliminado por las nuevas tecnologías. En todo caso, siempre habrá algo equivalente, aunque hasta el momento yo no veo nada parecido. No hay nada como la maravilla del libro, que es absolutamente irremplazable. En los últimos cuarenta años, desde que yo empecé a publicar, se mejoran las técnicas, se cambian y mejoran los sistemas, pero seguimos leyendo en los libros, y yo creo que seguiremos haciéndolo por mucho tiempo más. Hay una necesidad de leer libros, y la lectura es, en este sentido, fundamental para el ser humano. Lo peor que puede pasar es lo que siempre han querido muchos: que leer sea cosa de unos pocos, que no se democratice la lectura.

En conclusión, los que sí leen mejoran incluso a los que no leen...

Es exactamente lo que quiero decir. Leer es tan favorable que irradia sus beneficios incluso en aquellos que no llegan a la lectura o a quienes la lectura no puede llegar.

CUAUTLA, MORELOS, 8 DE JUNIO DE 2004.

MÓNICA LAVÍN

Leer es ser tomado por los libros

Mónica Lavín (ciudad de México, 1955) publicó en 2001 un libro formidable para invitar a los jóvenes a leer, que desde el título mismo propone sus cordiales intenciones: *Leo, luego escribo. Ideas para disfrutar la lectura.*

Ajena por completo a las moralizaciones y al fastidioso discurso amonestador que más que acercar aleja de la lectura a cualquiera, pero muy especialmente a los jóvenes, Mónica Lavín habla y escribe desde la perspectiva de su propia experiencia, como maestra en una escuela de escritores y como autora de cuentos y novelas (*Nicolasa y los encajes, Ruby Tuesday no ha muerto, Cambio de vías, La más faulera, Café cortado, Uno no sabe, Hotel Limbo, Despertar los apetitos, Yo, la peor,* y *Las rebeldes,* entre otros títulos), y nos entrega una reflexión apasionada sobre los oficios de leer y escribir.

En algunos de los momentos del libro, la autora ejemplifica con ciertas piezas magistrales del género cuentístico para que los lectores tengan no sólo la recomendación sino el texto mismo que los llevará a saber que la lectura es mucho mejor —más divertida y más excitante— que la imagen que dan de ella muchos profesores, algunos moralizadores y, en general, muchísimos adultos que no disfrutan el placer de leer pero que se esfuerzan todo el tiempo en decir que es útil, importante y fundamental y que, además, nos hace mejores.

Leo, luego escribo es un acercamiento generoso al tema de la lectura, con especial interés en que sus páginas lleguen a los jóvenes que viven confusos y apesadumbrados ante tanto discurso severo que les exige, todo el tiempo, leer y leer. La mayoría de estos discursos pone el énfasis en el deber y en los beneficios de la utilidad, a pesar de que está plenamente demostrado su fracaso. Otros discursos no menos ineficaces han querido asustar a jóvenes y viejos con las estadísticas y el bajo índice de lectura, y tampoco esto ha servido para nada porque leer no es solamente acumular lecturas sino gozar lo que se lee. En este punto, cualquier conocedor de la sexualidad sabe que no disfruta más quien más veces hace el amor sino quien realmente, como dijera Machado, pone toda su imaginación y su felicidad en la práctica que más le fascina no tanto en cantidad como en pasión.

Otro monstruo que han alimentado los discursos lectores para asustar sobre todo a los jóvenes es el de la comprensión y la competencia lectoras, como si no supiéramos que se aprende a caminar caminando y se aprende a hablar hablando, y que al principio serán pasos tambaleantes y balbuceos, pero que luego se podrá correr y se hablará hasta por los codos. Exactamente así es la experiencia de la lectura si se brindan las oportunidades más gratas para que este vicio se desarrolle. Y todo lo demás es catecismo, teoría malhumorada de gente severa que parece estar más cerca de la frigidez que del placer.

Recomienda Mónica Lavín:

Seamos esos seres hedonistas —gozadores de páginas— que seducirán a otros por la lectura, remitiéndose a su experiencia propia con tal o cual título. La lectura sólo se puede propagar por la tarea lenta del contagio, es un asunto de comunicación y familiaridad con los obscuros objetos del deseo. Por pura insatisfacción, por sed, por descobijo, por placer, por extendernos, por entendernos, por hacer de los años de gracia que nos permite la vida una opción más rica, hurguemos en los libros, pactemos con las palabras, arrullémonos con ellas y dulcifiquémonos, rabiemos, lloremos y riamos. Seremos gratificados. El contagio por la lectura es una tarea lenta que no ofrece cifras glamorosas en las estadísticas oficiales, ni eleva la productividad y el ingreso *per capita* en corto. La sed por los libros debe ser auténtica, como lo es el deseo de escuchar una canción una y otra vez. Y esa sed requiere de reconocerla, de apaciguarla a paladas de aventuras inciertas entre palabras.

Las ideas de Mónica Lavín para disfrutar la lectura están exentas de esas rijosas concepciones teóricas por medio de las cuales los teóricos acaban creyendo más en sus propias teorías que en las evidencias de la lectura. Están lejos también de los principios de obligación y cantidad en los que tanto creen muchísimas personas de buena intención y pésimo entendimiento.

Nada más terrible —sostiene la escritora— que tener que leer, que equiparar a la lectura con una engorrosa obligación, lejana a nosotros. Sucede desgraciadamente. Sobre todo en aquellos años de la adolescencia donde hay tanta vida que atender afuera de los temarios escolares. Pensamos que los libros no son vida, que en ellos están los padres, los maestros y la sociedad que nos hostigan de manera constante. Hay carteles que dicen que seremos mejores personas si leemos. El mundo se llena de palabrería alrededor de la lectura… Tanto decirnos que tenemos que leer puede vacunarnos contra la lectura.

Aunque cursó la carrera de biología, Mónica Lavín ha dedicado la mayor parte de su trabajo al periodismo, la literatura y la formación de nuevos lectores. Sabe de lo que habla
y lo que escribe, y lo hace siempre apasionadamente. En la
siguiente conversación se refiere, con esa pasión, a su experiencia como lectora, escritora y animadora de la lectura.

¿Cuándo y cómo fue tu primer contacto con la lectura?

Mi primer contacto con la lectura no es tanto con el acto
de leer sino con la presencia de los libros. En mi casa había
libros. A mis padres les gustaba leer. Mi madre, que es española y que llegó a México a consecuencia de la Guerra
Civil, conservaba el vínculo con sus familiares a través del
envío de libros. Todos los años en Día de Reyes, sus tíos le
mandaban desde España libros. El libro era un obsequio in-
faltable. Esta tradición la continuaron mis tíos abuelos con-
migo y con mis hermanos menores. Además, estos libros
llegaban, personalizados con su respectiva dedicatoria; de
modo que yo comencé a hacer mi biblioteca personal, con
ese sentido de la propiedad hacia unos objetos, es decir, los
libros, que eran únicamente míos. En ese tiempo, mi mamá
me hablaba de unos libros que fueron muy importantes
para ella cuando era niña, cuya autora era Elena Fortún. Se
trataba de toda una saga, publicada por Aguilar, con un personaje del que tuve noticias incluso antes de leer los libros:
Celia en la escuela, Celia en el circo, Celia en el mundo, etcétera.
Elena Fortún fue una escritora de cierta fama en España,
que con el triunfo de Franco tuvo que emigrar a Argentina
porque ya no podía publicar ese tipo de libros que fueron
todo un bagaje cultural para las adolescentes y jóvenes es-

pañolas. Mi mamá me heredó esa afición y desde pequeña tuve yo mis ejemplares de estas obras que me parecieron fascinantes. Celia es una niña española que vive en Madrid y que, en cada libro, nos va relatando su vida poniendo mucho énfasis en su desarrollo físico y emocional.

¿Qué edad tenías?

Ocho años. Vivíamos en la colonia Roma; luego nos cambiamos a Coyoacán, y recuerdo que mi primer paquete de libros llegó a la casa de Coyoacán. Me acuerdo perfectamente de ello porque para mí fue muy emocionante desatarlo y abrirlo. Eran libros nada más para mí, formaban parte de mis pertenencias y, sin yo saberlo del todo en ese momento, a través de ellos mantenía el vínculo con mis raíces españolas. Yo nací en México y mi padre era mexicano, pero mi madre y mi abuela eran españolas y siempre tenían una gran nostalgia por la patria lejana. Los libros de Elena Fortún me vincularon entonces a una herencia familiar y a través de ellos y de la imaginación que despertaba Celia, supe también cómo habían sido en su adolescencia y juventud mi madre y mi abuela. Así como Celia iba descubriendo el mundo en Madrid, yo lo iba descubriendo en México. A los nueve años tuve hepatitis y digamos que aquélla fue una afortunada enfermedad, porque estuve en cama dos meses y leí como antes no lo había hecho: con gozo, pese a la enfermedad, y cada libro fue para mí una revelación. Supe entonces que, gracias a los libros, podía vivir otras experiencias sin salir de mi casa y, en esta situación, sin levantarme de la cama. Así descubrí *Robinson Crusoe*, de Daniel Defoe, que me regaló una tía a la que le gustaban también muchísimo los libros; era una tía lectora que me abrió otros horizontes. Al principio me pareció un libro tan gordo que sentí un poco de flojera sólo de pensar que iba a leerlo, pues los libros de Celia eran pequeños y con letra grande. En cambio éste tenía una letra más pequeña y sus páginas carecían de ilustraciones. Pero tan pronto como comencé a leer, empecé a sentir fascinación e imaginé que mi cama era esa isla de Robinson. La flojera se disipó y creo que ahí empezó verdaderamente mi hoy irrenunciable pasión por los libros.

De modo que fue Robinson Crusoe *la primera lectura que modificó de manera decisiva tu percepción de las cosas.*

Sí, definitivamente, fue *Robinson Crusoe.*

Por todo lo que has dicho, los antecedentes lectores en tu familia eran sólidos.

Sí, mis padres eran lectores, indudablemente. Tenían el hábito de leer y profesaban un gran aprecio por los libros. Mi padre, que era comerciante, leía con admiración a Hemingway y él mismo, en sus ratos libres, escribía algunos cuentos en la máquina. Mi madre había estudiado decoración —aunque su verdadera vocación era la pintura pero no la dejaron entrar a San Carlos— y era, y sigue siendo, una lectora voraz, una gran lectora. De modo que los libros siempre estuvieron en mi paisaje personal. Cuando llegó el momento de elegir una carrera universitaria, mis padres me aconsejaron estudiar letras, cosa que no hice para contradecir, de algún modo, los dictados familiares y porque la precisión de la ciencia me fascinaba. Estudié biología.

La escuela, o algún profesor en particular, ¿contribuyeron a facilitar
o a enriquecer tu gusto por la lectura?

Sí, definitivamente. Yo fui a la Escuela Moderna Americana cuyo programa de literatura en inglés me parece que era muy adecuado. En la secundaria leímos algunas antologías de cuentos realmente sensacionales, así como ciertas novelas y otro tipo de libros de divulgación importantísimos. Un libro que yo leí con mucha avidez fue *Darkness at noon* (no sé si se traduce *Oscuridad al mediodía*), de Arthur Koestler. Mucho más que leer *El licenciado Vidriera*, de Cervantes, o *Marianela*, de Pérez Galdós, en el programa de inglés estábamos leyendo a Mark Twain, a Ray Bradbury, a Scott Fitzgerald, obras clásicas y modernas que yo sentía que se conectaban más con lo que estábamos viviendo, con nuestra realidad y nuestro temperamento. La maestra Bodosian nos leía a Shakespeare en voz alta con verdadero entusiasmo (*Macbeth*, *Hamlet*, *Romeo y Julieta*, etcétera) pero también libros del siglo XX, por ejemplo, los cuentos de Isaac Asimov. En la preparatoria, un maestro de ética nos hizo descubrir *La metamorfosis*, de Kafka. Nos relató la historia con tal vehemencia que no tuvimos más remedio que leer el libro para saber qué era aquello. Tengo que agradecerle muchísimo su pasión, porque son esas vehemencias personales de ciertos maestros las que consiguen contagiarnos el gusto por leer. Ese fue mi caso.

En general, ¿ha fallado la escuela en incentivar el gusto por la lectura?

Yo creo que sobre todo hay una falla muy grande en la obligatoriedad de la lectura. Por experiencia propia, sé que no hay manera de contagiar la lectura más que a través de la pasión lectora. No es la escuela la que favorece el gusto por leer, sino algunos profesores. La escuela, más bien, interfiere en el ímpetu lector, cuando califica, supervisa. Hay ciertos profesores que ejercen una fascinación en nosotros porque son capaces de transmitir su pasión por lo que están leyendo. En cambio, si te dicen que tienes que leer el *Quijote*, para cumplir con el programa, y no hay una flama incendiaria que te lleve a entusiasmarte por esa lectura, creo que no hay manera de propagar el gusto. ¡Cuánta gente no ha terminado por aborrecer la lectura gracias a que la escuela se ha encargado de hacerle pesado ese quehacer con la obligatoriedad del *Quijote* o de otros libros que, en otro momento y en otras circunstancias, nos parecen gozosos e imprescindibles!

¿Crees que el cómic y la historieta faciliten el camino de un lector hacia libros y lecturas más exigentes?

Sí. Yo fui lectora de cómics, y adoraba *Superman*. El cómic es, de alguna manera, el principio de una historia que disfrutas porque la encuentras extraordinaria y quieres saber qué sigue. Por supuesto, los libros están ahí esperándonos, pero yo creo que el cómic puede despertar nuestra fantasía y llevarnos a lecturas mayores. La prohibición misma del cómic obra en sentido contrario. Mis papás no me dejaban leer *Gabriel y Gabriela*, *Lágrimas y Risas*, etcétera, con sus melodramas y sus historias sensuales. Mi hermana y yo las leíamos a escondidas. Y esas lecturas prohibidas ejercían en nosotros un magnetismo extraordinario porque era natural que nos preguntáramos cuál era la razón por las que estaban prohibidas, qué era lo que escondían.

¿Hubo amigos o compañeros que hayan reforzado tus intereses de lectura?

Sí, particularmente había un amigo de mis padres, que estaba entre la generación de ellos y la mía. Él quería ser escritor y nos hablaba con tal pasión sobre lo que estaba leyendo que daban ganas de leer aquello que a él tanto le entusiasmaba. Esto fue en la época del *boom* de la narrativa latinoamericana. Es así como descubrí a Borges, Cortázar y García Márquez. Cuando yo ya era escritora, otra persona que influyó mucho en mí fue Carmen Meda, quien me descubrió a algunas escritoras catalanas magníficas como Mercè Rodoreda y Carmen Martín Gaite, y me reveló que Elena Fortún, la escritora española que formó mi infancia y que era parte de mis historias de familia, tenía un libro póstumo en donde su personaje Celia se refiere a la Guerra Civil. Es un libro que lleva por título *Celia en la revolución* y que Elena Fortún escribió en el exilio. Volví a leer, entonces, a mis treinta y tantos años, a Elena Fortún y me conmovió muchísimo, todo ello ligado, como te digo, con el descubrimiento de escritoras como Mercè Rodoreda y Carmen Martín Gaite. La vida tiene que ver también con lo que se lee en ciertas épocas, y de alguna forma las lecturas determinan lo que te gusta o te disgusta. Recuerdo haber leído un libro canónico de los años setenta, *El arte del mantenimiento de las motocicletas*, de cuyo autor ya ni me acuerdo, gracias a un novio que tenía una motocicleta y que me dijo: "Tienes que leer esto". También por esa influencia leí a Herman Hesse. Y leí también ciertas cosas que a él le gustaban porque una forma de cercanía era compartir esos gustos, de forma tal que nos contagiábamos mutuamente de lecturas muy distintas.

Aparte de los libros de Elena Fortún, ¿tuviste otras lecturas que pudiesen denominarse infantiles o juveniles?

Sí, sobre todo Julio Verne. Después de *Robinson Crusoe*, de Defoe, la lectura de libros de aventuras me atrapó y seguí con el *Viaje al centro de la Tierra*, que me parece inolvidable. También recuerdo, de esa época, las *Mujercitas* de Louisa May Alcott, que para algunos será hoy muy trillado pero que entonces para mí fue muy importante, porque me identifiqué con la protagonista que quería ser escritora. Yo quería ser así, como Jo. Ya en la época de la adolescencia, otros autores importantes en mi formación, que me apasionaron de verdad, fueron Isaac Asimov y Ray Bradbury. Hoy la ciencia ficción no me interesa, pero entonces me gustaba mucho.

¿Disfrutabas los textos obligatorios de la escuela?

No, me aburrían muchísimo; y ello a pesar de tener una maestra a quien yo quería mucho, pero que tenía que cumplir con un programa que incluía, por ejemplo, *El licenciado Vidriera*, de Cervantes, entre otros títulos. Para mí fue un suplicio terminar de leerlos y luego redactar los reportes sobre historias que no me interesaban o que, mejor dicho, no me entusiasmaban. En cambio había otras lecturas no menos obligatorias que leí con mucho interés, sobre todo los libros de literatura norteamericana, de los cuales yo entregaba el reporte con mi apreciación personal, redactado con mucha atención. Al hablar sobre ellos yo me apropiaba del libro y decía qué fue lo que me ocurrió cuando lo leía. De la etapa de la secundaria recuerdo unos libros de misterio, que podían equivaler a los de Agatha Christie, pero que estaban escritos especialmente para adolescentes: las historias de misterio de Nancy Drew, en donde la protagonista era una detective que resolvía todo. Y había decenas de títulos que yo leía, de principio a fin, absolutamente fascinada. A la edad en que leí estos divertimentos ni sabía ni me importaba si aquello era o no una lectura profunda; lo que realmente me importaba es que había un misterio que resolver y cuya resolución yo no podía perderme. Después leí los *Cuentos de Sherlock Holmes*, de Conan Doyle, y las *Narraciones extraordinarias* de Edgar Allan Poe, que también me gustaron muchísimo. De todo esto saco en conclusión que hay ciertas lecturas acertadas en un momento determinado de nuestra vida y de nuestra formación, que pueden no serlo si están fuera de nuestro interés. Por eso pienso que el *Quijote* no es una lectura acertada en secundaria, porque su magnitud asusta a cualquiera. Cuando tienes quince años, no deseas dedicarle todo el tiempo a una lectura exigente que más bien te ahuyenta de los libros.

Leer y escribir, ¿fueron para ti actividades simultáneas?

Sí. Yo escribía desde los trece años. Eran melodramas de adolescentes que provenían, obviamente, de la influencia de leer *Mujercitas*, de Louisa May Alcott.

¿Crees que se necesite una disposición especial para ser lector, del mismo modo que otros son futbolistas o toreros o boxeadores?

Supongo que sí. Te pongo un ejemplo: aunque tanto mi hermana como yo leíamos cómics, ella no fue exactamente una lectora juvenil de libros. Los comenzó a apreciar realmente hasta la edad adulta. En cambio yo pasé casi de inmediato de *La Pequeña Lulú* y de *Superman* a los libros que ya te he referido. Estoy segura que un lector necesita de cierta actitud o predisposición, pero no sé de dónde provengan esas raíces. Lo que sí sé es que la imposición no es una manera de contagiar el gusto de leer. No necesariamente porque mis hijas tengan un paisaje de libros en casa ni porque vean leer a su mamá se dedicarán forzosamente a la lectura. Es importante sin duda el contagio por la parte afectiva, pero eso tiene que producirse en un momento acertado que nadie sabe cuál es. Por ejemplo, me sorprendió ver a mi hija María, cuando leía *Las batallas en el desierto* de José Emilio Pacheco, que se lo habían dejado en la escuela, totalmente absorta y conmovida por el final del libro. Un libro debe tocar y rasgar a quien lo lee para que quiera ir a otro libro. Y lo más importante: es un descubrimiento personal. Independientemente de esto, lo que creo que debe existir es el ejemplo. ¿Cómo te vuelves futbolista? Porque quizá tu papá, tus vecinos o tu mejor amigo juegan al futbol, y un día te invitan o tú te sumas al juego y encuentras que hay un placer en ello. Así creo yo que hay que descubrir el placer de la lectura si tienes la disposición y, además, la oportunidad de participar. Es la conjunción de las dos cosas: disposición y oportunidad. ¿Cómo puedes saber si la lectura te va a producir un placer si no hay un momento en que un libro te toque y te aísle del mundo? Tu medio también debe favorecer esa situación de lectura.

La escritura y la lectura, ¿producen siempre mejores personas?

No sé si mejores; lo que sí producen es personas más capaces de entender la diferencia de miradas, de visiones del mundo; las diferencias entre unos y otros; es decir, no tener una visión única, sino una riqueza de experiencias, una voluntad de comprensión del comportamiento de los otros, y eso, a la larga, debería hacer mejores personas porque no hay una visión única y estrecha del mundo. Los libros producen el efecto de apertura hacia otros mundos, de ver más allá de ti mismo, de reflexionar, cuestionar y confrontarte para expresar mejor lo que deseas y sueñas.

¿Desmentirías la frase de Plinio según la cual no hay libro que sea malo?

Sí, hay libros malísimos; muchos de los cuales se publican sin que haya una buena razón para ello. Libros olvidables, desechables, insulsos. Sin duda, hay libros malos, pero también hay encuentros desafortunados con los libros; es decir, puedes acercarte a un libro en un momento no adecuado de tu vida y decidir que ese libro es aburrido y por ello desecharlo, a pesar de que el libro no era malo sino que cayó en tus manos en un momento inadecuado.

¿Para qué sirve leer?

Para ensanchar nuestra posibilidad de experiencia en este mundo, para ser más de lo que somos, para abatir cierta sed de inconformidad, para mirar con los ojos de otros, para dar resonancia a lo que sentimos y pensamos, para cuestionar esta mortal existencia que tenemos o por lo menos darle más hondura, para disfrutar más y para vivir una vida más intensa.

¿Cuál es la mejor manera de contagiar el gusto y la necesidad de leer?

Hacerlo desde la pasión. No hay mejor modo que revelar la pasión de la lectura ante alguien dispuesto a recibir esa descarga emotiva. No hay mejor fuego que el entusiasmo. Hablar y escribir sobre los libros con toda la emoción que han despertado en ti.

Una mala película, ¿vence siempre a un buen libro?

No, yo creo más bien que se acude más fácilmente, de manera masiva, a una mala película que a un buen libro, pero si pienso, por ejemplo, en *Desayuno en Tiffany's*, que aunque es cine de Hollywood no es una mala película, no creo que ésta venza al libro homónimo de Truman Capote. La película y el libro, cada cual por su parte, cumplen una función distinta. Yo primero leí el libro, y luego de ver la película confirmé que el libro me gustaba más, porque la posibilidad de imaginar está en el libro y no tanto en la película, que más bien tiene un final feliz. En la película acompañas la imaginación de otro, mientras que en el libro, la posibilidad de imaginar a través de las palabras la tienes tú como lector. No hay manera de sustituir esta experiencia. La reflexión que dan los libros no la puede dar el cine, pues éste nunca va a poder decir qué piensan los personajes.

Los libros, ¿cambian el curso de la historia?

Sí, creo que vemos las cosas de manera diferente después de leer determinados libros. Pienso, por ejemplo, en *Ma-*

dame Bovary, de Flaubert, que incluso inaugura una manera de narrar, no desde la omnipresencia del narrador mismo sino desde el personaje. En general, los libros van reflejando y conformando nuestra idea del mundo.

Hay una serie de preguntas irónicas que formula Gabriel Zaid en Los demasiados libros. *Me gustaría saber cómo las responderías: "¿Sirve realmente la 'poesía comprometida'? ¿Daña realmente la literatura pornográfica? Los suicidas wertherianos, de no leer el* Werther, *¿no se hubieran suicidado? La lectura de Marx, ¿produjo el 26 de julio en Cuba? La lectura de los evangelios, ¿produjo el bombardeo de Hiroshima?". Empecemos por la primera: "¿Sirve realmente la 'poesía comprometida'?"*

Creo que depende del contexto y del momento, porque la "poesía comprometida" pudo tener una función válida en un momento determinado, pero después se lee con cierto escepticismo. Por ejemplo, entre la poesía amorosa de Neruda y su poesía comprometida, te quedas sin duda con la primera, porque la segunda responde a un momento de inquietud política; se queda como una imagen fotográfica de un tiempo y nada más.

"¿Daña realmente la literatura pornográfica?"

No. Es más, no sé si hay literatura pornográfica. Para empezar, ¿de qué estamos hablando cuando decimos "literatura pornográfica"? ¿Nos referimos a imágenes soeces o a una superficialidad para tratar la sexualidad? Yo en realidad no sé qué es la literatura pornográfica porque si la reconocemos como literatura le estamos dando en sí misma una

categoría de hondura que va más allá, entonces, de la simple
pornografía. La imaginación erótica nunca daña.

*"Los suicidas wertherianos, de no leer el Werther, ¿no se hubieran
suicidado?"*

En realidad, necesitaban cualquier pretexto para suicidarse, y esto seguirá repitiéndose al infinito. Hoy habrá
quienes argumenten que con la música de Marilyn Manson los jóvenes son capaces de cometer actos violentos,
pero esto es una falacia. Siempre hay algo de qué aga-
rrarse para atentar contra uno mismo o contra los demás.
Lo que sobran son pretextos.

"La lectura de Marx, ¿produjo el 26 de julio en Cuba?"

No sólo la lectura de Marx, pero desde luego ésta ayudó
porque contenía una idea del mundo, una utopía. Las utopías
siempre han tenido que ver con los movimientos sociales.

"La lectura de los evangelios, ¿produjo el bombardeo de Hiroshima?"

No la produjo pero está entre los asideros de quienes abre-
van en ellos para luego justificar su conducta. En la guerra
de Irak, George W. Bush habla en nombre de la Biblia, y
piensa que la verdad y el bien están de su lado.

¿Hay realmente demasiados libros en el mundo?

Sí, además de que es indiscutible que nunca podremos leerlos todos, ni todos, por otra parte, merecen ser leídos. Lo

que nos asalta, sensatamente, es la inquietud de que la vida no nos alcanzará para leer siquiera los libros esenciales que hay entre esa gran masa de títulos. Los libros se han hecho demasiados porque cada época escribe y publica los suyos, no se conforma con los de otras épocas, porque se impone la exigencia de dar cuenta de la manera en que ve el mundo. El peso de los demasiados libros es abrumador, y los lectores tienen que idear un código para leer lo que realmente es indispensable, porque los libros seguirán siendo, siempre, demasiados; su producción no disminuirá.

¿Por qué escribes y, sobre todo, por qué escribes narrativa y ensayo?

Porque necesito contarme historias para entender quién soy y quiénes me rodean, cómo es mi tiempo. Escribo por un humilde deseo de comprensión del comportamiento humano. También por eso leo, y mi escritura se alimenta de lo que vivo y lo que leo. Escribo porque siempre tenemos preguntas que intentamos responder. Para mí, un cuento y una novela surgen casi siempre de una pregunta o de una serie de preguntas cuyas respuestas iniciales no me parecen satisfactorias. Escribo también ensayo porque éste me da la posibilidad de ahondar en esos intentos de respuesta. El ensayo me permite un ejercicio de reflexión directa para mirar la realidad en tanto construyo, alternativamente, con el cuento y la novela, un mundo paralelo de ficción, tarea que me fascina y me ocupa.

Algunos de tus libros están destinados específicamente al público juvenil. ¿Por qué?

Cuando escribí *La más faulera*, por ejemplo, quería volverme a poner en el pellejo de la adolescente de los primeros asombros. No fue por un afán deliberado de cautivar al público juvenil, pero desde luego sí tenía la negra intención de que entre mis cómplices lectores estuvieran también los adolescentes y que incluso se pudieran ver reflejados en esas páginas que me reflejaban a mí, es decir a la adolescente que fui. Crear personajes adolescentes cuando la adolescencia de quien escribe ya está lejos me pareció un reto atractivo, porque hay que desempañar la mirada que los años han ido viciando y volver a estar en el inicio de muchas cosas, simplemente por el gusto de hacerlo. El hecho de que *La más faulera* sea mi libro de mayor éxito, precisamente porque lo leen muchos adolescentes y jóvenes, me da una gran alegría, porque gracias a ello sé que el personaje cumple su cometido de revelar y hacer comprensible su mundo interior. Que los jóvenes lo lean, me parece fascinante.

¿Existe una literatura especial para niños y jóvenes?

Yo creo que sí, aunque respecto de los jóvenes es más difícil afirmarlo. La que está mucho mejor delimitada es la literatura para niños, porque sus temas son muy específicos, no así la de los jóvenes, porque la adolescencia y la juventud implican una gran diversidad de intereses. Te pongo un ejemplo: durante mucho tiempo yo creí lo que todo el mundo dice: que *El principito* de Antoine de Saint-Exupéry es un libro para niños, y me culpaba mucho por el hecho de aburrirme cuando lo leía. Después vine a convencerme de que no se trata de un libro para niños, que no es literatura infantil, pues ya más grande lo leí y me gustó: comprendí

entonces muchas cosas que durante mi niñez me resultaron incomprensibles. En este mismo sentido hay que decir
que ciertos libros para niños y jóvenes sólo son disfrutables
en la edad infantil y juvenil, ya que si no los lees cuando
eres niño o adolescente, difícilmente los disfrutarás en otra
edad, y ni siquiera querrás leerlo. Actualmente, no tengo
ningún interés en releer *Viaje al centro de la Tierra* ni *La
vuelta al mundo en 80 días*, de Verne, ni *Mujercitas*, de Louisa
May Alcott. Son libros que leí cuando tenía que leerlos y
que fueron fundamentales para mi formación. (En cambio, querría leer *Robinson Crusoe* de nuevo y ver qué me
pasa.) Descubrir *Mujercitas* a los veinticinco o treinta años
sería como pretender leer, con todo provecho, *En busca del
tiempo perdido*, de Proust, a los quince o dieciséis. Cuando
Selma Lagerlöf escribe *El maravilloso viaje de Nils Holgersson
a través de Suecia* está pensando que sea un lector infantil o
adolescente el que se conecte con ese libro; eso no excluye absolutamente a los adultos, pero su público natural no
es el de los adultos. Cuando José Emilio Pacheco escribe
Las batallas en el desierto no está pensando en que lo van a
leer los adolescentes, pero lo que él expresa ahí se conecta
perfectamente con lo que los adolescentes buscan en un
libro: lo que relata y la manera de decirlo, en una especie de
educación sentimental. No sé, por ejemplo, si J. D. Salinger,
cuando escribe *El guardián entre el centeno*, estaba pensando
en que lo leyeran los adolescentes, pero el caso es que tiene
un éxito extraordinario entre ellos porque les da voz y la
posibilidad de identificarse.

*¿Has sentido que tus libros hayan modificado en algún momento
la existencia de otras personas?*

Tanto como modificar las experiencias no, pero si sé, por algunos comentarios, que algunos de mis libros les han permitido a ciertos lectores reflexionar sobre algo que les preocupaba. Me refiero, por ejemplo, a *La línea de la carretera*, cuyo protagonista es una adolescente que se va a Estados Unidos. Una chica que lo leyó, que ya no era una adolescente porque tenía veinte años, dijo que le gustaría haber hecho lo que la protagonista: tener las agallas de dejar su casa y viajar, de lanzarse a la aventura. En este sentido, los libros siembran inquietud y perturban favorablemente a quienes se identifican con los personajes y con la historia. Un escritor logra su propósito cuando los lectores no quedan indiferentes antes sus páginas, y en este sentido ciertos pensamientos, ciertas emociones, pueden, sí, modificar o al menos acompañar la existencia de otros.

¿Internet contribuye a la lectura?

Puede contribuir en la medida en que mientras navegamos encontramos el poema, el cuento, la referencia, el texto, en fin, a los que llegamos de modo inesperado. El chat brinda también la posibilidad a los jóvenes de compartir experiencias sobre discos, películas y, ¿por qué no?, libros. No es que Internet sea una vía extraordinaria para comenzar a leer, pero tampoco es una herramienta que se oponga a ello.

¿Has percibido la diferencia del nivel de lectura de México en relación con el de otros países?

Cuando estuve en una residencia literaria en Banff, Canadá, había allá una escuela pública cuya biblioteca era un lugar tan bonito que mi hija se aficionó a sacar libros y se hizo fan de ciertos autores, lo cual la llevó a comprar sus ejemplares. Los canadienses, en general, tienen un nivel le lectura superior al de México. Allí se hacen lecturas públicas más que presentaciones de libros, y la gente paga su boleto para ir al teatro a escuchar esas lecturas de autores canadienses cuya trayectoria siguen con atención. Esto, creo yo, es un logro de la pasión lectora, que por supuesto no tenemos en México. En Estados Unidos también hay una costumbre parecida y sobre todo lo que asombra allá es que los lectores tienen como hábito asistir a la biblioteca pública, sacar los libros, llevárselos a su casa, devolverlos y regresar por otros. Su relación con la biblioteca pública es muy natural. La diferencia que hay con las bibliotecas mexicanas es que los acervos no se reducen a materiales utilitarios sino que están integrados por una buena cantidad de títulos que contribuyen al gozo de la lectura. No son bibliotecas para hacer tareas; son ámbitos donde puede contagiarse el gusto de leer.

¿Te preocupa transmitir la necesidad de leer?

Sí. Más que la necesidad de leer yo le llamaría la sed lectora.

¿Cuál fue tu propósito y tu experiencia al escribir Leo, luego escribo*?*

Junto con *La más faulera*, *Leo, luego escribo* es mi libro que más se reedita. Trata de ser una amena reflexión sobre la lectura acompañada de una guía de lo que se puede leer, a manera de ejemplos concretos: cuentos de Poe, Chéjov, Maupassant, Kurt Vonnegut, etcétera. La gente no sólo necesita sino que gusta de una guía de lecturas, con comentarios y reflexiones que los ayuden a disfrutar más la lectura y a entender mejor lo que leyeron. Por eso, al escribir este libro, lo hice como si estuviera en el salón de clases, frente a los muchachos, platicándoles con toda pasión, la alegría de leer ciertos textos, ciertos libros. Es una clase viva de lectura. Y me produce gran placer que el libro guste. Como está en bibliotecas de aula, hace muy poco me escribieron unas alumnas de una secundaria comentándome lo que les había pasado con el libro. Cosas como "yo creí que leer era aburrido", "le agradezco que escriba así sobre los libros"… Me emocioné.

¿Qué tipo de biblioteca has formado?

Deseché mis muchos libros técnicos, entre ellos los de biología, por obsoletos. Tú sabes que la investigación científica va a un gran ritmo, y los libros pronto quedan rebasados. He concentrado mi biblioteca en temas literarios. Obviamente, el cuento y la novela, pero también la reflexión sobre estos géneros y, en general, sobre el quehacer literario. También tengo poesía, ordenada, junto con el resto del acervo, por países: Estados Unidos, Gran Bretaña, Canadá, Sudáfrica, España, Francia, Brasil… y, desde luego México, que es la sección más abundante. Además, el complemento de las enciclopedias, diccionarios, manuales de redacción, libros de historia, de cocina, de pintura, de viajes, de divulgación científica, etcétera.

Un buen lector, ¿lee de todo?

Creo, más bien, que un buen lector debería ser muy selectivo. Mejor dicho, un buen lector se interesa por todo pero luego afina su gusto y cuando ya tiene muy precisas sus elecciones, dedica su tiempo de lectura a lo que realmente le apasiona; de otro modo, los demasiados libros acabarán por hacerle torcer el camino de su gusto. Si un lector no discrimina, acaba por no ahondar en nada. También, un buen lector le saca jugo a un libro y lo puede releer dieciocho veces, y volver a gozar un paisaje, un pequeño pasaje, las tres líneas que subrayó, etcétera. Para mí, un buen lector es el que vuelve a las páginas que le fascinaron en una primera lectura, y que subraya, además, las líneas o los párrafos que lo marcaron al leer, para no perder los hallazgos o para que pueda regresar a ellos cuando así lo desee.

¿Cómo determinas tus lecturas?

Primero, por las lagunas que voy detectando en mi formación. Así, me pongo ciertas metas en cuanto a los clásicos, pues considero, por ejemplo, que es una pérdida ir por la vida sin haber leído *Crimen y castigo*, de Dostoievski. En este caso se trata de libros que ya pasaron la prueba del tiempo y no hay que dejar de leerlos. Después, atiendo lo nuevo que va saliendo, pues también me interesa estar actualizada. Una tercera opción se la dejo a la intuición y a las recomendaciones de mis amigos y colegas. Mi procedimiento de elección es muy caótico, pero me gusta combinar estos intereses sin perder jamás el gusto y la capacidad de descubrimiento. Leo mucha narrativa, pero también ensayo y poesía. Me interesan mucho los libros sobre el quehacer literario y las reflexiones de los escritores. También los libros sobre pintores y escultores.

Si un libro te aburre, ¿lo terminas o lo dejas?

Lo dejo. Hay tanto que leer que es injusto aburrirse. A lo mejor es un libro que uno no entiende y el error está en nosotros como lectores y no en el libro, pero tampoco se trata de calificar como lector; de lo que trata es de gozar la lectura. Tampoco hay que confundir esto con leer únicamente libros fáciles, pero si ya leíste setenta páginas de una novela y nada más no consigue interesarte, ¿por qué le vas a dedicar más tiempo? Como lector, también hay que hacerse caso: no hay que padecer ningún libro.

¿Qué opinión tienes de los programas oficiales de lectura?

Todo lo que se haga en favor de la lectura es un esfuerzo que hay que subrayar, sobre todo porque son empeños que no tienen que ver con caminos académicos y calificables. En la medida en que estos programas se orienten más a la posibilidad de elegir las lecturas dentro de una serie de opciones, serán mucho más eficaces, porque también es necesaria la guía, la labor orientadora que ayude a los niños y los jóvenes en un océano caótico de libros. Todo ello sin perder de vista la posibilidad de elegir que debe tener cada lector. Leer es un ejercicio de libertad, y a mi juicio lo que deben subrayar los programas oficiales de lectura no es la prescripción de un libro determinado o de un tipo específico de lectura, sino la apropiación de la experiencia de leer como una actividad absolutamente subjetiva y ajena por completo a los procedimientos y mecanismos calificadores. No se lee para aprobar o para frustrarte si repruebas, sino para disfrutar, para entrar en contacto con una experiencia inédita y, de algún modo, para expresarse a través de ella. Las bibliotecas de aula deben poner más énfasis en los libros divertidos y amenos, gozosos, más que en los estrechamente vinculados con los programas escolares. La lectura es un gozo, no una tarea. Lo que necesita la lectura es una cadena de contagios a partir del entusiasmo y no tanto el conocimiento erudito o la certificación del ejercicio de leer.

¿La lectura es un hábito, es decir, no puedes estar sin leer, o es una afición que puedes suspender cuando lo desees?

Yo no diría que es un hábito; no me gusta esta palabra aplicada a la lectura. Es más bien una necesidad; es como tener sed, como tener hambre. Yo no puedo suspender la lectura por un tiempo prolongado. Los libros son para mí parte del territorio que habito, una compañía permanente, placentera y necesaria.

Sociológicamente, hay quienes creen que la falta de costumbre lectora predispone a actividades negativas y aun antisociales, ¿qué crees sobre esto?

No, no creo que sea un juicio acertado, porque hay otras formas del arte, no nada más la lectura, que también pueden ayudar o acompañar nuestra sed espiritual, nuestra necesidad de darle sentido, anchura, una dimensión estética a la vida: la música, por ejemplo, las artes plásticas, el cine o cualquier otra expresión artística de las muchas que hay. Desde luego, si además de gozar de esas artes, también lees, amplías tus horizontes y tus posibilidades de disfrute, pero definitivamente, la lectura es solamente uno de los privilegios que podemos tener, no el único.

¿Hay diferencia entre una emoción lectora y una emoción no lectora?

Creo que sí. Los lectores advierten matices en los sentimientos y en las emociones porque los libros están hechos de palabras y de imágenes que un lector reelabora a partir de lo que lee y de su propia experiencia. La emoción lectora es más rica porque a la experiencia propia le añade las otras experiencias de los libros que también hace suyas.

¿Cómo vislumbras el futuro de la lectura?

Me preocupa, porque ahora el mundo se ha vuelto espectáculo, y los autores, los libros y el mundo editorial en general tienden a funcionar dentro de esa espectacularidad que dicta la mercadotecnia. Vivimos bajo la dictadura de la novedad editorial, aunque sepamos que los libros que perduran y producen las más hondas emociones lectoras sea muy difícil encontrarlos en esa categoría. Me preocupa que los clásicos se dejen de leer o se lean cada vez menos, siendo que son ellos los que van contagiando el gusto por leer y por gozar cada vez más con los libros. La cadena de horas que un buen lector pasa con los libros no son horas perdidas sino ganadas, aunque no tengan jamás un fin práctico; no es un valor agregado, como dicen ahora; la ganancia de un lector es el tiempo pasado con el libro, en esa lectura que modifica tu percepción y te hace distinto: en las cicatrices. No es que la lectura sea un asunto redituable o no, es que al leer formas tu persona. Lo que estamos viendo ahora y puede configurar el futuro es un tipo de espectador de emociones rápidas, vertiginosas, fáciles de descifrar, más centradas en la imagen y la velocidad en las calles. Leer es otra cosa: es olvidarte de ese vértigo y entrar de manera pausada, íntima, sublime, delicada, a las grandes emociones, a los grandes arrebatos que nos dan los libros. Leer es ser tomado por los libros. En algo tan pequeño y tan íntimo como un libro, está un mundo que no se parece a ninguno y que hacemos nuestro. Ojalá que el futuro de la lectura siga siendo la sed inagotable de ser otros y a la vez encontrarnos, vernos en los libros.

CIUDAD DE MÉXICO, 9 DE ENERO DE 2005.

CARLOS LOMAS

La lectura y la escritura deben llevar a la competencia comunicativa

Carlos Lomas nació en Gijón, España en 1956 y sigue viviendo en su lugar natal. Es catedrático de lengua castellana y literatura en educación secundaria y doctor en filología hispánica. Pero es, sobre todo, uno de los investigadores más prestigiados y cualificados en el tema de la comunicación lingüística, el hábito de la lectura y la muy estrecha relación que existe entre el saber escolar, los libros y el uso de las herramientas pedagógicas, didácticas y lingüísticas.

Entre su vasta bibliografía, que abarca ensayos de naturaleza lingüística y pedagógica, podemos citar las obras *Ciencias del lenguaje, competencia comunicativa y enseñanza de la lengua* (1993), en colaboración con Andrés Osoro y Amparo Tusón, *El espectáculo del deseo. Usos y formas de la persuasión publicitaria* (1996) y una obra que, en dos tomos, se ha convertido en un estudio clásico: *Cómo enseñar a hacer cosas con las palabras. Teoría y práctica de la educación lingüística* que, publicada originalmente en 1999, se reeditó, corregida y actualizada, en 2001.

Esta obra ha abierto muchos caminos y propuestas a educadores, promotores y animadores de la lectura, pedagogos, psicolingüistas, bibliotecarios y, en general, a todos aquellos que se interesan por la educación en lengua y literatura y por conseguir que aumente el número de las personas seducidas por el libro y por el placer de leer.

Alejado por completo de ortodoxias y conservadurismos, en las casi novecientas páginas de esta obra Carlos

Lomas plantea novedosas propuestas para que los maestros logren que los adolescentes y los jóvenes encuentren grato el conocimiento literario y pongan en práctica con éxito y sin severidades frustrantes el hecho lingüístico.

La relación siempre cercana con la escuela y el convencimiento de que en ella radica una parte fundamental de la formación no sólo para la aplicación de las destrezas y capacidades profesionales sino también, y sobre todo, para la vida, llevó recientemente a Carlos Lomas a emprender una espléndida antología: *La vida en las aulas. Memoria de la escuela en la literatura* (2002) en cuyas casi quinientas páginas selecciona fragmentos extraordinarios que los grandes escritores nos han dejado acerca de su paso por el ámbito escolar, entre ellos, Rafael Alberti, Vicente Aleixandre, Elías Canetti, Miguel Delibes, Federico García Lorca, José Agustín Goytisolo, Juan Ramón Jiménez, Antonio Machado, Pablo Neruda, José Saramago, Francisco Umbral, César Vallejo, Mario Vargas Llosa y un amplísimo etcétera.

Director de la revista *Signos* y codirector de *Textos de Didáctica de la Lengua y la Literatura*, ha coordinado (y colaborado también como autor) la edición de volúmenes colectivos como *El enfoque comunicativo de la enseñanza de la lengua* (1993), *La enseñanza de la lengua y el aprendizaje de la comunicación* (1994), *La educación lingüística y literaria en la enseñanza secundaria* (1996), *¿Iguales o diferentes? Género, diferencia sexual, lenguaje y educación* (1999), *El aprendizaje de la comunicación en las aulas* (2002), *Mujer y educación* (2002), *¿Todos los hombres son iguales?* (2003), *Los chicos también lloran* (2004) y *Lecciones contra el olvido: memoria de la educación y educación de la memoria* (2011).

Al igual que muchos pedagogos, profesores y especialistas en el hecho educativo, en *Cómo enseñar a hacer cosas con las palabras*, Lomas está convencido de que

> la educación lingüística y literaria en las aulas de la enseñanza primaria y secundaria debe contribuir a la mejora de las habilidades expresivas de los alumnos y de las alumnas. De ahí que el objetivo esencial de la enseñanza de las lenguas y de la literatura siga siendo hoy, como ayer, la adquisición y el desarrollo de la competencia comunicativa de quienes acuden de lunes a viernes a las aulas de las escuelas e institutos.

Sin embargo, encuentra que entre el deseo y la realidad, entre la voluntad de contribuir al desarrollo de la competencia comunicativa del alumnado y el modo en que se seleccionan los contenidos lingüísticos y literarios y se organizan las tareas del aprendizaje en las aulas, a menudo se abre un abismo.

"El insuficiente dominio de los diversos usos orales y escritos de la lengua por parte de adolescentes y jóvenes —explica Carlos Lomas— y su escaso interés por la lectura y por el disfrute de los textos literarios son lamentablemente el mejor ejemplo de los límites pedagógicos de un enfoque exclusivamente formal de la educación lingüística y literaria en la enseñanza primaria y secundaria". Por ello, agrega,

> si de lo que se trata es de ayudar a los alumnos y a las alumnas en el difícil y arduo aprendizaje de la comunicación, entonces la educación lingüística y literaria en las aulas debe contribuir también a ayudarles a *saber hacer cosas con las palabras* y, de esta manera, a adquirir el mayor grado posible de *competencia*

comunicativa en las diversas situaciones y contextos de la comunicación entre las personas.

No menos importante es, para este investigador español, evitar que, en nombre de las humanidades, la lengua y su enseñanza se conviertan en instrumentos de selección y discriminación entre las personas. Para él, como quería Miguel de Unamuno, la enseñanza debe ser amor y pedagogía, y como afirmara el también escritor español José Luis Sampedro, la pedagogía tiene que ser amor y provocación.

El objetivo fundamental de Cómo enseñar a hacer cosas con las palabras es, en fin, contribuir "a una indagación crítica sobre la educación lingüística y literaria en la enseñanza secundaria y ayudar en la medida de lo posible a encontrar algunas respuestas a tan difíciles interrogantes y a tan ciertas dificultades".

Cómo enseñar a hacer cosas con las palabras revalora, reivindica y refuerza, desde el título mismo, el clásico de John L. Austin Cómo hacer cosas con palabras, y plantea que aunque estos sean "malos tiempos para la lírica" y no esté de moda enarbolar los argumentos de la crítica con el objetivo de transformar la educación y de cambiar el mundo, como sugiriera el poeta francés Arthur Rimbaud (de quien, por cierto, este año celebraremos su sesquicentenario natal), hay un enorme consuelo en saber que la insistencia de las buenas razones modifica falsas certidumbres y amplía el horizonte de cada vez más personas que, ajenas a los prejuicios e inercias, se suman a la necesidad de "orientar la educación lingüística en las aulas hacia el aprendizaje de la comunicación".

Aprovechando una de sus visitas de trabajo a México, hemos tenido el privilegio de conversar con Carlos Lomas, a quien formulamos una serie de preguntas cuyas respuestas serán sin duda esclarecedoras para profesores, bibliotecarios, promotores y animadores de la lectura y, en general, para todos aquellos cuyo interés y deseo está en los libros, el acto de leer y la necesidad de comunicarnos.

¿De qué forma y en dónde descubriste la lectura?

Fui afortunado de tener un padre amante de la lectura, que me transmitió ese gusto, y una madre maestra que aunque apenas ejerció porque al poco tiempo de ejercer se casó y en aquella época, en la España franquista de los años cincuenta del siglo pasado, las mujeres en cuanto se casaban dejaban el trabajo y se dedicaban a la familia (mi madre tuvo seis hijos). Tanto mi padre como mi madre se esforzaron por inculcarme ese afán por el estudio, el conocimiento y la lectura.

En este sentido, yo creo que dicho contexto logró fijar, de una manera más efectiva que cualquier contexto escolar, mi gusto por los libros y la lectura, pues yo, al igual que muchos otros estudiantes, sobre todo en la educación secundaria y en el bachillerato, fui objeto de esa manera tan restringida de entender la educación literaria que se traduce en el estudio académico de la historia interminable de la literatura de mi país; por tanto, de la *historia sagrada de las obras y de los autores consagrados*, por decirlo en términos un tanto irónicos.

Por ello, tanto yo como mis camaradas de estudio concebíamos la literatura como una materia académica, como una asignatura que había que aprender para aprobar y no con la que se podía disfrutar a través de la lectura de textos literarios. Por fortuna, en mi casa siempre hubo libros y, por tanto, la experiencia literaria fue algo que siempre tuve muy cerca, un placer cotidiano ajeno a los deberes escolares. Mi padre fue una persona que apreció mucho la lectura de los clásicos en general (dominaba como pocos el latín) y la de los poetas y narradores de la literatura española en particular. Por supuesto, todo ello me influyó de una manera decisiva.

Aparte, también, quizá, haya algunas actitudes y miradas que no tengan que ver con el influjo familiar o escolar y sí con cierta voluntad o con cierta sensibilidad personal. Alguna vez quise escribir literatura; fui aprendiz de poeta, y eso evidentemente me familiarizó con modelos literarios que yo quería imitar o en los que quería verme reflejado. Posteriormente, los estudios de filología, y en concreto los estudios de literatura hispánica, me abrieron el abanico de posibilidades, aunque tengo que decir que a mí me gusta la literatura pese a algunos maestros de literatura que he tenido, y eso es algo con lo que me he vuelto a encontrar como profesor de educación secundaria y bachillerato, cuando, por ejemplo, hace algunos años en el inicio de un curso escolar, yo pasé una encuesta anónima a los estudiantes y, entre muchas otras preguntas sobre su vida personal, académica y social, en un momento determinado les preguntaba qué era lo que menos les gustaba de la escuela y qué era lo que más les gustaba en la vida, con el fin de intentar establecer contrastes entre las expectativas que tenían como adolescentes y lo que el mundo escolar les ofrecía. Me encontré con la respuesta muy significativa de una estudiante de dieciséis años que me respondió que lo que más le gustaba en la vida era leer y lo que menos le gustaba era la clase de literatura.

Esta antítesis no era tan paradójica como parece. Para los adolescentes en general la literatura era un inventario interminable de biografías, de características, de obras que se estudiaban de una manera memorística y de las que había que dar cuenta en un examen, mientras que para aquella alumna en particular la lectura, el disfrute lector, era otra cosa: era acercarse a mundos posibles, a mundos de ficción, al modo en que otras personas han disfrutado, han interpretado y han vivido, a través de la escritura, su experiencia. Y, claro, eso era paradójico y contradictorio con unas clases de literatura aburridas y ajenas al horizonte de expectativas del alumnado. Aquella alumna era una lectora voraz de García Márquez, de Mario Vargas Llosa, de Antonio Machado, de los poetas españoles de la Generación del 27... y, sin embargo, las clases de literatura no le gustaban. Lo terrible es esa disonancia o ese abismo entre lo que la escuela enseña y lo que realmente puede interesar a los alumnos y a las alumnas de una manera legítima. Todo esto ha ido configurando mi manera de entender la educación literaria, y eso es lo que yo (y bastantes otras personas) propongo en mis textos y muy especialmente en *Cómo enseñar a hacer cosas con las palabras*.

¿Qué papel debe cumplir la escuela en la adquisición del gusto por la lectura?

Un papel capital. Lo que pasa es que no siempre lo cumple. Pero no podemos olvidar que una cosa es criticar el modelo tradicional de la enseñanza de la literatura en España y donde fuere, es decir, esa manera tan académica y canónica de aprender la historia sagrada de la literatura española, que casi nunca entusiasma a ningún lector joven o adolescente, cuyos intereses son como son, nos guste o no, y otra cosa muy distinta es que, ciertamente, la escuela es, con frecuencia, el único ámbito donde un sector significativo del alumnado tendrá la posibilidad de acceder a la experiencia lectora y al disfrute de la ficción literaria.

Ya dije antes que yo tuve la fortuna de tener un padre y una madre que me enseñaron el gusto por la lectura y por la literatura. En casa se leía y se valoraba eso como un bien precioso, como un capital cultural, un capital que ha de ser entendido no en términos de rendimiento sino de disfrute, de conocimiento estético y de acercamiento a mundos reales o ficticios. Pero, claro, si para la inmensa mayoría de los chicos y de las chicas que acuden a las escuelas y los institutos la literatura es algo que sólo existe en el ámbito escolar, en el libro de texto, entonces es muy importante tener en cuenta que la escuela (al menos en la escolaridad obligatoria) no sólo debe acercar al alumnado a cierto conocimiento del canon literario sino también y sobre todo a la experiencia lectora, al disfrute de la lectura literaria o paraliteraria, al placer de leer por leer, a un caudal inmenso de textos diversos, en los que caben tanto algunos fragmentos de las obras más sobresalientes de la literatura española, mexicana o la que sea como otros textos que pertenecen a la literatura de aventuras, a la literatura amorosa, a la denominada "literatura para adolescentes" y a los relatos de la cultura de masas (cómics, series televisivas, cine, anuncios publicitarios…). Estos últimos textos son más cercanos a las expectativas y al mundo cotidiano de adolescentes y jóvenes, por lo que tender puentes entre todas estas formas de ficción e incluir entre ellas a las ficciones literarias es una tarea escolar enormemente urgente en unos tiempos como los actuales en los que quienes acuden a las aulas son, en expresión del sociólogo Gil Calvo, auténticos "depredadores audiovisuales".

Lo fundamental en la escolaridad obligatoria no es que conozcan, aunque sea de una manera efímera, la historia interminable de la literatura canónica de cada país (en sintonía con el paradigma romántico y positivista de la historiografía nacionalista tan en auge en los siglos XIX y XX), sino que la escuela se convierta en el ámbito en el que las alumnas y los alumnos puedan adquirir gustos lectores y actitudes de aprecio ante la experiencia literaria, e incluso en el que puedan intentar escribir con cierta intención literaria. Yo concibo la educación literaria como un cierto conocimiento de la literatura acuñada por la tradición, pero también como el fomento del hábito lector de diversos tipos de textos, los que están y los que no están en las historias sagradas de la literatura, como el disfrute del goce de la lectura literaria, como el aprecio de la lectura de poesía, de narrativa, como una manera de utilizar el ocio personal y cultural, pero también, y por qué no, como una experiencia de creación y, por tanto, como la posibilidad que se ofrezca a los alumnos la posibilidad de que por una vez escriban algo más que exámenes; en especial, de que escriban de una manera creativa textos poéticos y narrativos. Evidentemente estos textos escritos en clase o en casa por los escolares no van a ser textos perfectos y no pasarán a la historia de la literatura, pero les ayudarán a situarse en los territorios de la experiencia literaria no sólo como lectores, sino también como creadores.

En este contexto las técnicas de los talleres de escritura nos ofrecen muchos modelos y propuestas. Yo creo que ésta es una perspectiva que se ha trabajado muy bien en Latinoamérica y que es muy productiva; es decir, la literatura no es sólo la literatura que está en las bibliotecas y en las academias, sino también en una comunidad de lectores y escritores que leen y escriben para entender el mundo en el que viven. Por ello, la educación literaria ha de entenderse también como el aprendizaje de la escritura creativa, como el aprendizaje de una escritura indagatoria y como un aprendizaje retórico a partir de modelos, como un escribir *a la manera de.* A mi juicio, ésta es una experiencia que debe estar en algún momento al alcance de todas las personas y sólo la escuela puede garantizar el acceso a esa experiencia. La escuela es, para muchos chicos y muchas chicas, el único ámbito en el que se van a poder encontrar con la experiencia literaria, como lectores y como escritores, y ésa es una responsabilidad estética y ética de la escuela que no podemos menospreciar. Pero lo que es importante también es que ese acercamiento a la literatura en la escuela no sea un acercamiento canónico, convencional, conservador, a través de una selección de textos literarios inadecuada a las expectativas y a las edades de los chicos que a la postre les hará alejarse de la experiencia literaria.

Por otra parte, es innegable que muchas personas se han acercado a la literatura y hoy disfrutan de ella porque han tenido un magnífico profesor o una estupenda profesora de literatura. Y es posible que ese profesor o profesora no fuera un perfecto conocedor de la historia de la literatura o de las mil y una teorías literarias, sino alguien que transmitía con afecto la pasión por la literatura, y esto se transmite no de manera teórica y a golpe de exámenes sino de una forma afectiva y entusiasmada.

Es decir, en este sentido, es más importante el mediador que el teórico.

Sin duda. De la misma manera que en la educación lingüística no por ser un fino gramático se es buen enseñante de lenguaje (porque una cosa es enseñar gramática y otra cosa es enseñar a usar la lengua en los diversos contextos de la comunicación humana), como decía hace ya casi un siglo el lingüista chileno Rodolfo Lenz: "¿por qué los mejores gramáticos no son a la vez los más grandes escritores, poetas y oradores?". Una cosa es la gramática como objeto del saber, que interesa esencialmente a los gramáticos, y otra cosa es la gramática como instrumento para el aprendizaje de las habilidades comunicativas. Saber mucha gramática no garantiza ser un buen profesor de lengua, aunque un profesor de lengua debe saber gramática y cuanta más gramática sepa, mejor; pero no para enseñar una u otra teoría gramatical, sino para saber utilizar las explicaciones gramaticales al servicio de la enseñanza de las competencias comunicativas. De la misma manera, el mejor profesor de literatura no es el que conoce a la perfección un periodo literario y ha hecho unos estudios críticos sobre un autor o una obra de un enorme alcance académico por su erudición; sino el lector entusiasta que transmite esa pasión por el texto literario a los alumnos y que les convence de que si no leen se pierden de muchas cosas, se pierden muchos mundos y muchos goces, y si lo transmiten con una adecuada pasión personal y con una selección adecuada de los textos, y *adecuada* no significa que esté guiada por el prestigio académico de los textos, sino por su vínculo con *el horizonte de expectativas del lector escolar*, con sus gustos, con sus intereses, para que a partir de ahí vayan avanzando hacia lecturas cada vez más complejas y canónicas. Si alguien sabe hacer esto, y desde luego no es nada fácil, es un magnífico profesor de literatura. Ser teórico de la literatura no es tan difícil; ser un buen profesor de literatura es ciertamente algo bastante más difícil.

¿Lectura y escritura deben ser experiencias simultáneas?

Claro, porque como decía yo antes, las perspectivas más avanzadas y más razonables desde el punto de vista pedagógico sobre la educación literaria hacen referencia no solamente a que el alumno o la alumna tengan experiencias como lectores, adquieran hábitos de lectura, disfruten con la lectura y aprecien la obra creativa de otras personas que se han esforzado por contarnos sus mundos, sus sentimientos, sus ideas, sus creencias o sus fantasías sino también a que ellos se pongan en la piel del escritor y hagan el esfuerzo de contar, de inventarse historias o de expresar sus sentimientos amorosos dentro de un cauce literario o al menos paraliterario.

A la mayoría de los lectores de catorce o dieciséis años, si les ofrecemos esa oportunidad, además apoyada por el profesorado con la ayuda de técnicas de escritura creativa, con estrategias de imitación de modelos y con *ejercicios de estilo*, es evidente que los primeros textos que escriban no van a ser perfectos (los primeros textos que escribieron Federico García Lorca o Carlos Fuentes seguramente no fueron perfectos y acabaron en la papelera). El aprendizaje de la escritura de intención literaria es lento pero, de este modo, les habremos brindado la experiencia de que se acerquen a la literatura no sólo como lectores sino también como creadores. Es probable que luego ya no sigan escribiendo, pero en un momento de su escolaridad el profesor de literatura les dijo que tenían no sólo el derecho a leer sino también el derecho a escribir y que por tanto podían escribir poemas, relatos, diarios... y que podían jugar ingeniosamente con el lenguaje, que podían manipular un texto previo y que podían escribir de una manera creativa si vertían su imaginación y sus deseos en el molde concreto de unas determinadas técnicas expresivas y de unas formas literarias concretas.

Yo creo que ésta es una experiencia muy productiva, porque además hace la literatura mucho más cercana al alumno y mucho más asequible al lector escolar. La literatura no es algo que los ilustres escritores hacen encerrados en un limbo inaccesible, sino una práctica personal y social al alcance de cualquiera si tiene la voluntad de expresarse dentro de los cauces literarios y recibe una instrucción concreta y eficaz orientada a ese fin. Lectura literaria y escritura creativa deben ir indisolublemente ligadas y, de hecho, algunas propuestas de animación a la lectura dan una prioridad absoluta a las tareas de escritura. Es decir, la necesidad de escribir va a llevar a una persona a la necesidad de leer, porque va a necesitar modelos, aunque sea para copiarlos. Por ejemplo, va a tener que leer a los poetas para escribir poesía.

En tu libro Cómo enseñar a hacer cosas con las palabras atribuyes el insuficiente dominio de los diversos usos orales y escritos de la lengua —por parte de adolescentes y jóvenes, y su escaso interés por la lectura y por el disfrute de los textos literarios— a los límites pedagógicos de un enfoque exclusivamente formal en la educación lingüística y literaria de la enseñanza primaria y secundaria. ¿Cómo piensas que esto puede o debe corregirse?

No es fácil. Yo creo que, en efecto, el modo en que tradicionalmente se ha enseñado lengua y literatura en mi país no tiene que ver con la genética de cada profesor, sino que es el efecto de un aprendizaje inicial de los maestros y de los profesores que se han formado en las Escuelas de Magisterio y en las facultades de filología de una determinada manera, y que por tanto cuando acceden a la docencia en la educación primaria, en la educación secundaria y en el bachillerato enseñan como les han enseñado y lo que les han enseñado, porque es aquello que saben y a eso se dedican. El problema estriba en que en la universidad española y en la formación inicial del profesorado han predominado los modelos estructuralistas del lenguaje (estructuralismo y generativismo), es decir, los modelos que describen al sistema formal, abstracto e inmanente de la lengua y no las teorías lingüísticas que estudian el uso lingüístico y comunicativo de las personas (pragmática, sociolingüística, análisis del discurso…) y por tanto de explicar lo que las personas hacen con las palabras al hablar, al leer, al entender y al escribir.

Como dice el lingüista inglés M. A. K. Halliday, "después de muchas décadas de estudio algunos lingüistas se han dado cuenta de que la gente habla entre sí". Tampoco olvidemos lo que decía el humorista catalán Jaume Perich caricaturizando una determinada manera de entender las clases de lengua: aquella en la que un profesor o una profesora entra en clase y dice: "¡Silencio, por favor, empieza la clase de lengua!'". Una clase en la que no se habla, en la que no se escribe. Una clase en la que se concibe la enseñanza de la lengua como la enseñanza de los conceptos lingüísticos que estudia la gramática, sea tradicional, funcional, generativista e incluso textual, y como la transmisión de la información sobre la historia canónica de la literatura nacional. Es decir, se concibe la educación lingüística y literaria como la transmisión de conceptos lingüísticos y de hechos literarios, y en menor medida como el aprendizaje de habilidades y de actitudes comunicativas.

Ese tipo de enseñanza aleja a muchos alumnos y alumnas del aprendizaje lingüístico, de un aprendizaje que no es sino lingüística aplicada y no educación lingüística, historiografía literaria aplicada a la enseñanza y no educación literaria, y definitivamente no se contribuye de una manera determinante a la adquisición de las destrezas del habla, de la escucha, de la escritura, de la lectura y de la comprensión. Estos modelos gramaticales e historicistas de la enseñanza de la lengua y de la literatura se están sustituyendo, en España, en México y en bastantes sitios más, por los denominados *enfoques comunicativos* que ponen el énfasis en la necesidad de contribuir a la adquisición de competencias comunicativas. ¿Pero cuál es el problema? El problema es que la formación inicial del profesorado no ha cambiado y difícilmente un profesor o una profesora pueden enseñar de otra manera lengua y literatura si a ellos no le han enseñado a enseñar de otra manera. En consecuencia siguen enseñando como les han enseñado y lo que les han enseñado.

En cuanto a la educación literaria, si su formación literaria es sólo en historia de la literatura pero nadie le ha hablado de la teoría de la recepción, de retórica, de los talleres de escritura, de los procesos de comprensión lectora, de cómo contribuir a la animación de la lectura, difícilmente, salvo que lo hagan con un esfuerzo personal de formación continua, van a cambiar las cosas. En España durante los años noventa ha habido un currículo lingüístico y literario comunicativo, pero no siempre lo que se ha hecho en las aulas ha sido coherente con esa orientación comunicativa, porque la gente tenía muchas dificultades de trabajar con ese enfoque comunicativo ya que no se han formado en él. Es mucho más fácil en clase de lengua enseñar sintaxis, enseñar por ejemplo a analizar las oraciones subordinadas adverbiales de relativo, que enseñar a mejorar la competencia oral. Es mucho fácil enseñar ortografía y sólo ortografía (aunque es evidente que hay que enseñar ortografía) que enseñar a escribir textos con coherencia y cohesión. Es mucho más fácil enseñar las características del romanticismo español o mexicano que enseñar actitudes de aprecio ante los textos literarios y consolidar en los alumnos hábitos duraderos de lectura. Esto último es mucho más difícil.

Hay quienes piensan que la adopción de un enfoque comunicativo de la educación lingüística y literaria significa una disminución del nivel de los contenidos, desde la idea de que enseñar análisis sintáctico otorga a la enseñanza un mayor nivel de excelencia que enseñar a hablar y a escribir con coherencia y corrección. Por el contrario, yo creo que un enfoque comunicativo de la educación lingüística y literaria requiere de un profesorado con mayores competencias, con una formación lingüística y literaria mucho más sólida no sólo en el aspecto pedagógico sino también en el aspecto lingüístico y literario, porque necesita saber y saber hacer muchas más cosas de las que ha aprendido en su formación inicial.

Ésta es una de las razones por las que a menudo hay un cierto quiebre entre los objetivos comunicativos que todo el mundo (educadores, lingüistas, pedagogos, administraciones educativas...) considera como inherentes a la educación lingüística y lo que en realidad se hace en muchas aulas. Hay muchos factores que nos ayudan a entender ese abismo entre lo que se dice y lo que se hace, pero ciertamente la formación inicial es uno de los factores más influyentes, ya que al menos en España apenas ha cambiado.

Luego es verdad que hay gente que se encuentra más cómoda en el contexto de un enfoque tradicional de la enseñanza de la lengua y de la literatura, porque compromete menos ideológicamente y porque es un enfoque hecho a la medida de las élites estudiantiles que, como van a cursar estudios universitarios y pertenecen a las clases acomodadas, sí responden bien ante un enfoque gramatical y ante un enfoque historicista de la literatura, ya que los referentes culturales en los que se mueven en su ámbito familiar y sociocultural son coherentes con ese modo de entender la lengua y la literatura. Pero, claro, si trabajamos con chicos y chicas de contextos sociales desfavorecidos que no dan ningún valor *al saber cultural* que la escuela les ofrece, porque es un *saber legítimo y legitimado* que excluye y oculta las culturas y los modos de entender el mundo de esos sectores oprimidos o postergados, entonces o le damos la vuelta a la historia y convencemos a los alumnos de que lo que les enseñamos en clase les va a ser útil en su vida de personas que van a desempeñar oficios muy diversos, o menospreciarán una materia que les parece muy ajena, ya que no le ven ningún sentido. Es entonces cuando huyen de ese saber escolar hacia los territorios del fracaso escolar y de la exclusión social, o se acomodan y con suerte aprobarán los exámenes porque el día anterior se han estudiado la lección, pero no tendrán claro cuál es el significado y la funcionalidad de esos aprendizajes a menudo tan efímeros. Esta reflexión está en bastantes páginas de *Cómo enseñar a hacer cosas con las palabras.*

¿Saber hacer cosas con las palabras sería el propósito de la enseñanza literaria?

Es el objetivo esencial de la enseñanza ligüística y literaria. Evidentemente, saber hacer cosas con las palabras, con una intención creativa, es un objetivo de la educación literaria. Yo creo que enseñar a los alumnos a que sepan hacer cosas con las palabras es el objetivo esencial de la educación lingüística, y dentro de la educación lingüística una parte es la educación literaria, como lo es la educación textual, sociolingüística e, incluso, semiológica (relativa al conocimiento de los lenguajes, de los mensajes y de los efectos de los medios masivos y de la publicidad).

Pero ya si nos ceñimos a la cuestión literaria, saber hacer cosas con las palabras en literatura significa saber usar los textos literarios para acercarse a mundos, expresar deseos, para construir fantasías, para entendernos y encontrar sentido a las cosas… Y ello significa leer y escribir, hacer cosas con los textos como lectores y escritores.

Parafraseando a Paulo Freire, señalas que no sólo enseñamos lo que sabemos sino también lo que somos…

Sin duda.

¿Quiere esto decir que, de cualquier modo, para bien o para mal, es esto lo que ha venido haciendo y hace actualmente la enseñanza literaria?

Yo creo que siempre enseñamos lo que somos porque cuando entramos en un aula, en el salón de clase, entramos no solamente con nuestro cuerpo, con nuestra presencia física, que también es un elemento no verbal importante, sino también con nuestra ideología, con nuestra manera de entender las relaciones humanas, con nuestra manera de ver a los niños, a los adolescentes, a los jóvenes, y en consecuencia al entrar en clases transmitimos afecto o distancia, pasión o indiferencia, y eso a la postre influye en los alumnos y en las alumnas tanto o más que nuestro dominio científico de una disciplina. Hay personas que con un dominio insuficiente de la disciplina, tal y como se entiende en el ámbito universitario, son magníficos profesores y profesoras porque les importa su trabajo, porque se comprometen con él, porque les importan las alumnas y los alumnos, porque les transmiten pasión, porque les respetan. Y todo esto genera tanto o más aprendizaje que el conocimiento académico del tema que se traduce en una enseñanza apática, autoritaria, edificada sobre los cimientos de la indiferencia, del desprecio y del menosprecio a los alumnos y a las alumnas.

En efecto, enseñamos lo que somos y algunas de las cosas que sabemos. Porque las cosas que sabemos son parte de lo que somos. Mi perfil personal no es el de un científico nuclear ni el de un militar, porque yo de ciencia nuclear y de milicia no sé nada, en el segundo caso afortunadamente. Sí, enseñamos lo que sabemos, pero sobre todo y ante todo lo que somos. Por eso decía Miguel de Unamuno que la enseñanza es amor y pedagogía, Yo creo que esto es muy importante y Paulo Freire lo entendió muy bien.

Me gustaría que ampliaras una reflexión muy importante que haces en tu libro, en el sentido de que hay que evitar que, en nombre de las humanidades, la lengua y su enseñanza se conviertan en instrumentos de selección y de discriminación entre las personas.

Claro. En principio habría que reflexionar sobre qué entendemos por humanidades. Yo acabo de decirte que mi conocimiento científico no es elevado, pero la ciencia es uno de los saberes humanos más significativos y relevantes. Para mí las humanidades no son sólo la filología o el arte; es un conjunto de saberes culturales que son muy amplios y plurales. En mi país, y con el fin de justificar una contrarreforma educativa que significara un giro conservador de los cambios educativos que se pusieron en marcha con enormes dificultades durante los años ochenta y noventa —unos cambios educativos que, con todas sus insuficiencias y errores, y que yo he criticado a menudo, significaban un paso adelante con respecto al pasado y un avance hacia postulados más progresistas y equitativos en la educación—, de repente hubo sectores de los ámbitos educativo, universitario, intelectual y periodístico que se empezaron a rasgar las vestiduras porque decían que la enseñanza de las humanidades estaba agonizando porque a los niños a los doce años ya no se les enseñaba la épica medieval sino a hablar, a leer, a entender y a escribir. Consideraban que eso era una especie de disminución del nivel o de la excelencia de los contenidos escolares y que había que recuperar la enseñanza de las humanidades y por tanto aumentar las horas de docencia de lengua y literatura, historia de la filosofía, historia de la literatura, historia del arte... No seré yo quien esté en contra de esas disciplinas que tanto me agradan; lo que planteo y pregunto es si deben ser enseñadas al modo universitario en otras edades y si deben hacerlo en detrimento de otros saberes tecnológicos y científicos tan relevantes desde el punto de vista social.

Enarbolando como pretexto la defensa de las humanidades se está construyendo en España una contrarreforma educativa (somos al parecer un país de contrarreformas) en la que se vuelve a una selección de los contenidos y a unos planteamientos didácticos semejantes a los de mediados del siglo XX. Es evidente que hay problemas de comprensión lectora, de aprecio de la literatura, de aprecio del arte, etcétera, pero la solución no es hacer unos programas de estudios rancios y que despidan un cierto aroma a naftalina. La solución en la España del siglo XXI, tan diversa y desigual, no es aferrarse como a un clavo ardiendo a la tradición filológica, a la pedagogía autoritaria y conductista, al modo en que en España se enseñaba en los años sesenta y setenta, olvidando que afortunadamente la España del siglo XXI no es la de los años sesenta y setenta y los alumnos tampoco son los de antes. Por eso, hay que evitar que la defensa de las humanidades se convierta en la coartada de un sistema escolar selectivo e injusto. Esta es una reflexión muy al hilo de la circunstancia española de los últimos años. Pero no es una reflexión contra las humanidades sino contra una manera hipócrita y nada inocente de utilizar las humanidades al servicio de una visión elitista e injusta de la educación.

¿Existiría, también, junto con eso, una especie de polarización entre población lectora y población no lectora, desde una perspectiva también elitista?

Desde luego. Si establecemos un sistema de enseñanza que tan sólo es atractivo para las élites estudiantiles y sociales, es decir, para aquellos alumnos y grupos sociales que se someten a las reglas del juego del sistema escolar porque son quienes otorgan una mayor valor de cambio a la instrucción escolar, si elegimos una educación segregadora y excluyente vamos a dejar en el camino a mucha otra gente, y especialmente a aquellos que no tienen en su contexto familiar y sociocultural la tradición y el aprecio por la lectura.

Si seleccionamos los textos con un criterio estrictamente canónico, eligiendo esos textos en el altar sagrado de la historia consagrada de la literatura, es evidente que habrá una minoría de alumnos y alumnas que se sometan a esas reglas del juego de la institución escolar y a las formas y significados de esos textos, pero también va a haber muchos otros que van a desertar, a huir de los libros y a evitar ser lectores. Lo que tenemos que hacer es conseguir que haya más gente que lea y disfrute de la lectura y de la experiencia literaria. Y esto, insisto, no se hace sólo ofreciendo a adolescentes de doce o trece años, obras y autores de los siglos XV o XVII sino también textos actuales, textos de la literatura juvenil o de aventuras, de ciencia ficción, de enredo amoroso, textos que les entretengan, que les diviertan y que les hablen de mundos cercanos, textos en los que se reconozcan porque el estilo, los temas, los personajes, las acciones y los argumentos les sean familiares. Ya avanzarán más adelante hacia otros textos más complejos y elaborados. Si tienen hábitos de lectura se acercarán a los dieciséis o a los dieciocho a Carlos Fuentes o a Vargas Llosa y, por supuesto, se acercarán a los clásicos, pero hay que tener en cuenta la dificultad formal y semántica de los textos a la hora de seleccionar las lecturas y su adecuación a las capacidades, características y expectativas de cada alumno y alumna. Por otra parte, hay textos canónicos (por ejemplo, los *Veinte poemas de amor y una canción desesperada*, de Pablo Neruda, o las *Rimas* de Bécquer) que son bastante adecuados desde el principio por su romanticismo emotivo y su pasión textual).

Citando a José Luis Sampedro, coincides en que la pedagogía es amor y provocación, que es una idea un tanto parecida a lo que dice Unamuno, en el sentido de que la enseñanza es amor y pedagogía. ¿Puede la institución educativa actualmente conciliar esos conceptos sin que se cuele en su estructura un escalofrío?

No es sólo que pueda hacerlo, es que debe hacerlo por razones éticas y estratégicas. En primer término, el amor siempre tiene mucho de provocación y de seducción. Todos hemos amado y hemos sido amados porque nos han provocado el deseo, porque nos han seducido con las palabras o con el cuerpo. Cuando Sampedro habla de *amor y provocación* lo que quiere decir es que primero hay que entrar en clase dispuestos a poner toda la carne en el asador para que esos chicos y esas chicas, que son como son, y vienen de donde vienen, aprendan algunas cosas que les puedan ser útiles en la vida y que les puedan ayudar a insertase en el mundo de la manera más autónoma y crítica posible. Eso es lo primero, y es una provocación en la medida en que tenemos que ofrecerles cosas que la vida no les ofrece y una seducción en la medida en que debemos estimular un deseo de aprender que quizá aún no sienten porque todavía no le encuentran sentido. A un chico de catorce años no hay que enseñarle a hablar con sus padres; eso ya lo hace y sabe hacerlo; no hay que enseñarle a conversar espontáneamente con sus compañeros y con sus colegas de la banda, eso ya lo hace y lo hace bien; hay que enseñarle a hablar de otras maneras en otros contextos, hay que enseñarle a usar los diversos registros de la lengua en situaciones diversas de comunicación, hay que favorecer su *conciencia lingüística* sobre el valor de las palabras, hay que contribuir a desarrollar sus destrezas comunicativas y sus actitudes críticas ante algunos usos y abusos del lenguaje. Hay que enseñarle también el aprecio por la lectura porque seguramente a la escuela no acude con hábitos de lectura ni convencido del goce de leer, hay que acercarle a esos otros textos con los que habitualmente no está familiarizado. Es más que probable que vea la televisión durante horas, que acuda al cine, que devore series juveniles y anuncios publicitarios, que lea historietas y novelas sentimentales o de aventuras de un escaso calibre literario… Es esencial saber qué ya sabe leer, qué tipo de textos —escritos o audiovisuales— lee habitualmente y provocarle y seducirle para que lea otras cosas a las que al final quizá les encuentre algún sentido (más allá de su sentido escolar).

Yo sé que esto es teoría y que la realidad es compleja y a menudo desalentadora, pero es el único camino. Lo que no podemos es justificar la obligatoriedad de un texto porque yo (o la crítica académica) considere que es un texto indiscutible y de alto contenido literario. Desde esa lógica que tiene en cuenta el canon literario pero que no ha reflexionado sobre el canon escolar (una lógica que inspira el actual currículo lingüístico y literario elaborado por el gobierno conservador de España), un chico de catorce años tiene que leer obligatoriamente las epopeyas de la épica medieval, la obra de los místicos de la lírica española del siglo XVI y la poesía culterana de Luis de Góngora y Argote. A mí me podría gustar mucho San Juan de la Cruz o Garcilaso de la Vega pero, claro, yo tengo cuarenta y siete años, soy un doctor en literatura española, escribo libros sobre la educación literaria, tengo unas lecturas y unas experiencias literarias que casi nadie tiene y estoy convencido de la bondad y de la belleza de esos textos, pero debo preguntarme si esos textos son los idóneos para un alumnado adolescente y tan diverso desde el punto de vista personal y sociocultural. Es decir, debo preguntarme si lo que deseo es comprobar en un examen que conocen la obra o dominan la técnica académica del comentario y de la glosa o si lo que deseo es estimular el deseo de leer, el goce de la lectura, la pasión por los textos...

Si elijo la segunda opción he de conocer otros textos quizá ajenos a las historias sagradas de las literaturas pero idóneos para esos alumnos que no leen y que huyen de la letra impresa y encuadernada. Quienes enseñamos literatura en la educación secundaria tenemos que conocer otros textos, textos de ciencia ficción, de la literatura juvenil, de aventuras, textos que a lo mejor no están en los anaqueles de las bibliotecas universitarias pero que sí están en las librerías y nos hablan de jóvenes, de mundos adolescentes, de enredos y de amores, y que son mucho más cercanos a los chicos y a las chicas que otros textos oscuros y tan lejanos en el tiempo. Ello no significa olvidarse de algunos autores contemporáneos: como dije antes, Pablo Neruda y sus *Veinte poemas de amor y una canción desesperada* funciona muy bien porque en la adolescencia y en la juventud el amor está a flor de piel, y esa efervescencia del deseo está latente en cada uno de los versos del poeta chileno. A lo mejor lo que no funciona es una poesía metafísica, abstracta, pero una poesía que habla de sentimientos humanos, de amores entre las personas y de utopías es una poesía que puede ser disfrutada. Por eso, hay que conjugar en las aulas la presencia de algunos de los textos que nadie discute y que están en las historias sagradas de la literatura (a veces no son textos completos, a veces deben ser fragmentarios porque no se puede ofrecer a un lector adolescente un libro de cuatrocientas páginas) con otros textos que también valen porque estimulan el disfrute lector y juegan con las funciones poéticas y narrativas de cualquier texto de ficción.

Yo tengo la experiencia de trabajar con textos de la literatura juvenil escritos en España y ver cómo los chicos y chicas que eran incapaces de leer se los devoraban en una noche, porque resulta que era una novela corta protagonizada por un estudiante que tenía una serie de problemas y de situaciones muy cercanas a su mundo (enamoramientos, intrigas, suspensos, lo que es la vida y en concreto la vida escolar) y que de repente le hablan un poco del mundo que él reconoce como propio. Conozco alumnos alejados de la lectura, esos muchachos que "no leen", que de repente se leían cinco o siete novelas de la serie de Andreu Martín y Jaume Ribera sobre Flanagan. Flanagan es un chico de dieciséis años que estudia el primer curso del bachillerato y que en sus ratos libres trabaja de "detective privado" al servicio de sus compañeros para averiguar si tal chica está enamorada de tal chico o qué examen va a poner el profesor de matemáticas. Entonces Flanagan tiene que entrevistar a los camaradas, indagar en la correspondencia amorosa o infiltrarse en la sala de profesores para robar el examen, y al investigar sobre estos asuntos un tanto inocentes acaba metiéndose en líos de narcotráfico y de corrupción política, en secuestros y asesinatos. Todas estas aventuras de Flanagan están contadas con un ritmo narrativo muy ágil y no falta la ironía, el humor y la crítica social. Los diálogos son creíbles y una buena muestra de las jergas juveniles que se hablan en España. El protagonista es adolescente como el que está leyendo el libro, que se identifica plenamente con el relato y lo devora. En estas novelas aparece el chico estudioso y la chica guapísima de la que están enamorados todos los estudiantes, está el bravucón y el matón, están el profesor pesado y el divertido, está la maestra atractiva y cariñosa, el director autoritario. Inmediatamente, los chicos piensan: "¡Caramba, éste es mi mundo y me interesa (re)conocerlo!".Y leen el libro.Y mientras lean y el libro no se les caiga de las manos, yo me doy con un canto en los dientes. Algunos de los que empiezan con estas novelas acabarán leyendo a Neruda, a Alberti, a Vargas Llosa, a Carlos Fuentes, a García Márquez, a Rosario Castellanos o a quien sea.

Según tu experiencia personal, ¿en la escuela algún profesor contribuyó de ese mismo modo a que leyeras?

En mi caso personal, no. Como ya te he dicho tuve mejores y peores profesores de literatura, pero yo me eduqué en un momento en el que enseñar literatura era enseñar historia literaria y, eventualmente, se leían algunos fragmentos sueltos. Por increíble que parezca, en la escuela (e incluso en la Facultad de Filología) nadie me obligó a que leyera un libro. Yo aprobaba literatura con buena nota porque me ponían en el examen, por ejemplo, "Vida y obra de Lope de Vega", a lo que yo contestaba: "Lope de Vega nació en tal año, escribió esto y esto y las características de sus obras son estas y estas, etcétera", y yo sacaba sobresaliente en literatura. Pero eso no significaba que leyera y que disfrutara con un libro en las manos.

Hubo al final del bachillerato un profesor con el que sí leía y me ofreció otro punto de vista más amable de la lectura literaria. Pero, en mi caso, como te digo, fue determinante el ambiente familiar, así como un grupo de amigos y amigas que a la edad de dieciséis o diecisiete años formamos un Aula de Poesía y que, quizá porque éramos adolescentes tardíos y no sabíamos cómo canalizar nuestros deseos y nuestras rebeldías, nos entregamos a la poesía y a la literatura. Si a ello se añade que en aquella época aún vivíamos los años oscuros y opresivos del franquismo y que cada vez más se respiraba un deseo de libertad que en ocasiones la literatura manifiesta mejor que nadie, pues entenderás cómo los factores que me han influido en mi amor por los libros y por la literatura casi nunca han sido factores escolares, y eso es bastante lamentable. Yo acabé seducido por los textos, pero muchos de mis compañeros de estudios, muchísimos, no son hoy lectores habituales y eso que concluyeron con buenas notas su escolaridad obligatoria y a lo mejor ahora son abogados, médicos, biólogos, incluso profesores, pero no leen habitualmente literatura. Lo último que se les ocurriría es entrar a una librería a comprar un libro de poesía o la última novela de Alfredo Bryce Echenique.

¿Las bibliotecas públicas fueron de algún modo ámbitos que influ-
yeron en tu gusto por la lectura?

En mi caso personal sí sirvieron y mucho. Mi economía
de adolescente y de joven no era muy boyante; mi padre
y mi madre tuvieron seis hijos y sólo contábamos con el
salario de mi padre, por lo que éramos una familia con unos
recursos limitados. Yo no podía comprar libros tan frecuentemente como deseaba. La alternativa fue, como es natural,
ir a las bibliotecas públicas y usar el servicio de préstamo de
libros. Éste fue un hábito que yo tuve y que tengo todavía
hoy en día; es decir, ahora que puedo comprar libros y que
los compro habitualmente me sigue gustando mucho ir a
las bibliotecas públicas de Gijón (España) y llevarme bajo
el brazo en préstamo un par de libros que a lo mejor no
conocía y que quizá no tengo claro si me van a interesar del
todo y antes de comprarlos, prefiero ojearlos.

Por otra parte, no hay que olvidar que la literatura de
ficción es un género con fecha de caducidad; no es como el
ensayo, que en cualquier momento se puede volver a él, pero
una vez que uno lee una novela, casi nunca la vuelve a leer.
De modo que, si no tengo muy claro el interés o la calidad
de esa novela, pues acudo antes al préstamo gratuito que a la
compra. Además, hoy en día, el concepto de biblioteca pública, al menos en mi país, es más amplio porque una biblioteca
pública no sólo tiene libros sino también una mediateca y,
por tanto, ofrece también servicio de préstamo de videos, de
discos compactos, de DVDs, etcétera, donde también se al-
macena otro tipo de información cultural (música, cine...).

Yo sigo manteniendo esa costumbre de ir a la biblioteca pública de Gijón, que además me queda de camino en

mis paseos habituales junto al mar Cantábrico, y solicitar el préstamo de dos o tres libros y algún CD o DVD. A mí me parecen fundamentales las bibliotecas públicas y las escolares, pues los libros deben estar al alcance de la gente. El libro no siempre es barato ni accesible. Aunque también debo decir que, al menos en mi país, hay cierta hipocresía con respecto al precio del libro. Hay gente que dice que los libros son muy caros, pero esa misma gente es la que en una cena o en un viaje de fin de semana se gasta un dineral con el que se podría comprar veinte libros. Por tanto, en el caso del libro, como en el caso de cualquier bien de consumo, todo tiene que ver con el valor que se le da a las cosas. Hay gente que dice que los libros son caros y se gasta una fortuna en ropa o en un auto y que de eso no se queja; es decir, no se queja del alto coste de ese tipo de bienes, pero sí cuando se trata del coste de los libros. Insisto: todo depende del valor que se le dé a las cosas; si le damos valor al libro, es evidente que para muchas personas no será caro sino un gasto razonable.

Es evidente que para un sector de la población el precio de los libros es alto porque apenas tiene para alimentarse y por eso las bibliotecas públicas y las escolares son importantísimas. En este sentido, una adecuada y continua adquisición de libros por parte del Estado y de las instituciones culturales y educativas para bibliotecas y escuelas públicas me parece absolutamente prioritaria. Si queremos que haya lectores, los libros tienen que estar al alcance de todo el mundo y no únicamente de las personas que puedan comprarlos.

Por último, ¿cómo ves el futuro de la lectura?

Yo creo que se ha hecho un discurso un poco apocalíptico sobre la lectura. Estuve hace poco en Madrid, en un seminario internacional que organizó la Editorial Santillana, al que acudieron especialistas que habían participado en un proyecto de evaluación de competencias lectoras, el Proyecto PISA, o Programme for International Student Assessment (Programa para la Evaluación Internacional de los Estudiantes) de la Organización para la Cooperación y el Desarrollo Económicos (OCDE) sobre de evaluación de competencias lectoras en alumnos adolescentes en cincuenta países, entre ellos México. En función de una serie de variables y criterios se establecía una medición de la competencia media lectora de los alumnos de cada país (así como de sus hábitos lectores) y de esa medición se calificaba al alumnado de esos países y se establecía una clasificación de uno a cincuenta.

En primer lugar, conviene poner entre los paréntesis de la duda esa clasificación, por mucha "cientificidad" que se le quiera dar a este tipo de investigaciones académicas. No creo que las conclusiones sean del todo fiables, porque hay entre esos países tantas diferencias económicas y culturales y tantas variables políticas que conviene estar alerta ante el espejismo de creer que esa evaluación es objetiva y neutral. Muchas veces se encarga una evaluación para demostrar algo de lo que uno está convencido de antemano o para justificar algo que uno desea hacer y quiere hacerlo con la coartada de las estadísticas. En España, el gobierno del Partido Popular, que sustituyó al Partido Socialista Obrero Español en el poder, tuvo desde el primer día la obsesión de demoler la LOGSE, una ley educativa con una orientación progresista e innovadora. Para ello, encargó una evaluación a un Instituto Nacional de Evaluación (cuyo director fue nombrado por el Partido Popular) para demostrar lo mal que estaban las cosas en el sistema educativo español y así justificar una contrarreforma de la educación en España. Pero el cálculo le salió mal porque la evaluación demostró que las cosas no estaban tan mal como deseaba quien encargó la evaluación, que las cosas no eran peores que antes sino diferentes y en algunos casos habían mejorado notablemente. Es decir, el paisaje que dibujaba la evaluación no era un desastre sino un paisaje con más luces que sombras. Aun así, manipulando los datos, intentaron demostrar que todo era un desastre aunque la evaluación nunca lo había certificado. Y a partir de ahí el Partido Popular, con mayoría absoluta y con la oposición del resto de las fuerzas políticas y de los sectores progresistas de la educación, ha aprobado y está aplicando una Ley de Calidad en Educación que nos sitúa de nuevo en el sistema educativo español de hace cuarenta años.

Volviendo a tu pregunta, el Proyecto PISA es, como dije, un proyecto de evaluación de competencias lectoras hecho en cincuenta países con alumnos y alumnas de entre catorce y dieciséis años. En cualquier evaluación educativa conviene tener claro de dónde partimos, es decir, de dónde venimos en cuanto a hábitos de lectura y a competencia lectora para a partir de ahí valorar si hay avances o retrocesos. Entre un sector del profesorado suele afirmarse que en cuanto a hábitos y competencias en lectura las cosas hoy están peor que antes. Pero, ¿cuándo es antes?, y si están peor, ¿para quién? No podemos comparar la situación de hace cuarenta años con el año 2003. En España, en 1960, más de la mitad de la población estaba fuera del sistema escolar antes de los catorce años. A esos muchachos no se les evaluaba, ni se les podía evaluar, ninguna competencia lectora porque ya no estaban, porque no eran. Lo que se evaluaba entonces eran las competencias lectoras de esa minoría que estudiaba bachillerato y que casi siempre pertenecía a las clases medias y altas de la sociedad. Y, claro, los resultados eran esperanzadores. Ahora lo que evaluamos son las competencias lectoras de todo el alumnado en esas edades ya que en la actualidad, al menos en España, todos los chicos y todas las chicas están obligatoriamente escolarizados hacia los dieciséis años, sean como sean, sepan lo que sepan y vengan de donde vengan. Y quizá por ello pensamos que la situación ha empeorado. Pero es que la situación hoy es otra, ni mejor ni peor, es radicalmente diferente.

Y eso es lo que concluye el Proyecto PISA. En una escala de uno a cinco que intenta medir los diversos grados de competencia lectora, el informe de la OCDE concluye que "aproximadamente tres cuartas partes de los alumnos de 15 años se sitúan en los niveles 2, 3 y 4", lo cual nos permite concluir que las cosas no están tan mal como algunos apocalípticos proclaman de una manera nada inocente y casi siempre al servicio de políticas educativas de carácter segregador y excluyente. Sin embargo, es obvio que hay dificultades en la alfabetización lectora que afectan tanto al rendimiento escolar de un sector significativo del alumnado como a su capacidad para disfrutar del ocio lector y a su conciencia sobre la importancia de la lectura como herramienta de acceso al conocimiento del mundo.

De cualquier manera, conviene subrayar que el extravío del lector escolar en los laberintos del texto no es algo nuevo sino algo que apenas ahora se comienza a diagnosticar, a investigar, a evaluar y a tener en cuenta en las tareas docentes, en la investigación académica y en las políticas educativas. Si antes a menudo se abandonaba a su suerte al lector escolar en su viaje hacia el significado del texto y hacia el aprendizaje a través de la lectura y del estudio (al que llegaba o no según diversas circunstancias tanto personales como familiares y sociales), en la actualidad se insiste en el fomento escolar y social de la lectura en la escuela obligatoria, en la investigación psicológica y lingüística sobre las estrategias y los conocimientos que se activan en la interacción entre el lector, el texto y sus contextos, y en la urgencia de favorecer programas y actividades de enseñanza de la lectura que conviertan la lectura en un objeto preferente de reflexión y de aprendizaje en las aulas.

Hay que analizar también cuál es la situación económica, cultural y educativa de cada uno de esos cincuenta países porque a veces se evalúan con criterios homogéneos situaciones que son enormemente heterogéneas. Por otra parte, habitamos en un mundo audiovisual, en una iconosfera en la que dominan los mensajes televisivos y publicitarios, en el que Internet cada vez más configura un espacio comunicativo sugerente y absorbente, en el que la incesante e interminable revolución tecnológica está impregnando a toda la sociedad y, especialmente, a adolescentes y a jóvenes, y eso hace que su tiempo no sólo lo empleen en leer libros, sino también en ver televisión, ir al cine, leer cómics, mirar anuncios publicitarios o navegar en Internet.

Tenemos que ser capaces de conjugar eso, que —nos guste o no— no vamos a cambiar, con el hecho de que la lectura siga ocupando un espacio en el ocio cultural de cuantas más personas mejor. Ello nos exige volver a preguntarnos sobre la idoneidad de algunas estrategias de animación a la lectura que no siempre han funcionado. Si relacionamos el cine con la literatura, si relacionamos la publicidad con la poesía (como hacía Roland Barthes) y si utilizamos las tecnologías informáticas para fomentar hábitos de lectura y escritura, se abren a partir de ahí perspectivas importantes de trabajo docente.

Los alumnos no leen tanto como quisiéramos, o quizá leen otros textos que nos son ajenos, pero eso es lo que hay y debemos trabajar a partir de ahí. Es necesario volver a plantearse cuáles son las estrategias más eficaces de la animación social y escolar a la lectura y liberarnos de los corsés tradicionales de la educación literaria si de veras deseamos que los alumnos y las alumnas no huyan aún más de la lectura literaria y del disfrute inmenso del placer de leer.

CIUDAD DE MÉXICO, 14 DE ENERO DE 2004.

Juan Mata

Lo que sucede con los libros es algo trascendente

El escritor español Juan Mata es profesor de didáctica de la lengua y la literatura en la Facultad de Ciencias de la Educación de la Universidad de Granada. Su pasión es la lectura, y su feliz oficio, la pedagogía de la lectura y la educación literaria. Autor de libros muy significativos en el ámbito de la promoción y el fomento de la lectura (*Como mirar a la luna. Confesiones a una maestra sobre la formación del lector*, y *El rastro de la voz y otras celebraciones de la lectura*), es también impulsor del programa español Elogio de la lectura, que le ha merecido no pocas distinciones, entre ellas el Premio de la Feria del Libro de Granada y el Premio Andaluz de Fomento de la Lectura. Otros libros de su autoría son: *Granada abierta* y *Apogeo y silencio de Hermenegildo Lanz*.

Durante mucho tiempo Juan Mata mantuvo en la red su blog "Discreto lector", y hoy, junto con Andrea Villarrubia, está entregado a desarrollar la Asociación Entrelibros, "que acoge a un heterogéneo grupo de personas procedentes de diversos campos profesionales, cuyo nexo común es su condición de lectores y la convicción de que la literatura es un instrumento primordial para provocar emociones y conocimiento". En Internet podemos seguir el trabajo que realiza esta ejemplar asociación, en el dominio electrónico asociacionentrelibros.blogspot.com.

Autor de la tesis doctoral "Humanismo, ética y lectura" (Universidad de Granada, 2007), mantiene colaboraciones con diversas instituciones y asociaciones civiles a favor de la promoción y el fomento de la lectura, lo mismo en bibliotecas que en escuelas, así como en otros ámbitos artísticos y científicos (títeres, danza, teatro, parques de ciencia) que, mediante mecanismos multidisciplinarios, contribuyen a que la lectura sea una feliz costumbre: más que un hábito, una alegre disposición.

Homónimo del futbolista español, antes del Chelsea y ahora del Manchester United (quien también es lector), Juan Mata es uno de los máximos promotores de la lectura en España y sus conceptos en este tema están sin duda a la vanguardia, pues sostiene, con entera razón, que sin el desarrollo educativo profundamente humanista, es difícil conseguir que la lectura se convierta en una auténtica necesidad vital. Para él, "lo esencial sigue siendo el gesto de entrar en el aula con la convicción de que es posible alentar y enmendar la vida". Manuel Vera Hidalgo se ha referido a la honradez intelectual de este lúcido teórico y gentil acompañador de lecturas, destacando su "confianza plena en el poder transformador de la educación (ilustrada, krausista diríamos, machadiana)". La siguiente es su espléndida historia lectora.

¿Cómo, dónde y de qué forma descubriste la lectura?

Los primeros recuerdos que tengo como lector se sitúan en el pequeño zaguán de la casa de mis abuelos ante un montón de tebeos, la mayoría de ellos manoseados (debo aclarar que en España la palabra tebeo designa lo que en otros lugares se denomina cómic o historieta: se llamó así por la lexicalización del título de una popular revista gráfica denominada genéricamente TBO, que nunca he sabido qué significaba o daba a entender). Los títulos de aquellos tebeos no los he olvidado: *El Capitán Trueno, Roberto Alcázar y Pedrín, Hazañas bélicas, El Jabato, Pantera negra, Tarzán, El Guerrero del Antifaz*... Fueron mis primeras lecturas autónomas, fuera de la escuela, donde nos limitábamos a leer los textos de la enciclopedia (libro de texto que contenía en un solo volumen todas las materias) y algunos textos religiosos o ejemplarizantes. No había biblioteca pública en mi pueblo, ni por supuesto las había en las menesterosas escuelas de mi niñez.

En esa misma época hubo otra circunstancia que he valorado mucho con el paso del tiempo. Muchos lectores que fueron niños en la década de los años cincuenta del siglo pasado recuerdan, como yo, que en el interior de las tabletas de chocolate de la marca Tárraga (entonces era habitual merendar pan con aceite de oliva y una onza de chocolate) se incluían unos cuentos minúsculos editados por el impresor Saturnino Calleja ("tienes más cuento que Calleja", se sigue oyendo aún en España para tildar a los enredadores y embusteros). La ilusión de probar aquel chocolate, un bien escaso, se mezcla en mi memoria con la ilusión de leer aquellas historias que nos regalaban. He sabido luego que, junto a textos disparatados y moralizantes, se incluían cuentos de los hermanos Grimm o de *Las mil y una noches*. Yo sólo recuerdo la ansiedad con que desenvolvía las tabletas en busca de los cuentecillos y la ansiedad con que los devoraba, semejante a la que empleaba en la onza de chocolate que me correspondía. Mis inicios como lector fueron, como se ve, bastante plebeyos.

¿Había libros en tu casa o antecedentes lectores?

Prácticamente no. Recuerdo esporádicas lecturas de mi abuelo y de mi madre de novelas de amores, del oeste, de misterio… Eran novelas baratas, de autores anónimos o con seudónimo, que se cambiaban en los quioscos una vez leídas y se usaban principalmente para matar el tiempo, cuando aún no existía la televisión y el cine era una costumbre de fin de semana. Valoré todo eso cuando, a la muerte de mi abuelo, me apropié de su pequeña colección de novelas populares y descubrí que algunos de esos volúmenes eran verdaderas joyas, objeto de atención hoy por parte de coleccionistas. Aún las conservo. En cambio, no tengo memoria de libros de calidad literaria que me salieran al paso de modo precoz, ni de lecturas de cuentos ilustrados a la hora de dormir, ni de una biblioteca ordenada y bien provista. No crecí en un ambiente especialmente favorable a la lectura. Mi infancia careció de libros y de ejemplos significativos. Algunas circunstancias que no soy capaz de precisar hicieron que el destino previsible se quebrara. Es por lo que confío tanto en las labores de mediación y persuasión. Y en la confianza y la paciencia, sobre todo.

La escuela o algún profesor, ¿contribuyeron a facilitar tu hábito lector?

En la escuela primaria, no. Fue mucho más tarde. Recuerdo dos hitos en ese sentido. El primero fue la fascinación que me produjo una edición adaptada del *Quijote* que leímos en la escuela cuando tenía diez u once años (entonces se comenzaba el bachillerato a esa edad). Aún conservo el ejemplar, descuadernado y pintarrajeado. Por lo que deduzco de las palabras subrayadas y coloreadas, entonces me sentía atraído por aquel lenguaje arcaico: celada, jubón, adarga, redoma… Es probable que aquel fuese el primer libro que realmente tuviera para mí un valor por sí mismo, independiente de su utilidad escolar. No sé si se debió a la edición, las ilustraciones, la historia… el caso es que aquel libro significó mucho en mi biografía de lector.

El segundo, y más definitivo, tuvo lugar ya en la escuela secundaria. Debía tener unos catorce o quince años. A mí me gustaba escribir. Un año antes había participado en un concurso de redacción que organizaba Coca Cola. Mi texto, que se llamaba "Los insectos", y que sorprendentemente he conservado, se publicó en un periódico local, lo que me llenó de orgullo y esperanza. Y resultó que, como todo escritor incipiente e inconsciente, me dio por escribir poesía. Cierto día me atreví a enseñarle a mi profesor de literatura, don Francisco Caballero, uno de aquellos poemas, que hablaba si no recuerdo mal de mares, barcas y marineros (grave atrevimiento por mi parte, pues yo era de tierra adentro y a esa altura de mi vida aún no había conocido el mar). Lo hice con la íntima esperanza de que descubriera que entre sus alumnos había un escritor portentoso. Vanidades de adolescente. En un despacho, al término de la jornada lectiva, nos sentamos frente a frente, con una mesa de por medio. Y con gran concentración fue leyendo el poema que le había entregado y con gran parsimonia también fue tachando uno a uno, con un lápiz rojo, los versos de mi poema. Si respetó alguno fue, supongo, por compasión, por salvar algo de aquella confusa acumulación de palabras. Como es natural, me sentí profundamente decepcionado, arrepentido de la decisión que había tomado. Pero a cambio recibí el mejor regalo que podía esperar: una recomendación. Al término de la lectura, mi profesor me dijo que era un poema malo y que se notaba que sabía poco del mar, lo cual era verdad. Y añadió que si me interesaban esas cuestiones él me aconsejaba que leyera algún buen libro sobre el tema. "Puedes leer, por ejemplo, una novela que se llama *El viejo y el mar*". Nada sabía del título ni del nombre de su autor. Salí cabizbajo del despacho, sin tener conciencia aún del importante paso que iba a dar. Esa misma tarde compré un ejemplar de la novela de Hemingway, que aún conservo (editorial Kraft, Buenos Aires, 100 pesetas, año 1967), y recuerdo que no paré de leer hasta acabarla. Tengo conciencia de que ese día entré en una nueva dimensión de la literatura. No había leído nada semejante hasta ese momento, sobre todo porque lo que leía habitualmente, por imperativo de la época y por prescripción de los curas que me daban clase, eran novelas de carácter moralista, sentimental, truculento, en las que los jóvenes pecaminosos y rebeldes eran finalmente castigados con alguna enfermedad o incluso con la muerte por su atrevimiento y desobediencia. Puede deducirse fácilmente que el contraste entre unas lecturas y otras fue tremendo. Estoy convencido de que ahí inicié una nueva etapa como lector.

¿Qué tipo de lecturas populares influyeron en tu afición por la lectura?

Como dije anteriormente, los tebeos sobre todo. De niño leí, como era preceptivo en el franquismo, muchas vidas de santos y de héroes nacionales, pero no me crearon interés por los libros, la verdad. Más bien al contrario. Eran lecturas que formaban parte de las rutinas escolares, como cantar himnos patrióticos al comienzo de la jornada (himnos fascistas, para ser más exactos) o rezar el Ángelus a mediodía. Por eso se entenderá mejor que las aventuras de exploradores, justicieros y detectives de ficción nos fascinaran tanto fuera de las aulas. Eran más exóticas y más apasionantes. Además nos permitían a amigos y desconocidos juntarnos para intercambiar o jugarnos tebeos repetidos, vender los más valiosos, hablar sobre los ya leídos o los por venir. Sin saberlo, conformábamos una verdadera comunidad de lectores.

No leí hasta muchos años después novelas policiacas, de misterio o del oeste, pero cuando ya había adquirido la costumbre de leer. Lo hice entonces con actitud condicionada y no espontánea. Leí, por ejemplo, a Marcial Lafuente Estefanía, prolífico autor de novelas populares del oeste, y a José Mallorquí, creador de un personaje mítico, el Coyote, por curiosidad intelectual, casi antropológica, igual que a otros autores de nombres extravagantes cuando supe que tras ellos a veces se refugiaban intelectuales represaliados por el franquismo, como Eduardo de Guzmán (Anthony Lancaster, Richard Jackson…) o Francisco González Ledesma (Silver Kane). Leí algunas de esas novelas con gusto, pero ya no tuvieron el impacto de las lecturas inocentes.

¿Crees que el cómic, el tebeo o la historieta faciliten el camino de un lector hacia libros y lecturas más exigentes?

No es una etapa necesaria para alcanzar el olimpo de la lectura, pero la verdad es que no sólo no distraen del camino, como se suele insistir machaconamente, sino que pueden contribuir a impulsar el deseo de leer. Los testimonios de los lectores pueden atestiguar esa verdad. No obstante, hay muchos lectores que nunca han leído cómics, como hay lectores de cómics que apenas leen otra cosa. Y hay también buenos lectores que lo mismo leen a Fiodor Dostoievski o Alice Munro que a Art Spiegelman o Carlos Giménez, pues el cómic sigue produciendo extraordinarias obras de arte.

¿Hubo amigos o compañeros que hayan reforzado tus intereses de lectura?

En los primeros años, no. Las lecturas de tebeos eran una afición colectiva de la infancia, en la que participábamos sin apenas esfuerzo. Tuve una formación lectora muy autónoma y solitaria. Caótica, podríamos decir. Durante la adolescencia me dejé influir a la hora de elegir lecturas por las imposiciones de la época (*Amor. El diario de Daniel*, de Michel Quoist, *La vida sale al encuentro*, de José Luis Martín Vigil, *Edad prohibida*, de Torcuato Luca de Tena...) o, ya más libremente, por el tema o los títulos. Mi madre se suscribió al Círculo de Lectores, un sistema doméstico de distribución y venta de libros mediante catálogo, y yo los escogía a partir del resumen que se ofrecía en la revista de novedades. Ahora me doy cuenta, examinando aquellos libros de adolescencia, de la dispersión de mis intereses y curiosidades: *Sinuhé, el egipcio, Oliver Twist, El enano, La hora 25, Las sandalias del pescador, La comedia humana, Las flores de Hiroshima, El filo de la navaja*... Apenas nada de poesía o teatro o ensayos. No sé explicar muy bien cómo me fui abriendo paso entre esa maraña de libros hasta encontrar mis propios gustos. Lo cierto es que poco a poco se fueron filtrando en mis lecturas *El señor Presidente, La metamorfosis, Conversación en La Catedral, Esperando a Godot*... En gran medida, todo ese trayecto lo hice en solitario. Sólo a partir del ingreso en la universidad tengo conciencia de verdaderas influencias de amigos. Influencias que han continuado hasta el presente. Gracias a los privilegios de la amistad he descubierto algunos autores determinantes en mi vida.

¿Qué encontraste en los libros durante tu educación en la escuela primaria?

Prácticamente nada. Fui alumno de primaria bajo la dictadura de Franco, unos tiempos en que las escuelas en España eran, sobre todo en los pequeños pueblos, rudimentarias y deficientes. Y la educación era, por lo general, autoritaria, adoctrinadora, mediocre. Nada que ver con lo que es ahora. Apenas recuerdo libros en las aulas. Al menos hasta los diez años. En el colegio al que fui cuando mi familia emigró a Granada las cosas fueron distintas. Tuve oportunidad entonces de relacionarme con los libros de otro modo (el *Quijote* que mencioné anteriormente es de esa época). No fue una gran revelación, pero sí un progreso.

Leer y escribir, ¿fueron para ti actividades simultáneas?

No. Fue antes la lectura que la escritura. Al menos una escritura consciente y autónoma. Desde pequeño me gustaba escribir, pero por lo general esa actividad estaba muy ligada a las tareas escolares. Durante la adolescencia leía más que escribía. La escritura era, como suele ocurrir, más un desahogo sentimental que una creación. Escribía de modo disperso y pudoroso, sin riesgo. Siempre he echado en falta alguien que me alentara entonces y ejerciera de guía. Aprendí antes a leer bien que a escribir bien. Y, por lo general, siempre en solitario.

¿Crees que se necesite una disposición especial para ser lector del mismo modo que otros son futbolistas, boxeadores o toreros?

Por lo que se sabe hasta ahora del funcionamiento del cerebro, nadie nace lector, como tampoco futbolista o boxeador o torero. Mientras llega el descubrimiento de los genes o las neuronas de la lectura, si es que llega, deberemos conformarnos con pensar que leer, como tantas otras aficiones o afecciones, es sobre todo una cuestión de ambiente, voluntad y gratificación. Leer, al fin y al cabo, es una actividad integrada en los circuitos neuronales del cerebro y responde a los mecanismos primarios de la emoción y el placer —deseo, curiosidad, satisfacción, alegría, recompensa— que pueden conducir a la felicidad, que es un estado más permanente de bienestar. El desafío, claro, es determinar para cada persona las experiencias precisas que le provoquen esas satisfacciones.

La lectura y la escritura, ¿producen siempre mejores personas?

Me gustaría decir que sí, lo cual me haría muy feliz, pero lamentablemente tengo que decir que no. O, al menos, no necesariamente. No hay una relación directa entre la lectura o la escritura y la rectitud y el civismo. Hay buenos lectores y escritores que son o han sido personas imbéciles o insolentes, cuando no directamente desaprensivas o perversas. Por el contrario, hay muchas personas amables y honestas que apenas han abierto un libro en su vida. Ser bondadoso, ser atento, ser sensible a la suerte de los demás es siempre consecuencia de un proceso vital largo y complejo, lleno de encrucijadas y elecciones personales, en el que los libros pueden estar presentes, pero no de un modo exclusivo o preferente. Dicho lo cual, añadiré que los libros, y específicamente los textos literarios, ofrecen oportunidades de pensar sobre la vida humana, de cosentir las emociones de otros, y que esos pensamientos y esos sentimientos pueden modificar actitudes y juicios. Hablo de posibilidad no de certeza. Todo depende de la disposición con que se lea. Y me estoy refiriendo en todo momento a las personas adultas.

Una cuestión más peliaguda es la concerniente a los años de formación, a esa etapa de la vida en que se está construyendo la propia identidad y se muestra frágil e influenciable. En esos años, las lecturas sí suelen afectar más. Es posible, si se actúa bien, hacer de los libros acicates para la conversación y el razonamiento, para escuchar las experiencias y las opiniones de los demás, para elaborar el propio discurso. Lo reconozcamos o no, los niños y los adolescentes desean hablar de cosas relevantes, de cosas que les importan. Y favorecer ese diálogo es responsabilidad de los adultos, y de los profesores en particular. Las reflexiones que los libros propician pueden en esos casos estimular las ideas y los comportamientos que caracterizan a las buenas personas. Leyendo y comentando *Juul*, por ejemplo, un adolescente puede entender y asumir que las burlas y las humillaciones a los débiles son repudiables, del mismo modo que leyendo y comentando *Frederick* un niño puede pensar que el arte y la poesía también contribuyen al bienestar de la comunidad. Esa labor tiene poco que ver con la banalidad de la "transmisión de valores" o la moralización, aún tan presentes a la hora de relacionar literatura e infancia, y sí con algo más profundo: la deliberación ética. Los libros ofrecen oportunidades para conocer y decidir, y con esas opciones puede un niño o un adolescente ir construyendo su personal manera de estar en el mundo y relacionarse con los demás. En ese sentido, sí creo que los libros pueden promover las virtudes de las personas.

Tengo claro por lo demás que, en determinadas situaciones, la reclusión en la cárcel, por ejemplo, o un estado de desaliento y desesperación, los libros pueden ayudar a pensar sobre la propia vida y esa reflexión puede mejorar a los lectores. A condición siempre de que esa reflexión, que puede hacerse en soledad o en compañía, sea profunda y libre. Los libros pueden ser un acicate para examinar lo que uno es o ha sido. Lo compruebo constantemente. Es muy difícil explicar lo que una palabra o un poema o un relato o unas memorias pueden remover en personas encarceladas o afectadas por algún tipo de trauma. La virtud terapéutica, liberadora o configuradora de sentido que tiene el lenguaje es sorprendente. La transformación no es ni inmediata ni segura, pero nadie puede dudar en esos casos de las repercusiones de la lectura. Cambiar la vida es, en última instancia, un acto de voluntad personal.

¿Desmentirías la frase de Plinio: "No hay libro que sea malo"?

Tal vez en la época de Plinio, en la que los libros (rollos de papiro o códices de pergamino en aquel tiempo) eran un bien escaso y el acceso a ellos resultaba costoso, pudiera ser válida esa afirmación. En nuestra época, tan saturada de textos, quizá no sea tan clara. Aunque más que de malos libros deberíamos hablar de libros insustanciales o redundantes. Sin embargo, cualquier libro banal o ramplón puede aportar algo a un lector. ¿Quién puede predecir el efecto de las palabras en quien las lee? Lo que para unos sólo es reiteración e insignificancia, para otros puede ser descubrimiento y asombro. Hay libros que por su ambición, hondura y lenguaje parecen más proclives a conmover a posibles lectores, pero luego los lectores reales leen con grandísimo gusto libros más anodinos. Para esos lectores, sin embargo, esos libros no son malos.

¿Para qué sirve leer?

Para lo que cada cual quiera. Leer, entendido en su sentido más primario, no es más que una actividad mental que permite extraer información codificada en la escritura. Y en ese sentido, leer sirve para saber los resultados de la última jornada de futbol o las contraindicaciones de un medicamento o para conocer los pensamientos de Michel de Montaigne. Ahora bien, si a lo que nos referimos específicamente es a la utilidad de leer novelas o poemas o aforismos filosóficos, diré que sirve para todo o para nada. Todo depende de la disposición con que se lea, del valor previo que uno conceda al hecho de leer. Y también, claro, del texto que leamos. Del modo de entender y encarar ese diálogo con los libros puede resultar un pasatiempo o una revelación. Pienso que la educación lectora debería contemplar esa circunstancia y estimular tanto la aptitud como la actitud.

¿Cuál es, desde tu experiencia, la mejor manera de contagiar el gusto y la necesidad por la lectura?

Contagiar es un término que no considero muy adecuado para aplicar a la lectura. Remite a la idea de transmisión de enfermedades por contacto directo, es decir, a una infección fortuita y resolutiva. Y el deseo y el gusto de leer no son "virus" que puedan contagiarse. Para una mejor comprensión de los procesos de la lectura quizá deberíamos utilizar términos como promover, alentar, persuadir, emocionar… Es decir, conceptos que nos hicieran pensar en proyectos, acción, constancia, inteligencia, sensibilidad. De ese modo evitaríamos simplicidades y frustraciones.

A diferencia del contagio, una necesidad hay que crearla, darle sentido, justificarla, sostenerla, incrustarla en el devenir de los días. La necesidad de leer también. Si un lector, no importa su edad, percibe que lo que lee o le leen le afecta, es decir, le hace pensar, le conmueve, le descubre, le crea dudas o le recompensa, y que al hacer eso no se siente juzgado, evaluado o catalogado sino que le sirve para conversar, compartir, expresar, sentirse parte de algo, entonces podremos esperar que esas simples satisfacciones que proporciona la lectura deriven en necesidad. Las necesidades culturales a diferencia de las necesidades biológicas hay que generarlas. Ver a otros leer, participar de sus emociones o escuchar sus argumentos ayuda a interesarse y tal vez a imitar. Los ejemplos, sobre todo en el ámbito familiar, siempre son más valiosos que los discursos, del mismo modo que la demostración siempre es más eficaz que la propaganda. Si hacemos ver que lo que alguien busca está en los libros, o al contrario: que alguien vea que en los libros está lo que nunca se le ocurrió buscar, estamos presentando la lectura como un modo de conocimiento y de vida. A pesar de la lentitud y las incertidumbres que conllevan, confío más en los ejemplos y los razonamientos que en la aleatoriedad de los contagios.

¿Crees que una mala película venza siempre a un buen libro?

Los que amamos el cine tanto como los libros sabemos que raramente ocurre que incluso una buena película venza a un buen libro. A veces se hace una película espléndida de un libro mediocre, aunque lo contrario es lo habitual. Lo que la lectura aviva en el cerebro no siempre lo hace una película, incluso buena. Casi siempre que voy al cine a ver una película basada en un libro que ya he leído salgo decepcionado. En el mejor de los casos, no salgo irritado.

¿Dirías que no hay cultura sin libros y, en este sentido, que no hay cultura si no se es lector?

Si entendemos la cultura en un sentido restrictivo, como conocimiento de sucesos, datos o referencias, es indudable que la cultura requiere lectura. A mi juicio, la cultura es algo más complejo, algo que tiene que ver más con la experiencia que con la información, más con la reflexión que con la acumulación. Hay personas con muchas lecturas, a las que se calificaría sin duda de cultas, que demuestran una absoluta incapacidad para afrontar las cotidianeidades de la vida, y hay personas en cambio que con muchos menos libros a sus espaldas son capaces de sobrevivir con inteligencia y fortaleza. La cultura se debería relacionar con la curiosidad, la atención, el entusiasmo, la delicadeza, el razonamiento, la creatividad, la emoción… En ese sentido, los libros pueden cumplir un papel muy importante.

¿Te resulta más aceptable una persona inmoral, deshonesta, egoísta, etcétera, por el hecho de ser lectora?

En absoluto. Me resulta, por el contrario, más repudiable. Un canalla es un canalla en cualquier circunstancia, igual que una persona íntegra siempre será admirable. Los libros no otorgan a nadie el salvoconducto de la rectitud. Esa virtud se gana con el comportamiento, no depende de las lecturas. Me desconsuela y me desconcierta, sin embargo, observar que personas inmorales presumen de los libros leídos, como si pudiesen desdoblarse y ofrecer una parte pura en la que sólo actúan como lectores. En cierta ocasión, leí una entrevista a Condoleezza Rice, cuando era secretaria de Estado en el gobierno de George W. Bush, justo en la época de la invasión a Irak. En ella se vanagloriaba de sus muchas lecturas, entre las cuales se encontraba en lugar preferente *La guerra y la paz*, de León Tolstoi, que había leído en más de una ocasión en su lengua original. ¿Esa cualidad la hacía más encomiable? ¿La redimía de todas sus perniciosas decisiones políticas? No. A mí me desconcertaba que siendo tan entusiasta lectora de una obra declaradamente antibelicista no hubiese traspasado sus pasiones íntimas a sus actuaciones públicas. En aquellos momentos, cualquier pacifista sin lecturas me parecía más digno que la señora Rice. Detesto vicios como la altanería, la crueldad, la deshonestidad, el abuso, la corrupción, la falta de escrúpulos…, y me da igual que los encarne un lector o un analfabeto.

¿Los libros cambian el curso de la historia?

No sé si es posible hablar en esos términos tan mayúsculos. Si entendemos la idea de cambio como un proceso lineal y seguro que va de la publicación de un libro a una transformación social relevante, entonces diré que no. Ningún libro es causa directa de una revolución. Sin embargo, las repercusiones de los libros son a menudo muy profundas. ¿Puede entenderse la Revolución francesa sin los libros de Voltaire?

¿Acaso la publicación de *La cabaña del tío Tom* no impulsó decisivamente la causa del abolicionismo? ¿Podemos ignorar la influencia de la *Vindicación de los derechos de la mujer* o *El origen de las especies* en los cambios sociales contemporáneos? Y en sentido opuesto, ¿no fue *Mi lucha* un elemento determinante en la historia de Alemania? No pretendo decir que los libros sean la causa primigenia de los cambios sociales, pero sí que pueden influir, junto con otros factores, en la historia de un país. En España, por ejemplo, los libros, al igual que el cine o la música o el teatro, fueron instrumentos cruciales en la lucha contra la dictadura de Franco, y lo mismo podría decirse más recientemente de algunos países latinoamericanos y árabes.

Lo indudable es que la lectura de ciertos libros puede cambiar el curso de la historia personal, y que esos leves cambios pueden contribuir a un cambio social. Es así como pienso que suceden las cosas. Los cambios personales preceden siempre a los cambios colectivos. A veces esos cambios sólo afectan a la vida íntima, pero no dejan de ser cambios originados por los libros. Una médico me confesó en cierta ocasión que su vocación profesional nació y se afianzó con la lectura de *Sinuhé el egipcio*, de Mika Waltari, y *Cuerpos y almas*, de Maxence van der Meersch. ¿Cuántos lectores han viajado a Bomarzo tras leer la novela homónima de Manuel Mujica Láinez, y cuántos otros han caminado por Dublín con el *Ulises* de James Joyce en la cabeza, y cuántos más han ido a Tánger y el desierto impulsados por la novela de Paul Bowles, *El cielo protector*? Durante dos años fui profesor en la Universidad de Beijing, en China. Cuando la Universidad de Granada firmó el convenio con la de Beijing para el intercambio de profesores y alumnos no dudé en ofrecerme. Satisfacía así un antiguo sueño. Y tengo meridianamente claro que en el origen de ese deseo de conocer China estuvieron las lecturas adolescentes de novelas como *Viento del este, viento del oeste* o *La madre*, ambas de Pearl S. Buck, que aún conservo. Los libros pueden producir cambios apenas perceptibles en el momento de su lectura, cuya repercusión sin embargo se percibe años más tarde. Alteran el curso de las vidas, que son en definitiva las que alteran el curso de la historia.

¿Cómo responderías a ciertas preguntas de Gabriel Zaid en Los demasiados libros?: *"¿Sirve realmente la 'poesía comprometida'? ¿Daña realmente la literatura pornográfica?"*

Sirve la "poesía comprometida" en la medida en que un lector se sienta conmovido o interpelado por un determinado poema. Como acabo de decir, durante la dictadura de Franco la literatura, y en especial la poesía, tanto la leída como la cantada, jugó un papel relevante de denuncia y resistencia. ¿Era buena poesía? No siempre, pero se tiende a olvidar el riesgo que suponía entonces pronunciar públicamente ciertas palabras. La censura era tan brutal como omnipresente, y a menudo la vida de las personas corría peligro por el simple hecho de decir lo que estaba prohibido decir. Cuando la policía está al acecho y el aparato represivo del Estado no deja de hostigar, la calidad literaria no siempre es lo prioritario. Ciertos textos cumplen en esos momentos una función cívica, aunque sean mediocres. Muchos textos de entonces se leen hoy con un sentido crítico que en el momento en que se escribieron hubiera resultado un poco extemporáneo. Hoy ya no los leemos, pero en su momento fueron textos valientes y ejercieron su papel. Otros muchos textos, sin embargo, siguen vivos y pueden leerse hoy con la misma emoción de entonces. No debemos olvidar lo que significó para miles de españoles poder escuchar a Paco Ibáñez, por ejemplo, cantar poemas de Blas de Otero o José Agustín Goytisolo, que hoy leemos con placer y en privado. Como todas las etiquetas, la de "poesía comprometida" resulta poco significativa fuera de contexto. Aunque en realidad, si se piensa bien, toda poesía es siempre y de alguna forma comprometida.

Por lo demás, no conozco casos (a lo mejor es que no pueden conocerse) de lectores perjudicados por leer literatura pornográfica (que en sí misma es un oxímoron, como música militar o ética financiera o democracia autoritaria). Pienso que la literatura pornográfica (distingámosla claramente de la literatura erótica) no daña más que a las mentes puritanas o fanáticas. Su objetivo, que se sepa, no es la calidad formal o la belleza lingüística. No creo que su aspiración primordial sea excitar la inteligencia, sino otras pasiones corporales.

Otra pregunta que está en Los demasiados libros*: "Los suicidas wertherianos, de no leer el* Werther*, ¿no se hubieran suicidado?"*

Quién sabe qué hubieran hecho de no haber leído la novela de Goethe. Lo que parece ampliamente demostrado es el impulso imitativo de los adolescentes y los jóvenes. El "efecto *copycat*" en general, y el "efecto *werther*" en particular, muestran una relación directa entre las noticias de suicidios, sobre todo de personas públicas relevantes, y el incremento significativo del número de suicidios en los meses posteriores. En el siglo XVIII en Alemania, igual que ha sucedido en el siglo XX con personajes de series de televisión o con actrices o músicos célebres, fue la novela de Goethe el desencadenante de las muertes. En esos casos, me parece que la atención habría que ponerla en la fragilidad emocional de tantos adolescentes y jóvenes dispuestos a emular la vida, pero también la muerte, de alguien admirado, ya sea real o ficticio. Quizá las muertes ajenas no sean más que los catalizadores de algo deseado con antelación.

Otra pregunta de Gabriel Zaid: "La lectura de Marx, ¿produjo el 26 de julio en Cuba?"

¿Quién puede desmentir que en el origen de la conciencia emancipadora de algunos de los revolucionarios cubanos no estuvo la lectura de algún texto de Marx? Sería ridículo afirmar que una cosa lleva a la otra irremediablemente, pero no es una ingenuidad decir que las lecturas de algunos textos pueden actuar como desencadenantes de un sentimiento, que luego se convierte en un pensamiento, que luego se convierte en un impulso, que luego se convierte en un compromiso, que luego se convierte en una acción. ¿Desencadenó la revolución cubana la lectura de Marx? No, claro está. En su origen estuvieron la corrupción política, la miseria social, los abusos de los esbirros de Batista, la degradación del país... ¿Alentaron esos textos a algunos de los rebeldes de Sierra Maestra? Es muy probable.

Otra más: "La lectura de los evangelios, ¿produjo el bombardeo de Hiroshima?"

Afirmar eso sería tan disparatado como cruel. ¿Quién puede negar, sin embargo, que en el origen de la actitud beligerante de algunos promotores del uso de la bomba atómica sobre Hiroshima y Nagasaki pudiera estar la lectura de la Biblia? Es paradójico, y descorazonador al mismo tiempo, que los mismos textos que llevan a unos a la paz muevan a otros a la guerra. Pero si admitimos la influencia de las lecturas en la justicia o la compasión, también deberíamos admitirla en la barbarie o la destrucción. Conviene recordar que Harry S. Truman, el presidente de Estados Unidos que ordenó el lanzamiento de la primera bomba atómica de la historia, era miembro de la Convención Bautista del Sur, una iglesia que tiene entre sus preceptos más señalados que la Biblia tiene la palabra final en cualquier controversia. Aunque eso sólo son especulaciones. ¿Cómo puede determinarse lo que conduce a una persona a pensar de un determinado modo? ¿Qué fracción corresponde a sus lecturas? Lo que sí parece claro es que aquella decisión tan trágica fue motivada por intereses más terrenales: el imperialismo, la ambición, el militarismo, la industria armamentística y demás lacras.

¿Hay realmente demasiados libros?

Cuando uno mira los estantes de las librerías se da cuenta de que junto a libros cuya ambición y hondura son admirables, se alínean otros que son meros productos de la vanidad personal o de las arbitrariedades de las editoriales. En esos momentos pienso que la mayoría de ellos sobran, pero de inmediato recapacito y recuerdo que siempre será preferible la sobreabundancia a la escasez. He conocido lo que significa la penuria y la censura, tiempos en los que no era posible leer los libros que deseabas porque no estaban editados o estaban prohibidos, y no me gustaría reproducir esa situación. Un lector nunca debería sentirse molesto por la demasía, aunque le abrume saber que nunca podrá leer todo lo que quisiera. Por lo demás, tampoco podría intervenir en el proceso de producción de los libros, que no es ajeno a la dinámica de la oferta y la demanda, igual que los coches, los zapatos o los restaurantes.

¿Por qué lees?

Ahora lo hago por necesidad íntima, por costumbre irremediable. Pero antes y después lo he hecho por curiosidad, por morbo, por consejo de otros, por obligación, por aburrimiento, por interés, por agradar, por utilidad… Soy consciente de que en gran medida lo que hoy pienso sobre muchas cosas, y en concreto sobre la lectura, es consecuencia de lecturas, no siempre coherentes u ordenadas, de libros y revistas. También de conversaciones y escuchas, pero sobre todo de lecturas. No me imagino haber llegado hasta este momento de mi vida sin ellas. Ahora leo porque ya es parte de mi vida y de mis placeres, como compartir mesa con amigos, viajar, ir al cine, visitar exposiciones de fotografía, escuchar música.

¿Por qué escribes?

Por razones semejantes. Pero sobre todo por la necesidad de responder a lo que leo. Ocurre que cuando leo algo brillante o que estimula mi mente siento necesidad de escribir, como forma de participar en un diálogo imaginario con el texto. Sin excluir la parte de vanidad inherente a todo acto de publicación, también me siento impulsado a escribir para compartir con otros. En eso influye mucho mi faceta de profesor, que ejerzo con alegría. Disfruto sobremanera propagando lo que he ido aprendiendo a lo largo de mi vida, y unas veces lo hago de viva voz y otras mediante la escritura.

¿Por qué fomentas la lectura?

Pienso que uno de los instintos naturales del ser humano es expandir y compartir aquello que le gusta. Queda dicho que he encontrado y encuentro en la lectura momentos de gran felicidad, y cuando siento esa emoción me resulta inevitable pensar que otros podrían sentir lo mismo que yo. Ese impulso primario está en el origen de mucho de lo que hago. Es una motivación modesta, a la que le vienen grandes términos como altruismo, amor, solidaridad... Es algo menos altisonante. Si compruebo, por ejemplo, que la lectura de un libro conmueve a un grupo de niños en una clase, enseguida siento la necesidad de repetir la experiencia en otras aulas y de comunicarle a los maestros lo ocurrido; si escucho los relatos de un grupo de madres en torno a los buenos momentos pasados con sus hijos gracias a algún libro, enseguida deseo comentar a otras madres lo que he escuchado a fin de que ellas también lo pongan en práctica; si participo en una conversación con adolescentes y descubro el efecto que puede tener la lectura de un poema de Wislawa Szymborska o un cuento de Julio Cortázar, me veo impulsado de inmediato a reproducir esas lecturas con otros adolescentes. Hago todo eso porque, por encima de todo, me siento satisfecho y recompensado con los resultados. Compruebo que lo que sucede con los libros es algo trascendente. Determinadas prácticas sólo admiten la generosidad.

A esa labor de difusión y mediación se la denomina con frecuencia "fomento de la lectura" o "animación a la lectura". En mi caso, quiero pensar que es una forma elemental y comprometida de extender el conocimiento, de hacer partícipes al mayor número de personas de las bondades que uno descubre en y con los libros. Es muy probable que esa actitud tenga mucho que ver con mi profesión, que amo apasionadamente, como dije antes.

Podría añadir que, en el fondo, también me mueven razones académicas, no exentas del todo de carácter ético. Sabemos que las deficiencias lectoras influyen de manera dramática en el fracaso escolar. Sabemos que la tenencia de libros y su lectura por placer son factores determinantes en la comprensión lectora y el deseo de leer. Y sabemos que si se corrigieran a tiempo esos déficits el desempeño escolar y, en consecuencia, el bienestar personal, transcurrirían por cauces más satisfactorios. No soporto que algún niño quede al margen de ese beneficio. Aprender a leer, querer leer, es un objetivo que trasciende el ámbito de la escuela. Es un compromiso cívico que afecta al conjunto de la sociedad.

¿Cómo no involucrarse en esa tarea?

Y añadiría una razón más, relacionada con la anterior. Me duele comprobar que la única experiencia de lectura literaria que miles de niños van a tener en su vida será la que les proporcione la escuela. Y me importa mucho que esas experiencias sean de la máxima calidad. Lamentablemente, en muchos casos no será así. Hay prácticas pedagógicas en las aulas que son mediocres, cuando no directamente nocivas. Son más disuasorias que alentadoras. Si me empeño en mostrar las virtudes de la lectura, y específicamente de la lectura literaria, es por evitar que tantos niños acaben su escolaridad con la convicción de que leer es una actividad tediosa, instrumental, evaluable, inútil. No puedo permanecer indiferente a esos estragos.

¿Has sentido que tus libros y tus charlas y acciones sobre la lectura hayan modificado, en algún momento, la existencia de otras personas?

Creo que sí. Y lo digo sin arrogancia, con pudor incluso. Me llegan a veces testimonios de personas a las que una opinión o un razonamiento personal sobre la lectura les ha abierto caminos nuevos o les ha desencadenado deseos de leer. Me siento feliz y turbado cuando eso ocurre. Creo, modestamente, que sé hacer esa tarea bastante bien. Entre otras razones porque utilizo argumentos nacidos de la experiencia y los ofrezco sin imposturas. Y, sobre todo, con entusiasmo.

¿Internet contribuye a la lectura?

Naturalmente. Internet no es otra cosa que lectura y escritura, ha multiplicado enormemente las posibilidades de leer y escribir. ¿También textos literarios? Sin duda alguna. Por lo pronto, Internet ha promovido formas nuevas de acceso al conocimiento literario y de relación entre lectores, que lo eran antes de Internet o lo son ahora al margen de Internet. Y eso es muy bueno. Internet ha intensificado además una práctica muy antigua: compartir con otros los libros leídos. Una cuestión distinta es si Internet por sí mismo estimula la lectura literaria, si forma lectores que antes no lo eran. No tengo razones para pensar que no, aunque no tengo evidencias en ese sentido. Son innumerables las nuevas experiencias con la literatura que ofrece Internet y cuya repercusión aún desconocemos, de modo que no sé por qué habríamos de desdeñar esa contribución.

¿Hiciste uso, en alguna etapa de tu vida, de las bibliotecas públicas?

Esta pregunta no me cuadra en pasado. Por lo que a mí respecta, es necesario formularla en presente. Hago uso permanente de las bibliotecas públicas, tanto las de mi ciudad como las de mi universidad. Creo que es uno de los servicios comunitarios más sobresalientes y necesarios. Me siento muy a gusto leyendo en silencio en una biblioteca pública.

¿Has visto en otros países que se note la diferencia, en relación con España, del hábito o el gusto lector?

Sí, tanto en un sentido positivo como negativo. He estado en países donde leer en espacios públicos o visitar las bibliotecas públicas es tan habitual como ir al supermercado o al trabajo. Y también otros donde esos actos son inusuales e inviables. Tanto en unos casos como en otros se nota el peso de la historia. Las dictaduras, la miseria, el analfabetismo, las corrupciones, la incultura… dejan sus secuelas en las sociedades civiles. Y también, lo reconozcamos o no, en los índices de lectura. A España no le será fácil desprenderse de su largo pasado antiintelectual y liberticida.

¿Qué tipo de biblioteca has formado y por qué?

He formado una biblioteca muy heterogénea. Recoge lo que ha sido mi vida, los gustos y pasiones que he ido manteniendo, y también abandonando. Muchas novelas, mucha poesía, muchos ensayos de crítica literaria y de pedagogía, muchos textos de filosofía, también cómics, y más recientemente libros científicos, sobre todo relacionados con las investigaciones sobre el cerebro. Y una muy amplia presencia de álbumes ilustrados, que constituyen uno de los géneros literarios más admirables y de más alta calidad que se publican hoy. No es una biblioteca en solitario, sino compartida con mi mujer. Refleja muy bien una vida de intereses comunes.

Un buen lector, ¿lee de todo?

Inevitablemente. Una cosa distinta es que lo haga en todo momento con la misma pasión o las mismas expectativas. En mi caso, leo de todo por necesidad y por interés. Por obligación leo documentos e informaciones oficiales, instrucciones administrativas, libros profesionales… Por gusto leo novelas, libros y artículos científicos, poemas, guías turísticas, álbumes ilustrados, periódicos, ensayos sobre pedagogía, cómics… He leído inclusive libros de autoayuda, intrigado por su éxito o por insistencia de personas cercanas (lo reseño para confirmar que uno lee de todo).

¿Cómo determinas tus lecturas?

Cada vez más por interés íntimo, por curiosidad sincera. Ya no siento la urgencia, que padecí, de leer para estar al día.

He perdido mucho tiempo en esas naderías. He sucumbido muchas veces a las modas o a los imperativos del momento. Lo sigo haciendo, es inevitable, aunque cada vez menos. Ahora, por ejemplo, me tienen atrapado los libros sobre el funcionamiento del cerebro. Las investigaciones de las neurociencias me deslumbran, entre otras razones porque están confirmando empíricamente las viejas intuiciones de la filosofía y la poesía. De las neurociencias vendrán muchas explicaciones para entender el significado y el deseo de leer. Hace un par de décadas apenas leía nada sobre este asunto. Y ahora, en cambio, todo lo que puedo. Quiere decir que las lecturas están sujetas al vaivén de los gustos y las necesidades. Lo que sigue invariable es la conciencia de que en los libros, de papel o electrónicos, está el conocimiento.

¿Cuál es el futuro de la lectura?

No entreveo ni a corto ni a medio plazo una alternativa a la lectura. No me atrevo a aventurar qué sucederá en un futuro lejano. La escritura es una poderosa tecnología de la palabra y hoy por hoy no se vislumbran invenciones que superen su potestad para condensar y conservar la experiencia, los conocimientos y las fantasías de la humanidad. Me resulta inconcebible un mundo exclusivamente sostenido por imágenes, por lo que la lectura seguirá siendo el modo de acceder a ese portentoso patrimonio. Paradójicamente, las nuevas tecnologías están multiplicando las posibilidades de escritura y de lectura, entreveradas y enriquecidas con imágenes.

Si la cuestión es predecir el futuro de la lectura literaria, debo decir que no percibo ningún declive. Más bien al contrario. No creo que haya habido ningún tiempo pasado en que la lectura literaria haya tenido una presencia pública tan relevante. Es indudable que ciertas películas o ciertas series de televisión poseen un poder de seducción equivalente al de muchas novelas o cuentos de hace cien años, lo que confirma que la necesidad de ficción forma parte del código genético de la humanidad. Pienso que la lectura no corre peligro, aunque la migración que se está produciendo al mundo digital pueda crear incertidumbres, desorientaciones y desánimos.

GRANADA, ESPAÑA, 24 DE ENERO DE 2014.

CARLOS MONSIVÁIS

El futuro de la lectura depende
del futuro de los lectores

Lector y escritor precoz, Carlos Monsiváis nació en la ciudad de México en 1938, donde también murió en 2010. Esta conversación en dos tiempos (2004 y 2009) revela su lucidez y conocimiento del fenómeno de la lectura. Es uno de los intelectuales mexicanos que con mayor agudeza y profundidad ha examinado los diversos ámbitos culturales. Desde hace por lo menos cuatro décadas "ejerce la crítica como una higiene moral", según la acertada observación definitoria de Octavio Paz. A través de la crónica, el ensayo, el reportaje y el artículo cultural y político, Monsiváis aborda con rigor, ironía, amenidad y humor la realidad de México y América Latina. Su escritura crítica por excelencia se auxilia del magnífico dominio de la paradoja y gusta de trabajar con esmero una fluida y cordial narrativa que le ha valido la gratitud y la admiración de los lectores.

Es autor, entre otros libros, de *Principados y potestades* (1969), *Días de guardar* (1970), *Amor perdido* (1976), *Nuevo catecismo para indios remisos* (1982), *Entrada libre: crónicas de la sociedad que se organiza* (1987), *Escenas de pudor y liviandad* (1988), *Los rituales del caos* (1995), *Aires de familia: cultura y sociedad en América Latina (*2000), con el cual obtuvo, en España, el XXVIII Premio Anagrama de Ensayo, *Salvador Novo: lo marginal en el centro* (2000), *Yo te bendigo, vida: Amado Nervo, crónica de vida y obra* (2002) y *Las alusiones perdidas* (2007), y de los volúmenes antológicos *La poesía mexicana del siglo XX* (1966) y *A ustedes les consta: antología de la crónica en México* (1980).

Por esta obra diversa, que se encuentra entre lo mejor de la literatura reflexiva y el periodismo analítico de nuestro país, Carlos Monsiváis ha recibido, entre otros reconocimientos, el Premio Nacional de Periodismo (1977), el Premio Mazatlán de Literatura (1987) y el Premio Xavier Villaurrutia (1996). Asimismo, el Premio Anagrama de Ensayo (2000), el Premio Nacional de Ciencias y Artes (2005) y el Premio de Literatura FIL Guadalajara (2006). En 2008, con motivo de sus setenta años, le fue concedida la Medalla de Oro de Bellas Artes. Considerado uno de los intelectuales latinoamericanos de mayor prestigio, una decena de universidades de México y el extranjero le han concedido el doctorado honoris causa.

Monsiváis "es un incomparable historiador de las mentalidades, un ensayista intensamente receptivo y agudo, cronista de todas nuestras desventuras y prodigios y documentador de la fecundísima fauna de nuestra imbecilidad nacional", como lo ha definido el también escritor Sergio Pitol. Él mismo, sin embargo, se mira más bien con modestia y considera la posteridad como el juicio de los amigos que le importan y que le sobrevivan.

Lector como pocos, y conocedor de los temas de la lectura y la escritura, entre otros múltiples terrenos culturales, el autor de *Amor perdido* confiesa que muchas veces ha pensado que podría dedicarse exclusivamente a leer y a ver películas.

La idea —dice— no me molesta en lo absoluto. Pero he encontrado que la única manera de equilibrar mi desaforado consumo de libros, revistas, películas y exposiciones, es escribir. Lo que me permite encontrar la mínima armonía entre mis necesidades de consumidor y mi vida personal es escribir, y tengo que seguir escribiendo como un método de salud mental y sobre todo de correspondencia con todo aquello que consumo.

Refractario al denso mar de las solemnidades, Carlos Monsiváis conversa con su interlocutor, y comparte con él y con los otros lectores las dudas y certezas de su apasionada vocación de lector; una vocación que lo ha absorbido desde que tenía seis años de edad y que, en su caso, muestra fehacientemente el enriquecimiento espiritual e intelectual que se opera en todo gran lector sensible e inteligente. En la conversación que sigue nos esclarece un ámbito, el de la lectura, para documentar nuestro optimismo o, en algunos casos, decantar nuestro pesimismo.

"Bienaventurado el que lee —escribe en sus 'Parábolas de las postrimerías' con las que cierra magistralmente *Los rituales del caos*—, y más bienaventurado el que no se estremece ante la cimitarra de la economía, que veda el acceso al dudoso paraíso de libros y revistas, en estos años de ira… "

Quien habla es el Carlos Monsiváis lector; un lector convencido de que la lectura obra prodigios en quienes el día menos pensado se encuentran con un libro y luego se dan cuenta de que ya no pueden vivir sin esa compañía.

¿Cuándo y de qué forma descubriste la lectura?

En general, siempre creamos nuestras propias mitologías del recuerdo, y yo no soy la excepción. Sin embargo, hay detalles de la memoria que, aunque se incorporen a un horizonte mitológico, son muy precisos y reales. Descubrí la lectura a los seis años, en la escuela primaria, cuando empezaba yo a descifrar los signos y llegó a mis manos un libro de la colección argentina Billiken, que era la *Odisea*, de Homero. No recuerdo para nada cuál fue en ese momento mi impresión, pero sí sé que para los ocho años ya leía regularmente y que durante la primaria agoté la serie de clásicos de Billiken: la *Ilíada*, la *Odisea*, la *Eneida*, la *Divina comedia*, etcétera, en versiones muy bien hechas que, además, tomaban en cuenta la capacidad intelectual del niño, pues no lo relegaban a libros con ilustraciones, sino que los editores eran muy generosos al pensar que un niño tenía capacidad y facultades para enfrentarse a los grandes temas de la literatura clásica.

Además de los clásicos de Billiken, ¿qué otros libros leíste en esa etapa?

Leí, desde luego, los *Cuentos de Navidad* y *David Copperfield*, de Dickens, y ya en quinto o sexto de primaria *Los papeles póstumos del Club Pickwick*. Leí también muchísimo a Agatha Christie, que fue para mí la emoción del suspense, la intriga, y el placer de darme cuenta de que no tenía ninguna capacidad detectivesca. Leí bastantes títulos de la colección Biblioteca Enciclopédica Popular, que publicaba José Luis Martínez en la Secretaría de Educación Pública, y que tenía, por ejemplo, resúmenes de Guillermo Prieto e Ignacio Manuel Altamirano y de algunos libros que, en ese momento, eran para mí exotismo total, como *Una excursión a los indios ranqueles*, del general Lucio V. Mansilla, prócer argentino.

¿Ya leías, entonces, poesía?

Salvo la que memorizaba, en realidad no leí mucha poesía en esa primera etapa. Yo entré a la poesía por la memorización. Lo primero que memoricé en la primaria fue Rubén Darío [*recita las primeras estrofas del poema "Del trópico"*]:

> ¡Qué alegre y fresca la mañanita!
> Me agarra el aire por la nariz;
> los perros ladran, un chico grita
> y una muchacha gorda y bonita,
> junto a una piedra, muele maíz.
>
> Un mozo trae por un sendero
> sus herramientas y su morral;
> otro, con caites y sin sombrero,
> busca una vaca con su ternero
> para ordeñarla junto al corral.

Para mí, inevitablemente, el ejercicio de la memoria se asocia con la poesía.

¿Te diste cuenta, en ese momento, de la importancia que tenía para tu vida la lectura?

Diría más bien que, para mí, fue sorprendente cómo logré darme cuenta de que sin la lectura yo mismo no funcionaba. Lo supe a través de un hecho muy concreto: por las noches, me fastidiaba que mi madre me apagase la luz, porque yo quería seguir leyendo. Es decir, no presumo de otra cosa sino de una devoción real por la lectura; no sé si porque me aleja de mi reconocimiento de incapacidad para otras cosas o porque realmente ahí sí me encuentro a gusto.

¿Recuerdas el primer libro o la primera lectura que cambió tu percepción de las cosas o que al menos la haya modificado de manera notable?

La lectura de los clásicos, en las versiones que sean, te modifica, de manera indudable, la percepción de las cosas, porque te hace entrar en contacto con el universo de lo que te parecerá siempre sublime en la medida en que los héroes participan de la calidad de los dioses y los dioses se humanizan. Cuando, en la secundaria, leí la *Ilíada* ya no en versión abreviada sino en el texto clásico perfectamente fijado, ese arranque homérico del "Canta, oh diosa, la cólera del Pelida Aquileo; cólera funesta que causó infinitos males a los aqueos… ", recuerdo que me sacudió tremendamente, del mismo modo que me conmovieron y me entusiasmaron, con intensidad, los episodios de Néstor, el más anciano de los aqueos, o el momento en que los mirmidones se lamentan de la decisión del retiro de Aquiles, o el llanto de Aquiles por Patroclo, etcétera. Todo me llevaba a un entusiasmo de saber que ése era un mundo de lo alejado, de lo opuesto a lo cotidiano, porque ahí todo era monumental. Yo creo que todo eso, indudablemente, me cambió.

También me cambió una novela de Agatha Christie, *Quién mató a Roger Ackroyd*, por la magistral forma en que la escritora maneja la intriga, la trampa y la puñalada por la espalda. Me cambió la lectura de *Los papeles póstumos del Club Pickwick*, porque me reía con todo ese universo enloquecido del disparate, la pretensión y la bobaliconería que sabía transmitir a través de sus personajes el genio narrativo de Dickens. Y, sobre todas las cosas, me cambió la Biblia. La Biblia es el libro que más leí en la niñez y en la adolescencia, y si no lo mencioné en primer término es porque estaba tan integrado a mis costumbres cotidianas que yo no lo veía tanto como lectura sino como reafirmación de la vida familiar.

Aparte de la poesía, memorizar fragmentos de la Biblia fue para mí un ejercicio indispensable [*recita*]: "En el principio creó Dios los cielos y la tierra. La tierra estaba desordenada y vacía, y el espíritu de Dios se movía, aleteaba, por encima de las aguas". Todo esto tenía para mí muchísimo sentido, y yo creo que lo que introdujo la Biblia en mi vida es la belleza de la sonoridad del lenguaje; el lenguaje como un instrumento, al principio, de placer acústico, y luego del reconocimiento de la belleza que sólo radica en la palabra: "Los cielos cuentan la gloria de Dios y la expansión denuncia la obra de sus manos. En un día emite palabra y a la siguiente noche declara sabiduría…".

En este sentido, ¿la lectura te condujo, como suele aceptarse, a perfeccionar el uso de la memoria y a mejorar el aprecio por tu idioma?

Por supuesto. Ahora te lo estoy diciendo ya con una conciencia demasiado trabajada, pero en su momento yo no lo sabía. Memorizaba todo aquello que me parecía extraordinario y, cuando lo resentí o lo supe por vez primera, es porque ya estaba instalado en la alucinación del lenguaje. Y, de inmediato, vino ya la poesía, en especial Rubén Darío. Rubén Darío fue para mí, en la pubertad y en la adolescencia, simplemente el espectáculo magnífico de la palabra [*recita*]:

¡Ya viene el cortejo!

¡Ya viene el cortejo! Ya se oyen los claros clarines.

La espada se anuncia con vivo reflejo;
ya viene, oro y hierro, el cortejo de los paladines.

Con Darío no estaba descubriendo únicamente la poesía, estaba descubriendo el idioma. Esto, claro, lo supe más tarde.

¿Había en tu casa libros y antecedentes lectores?

Había muy pocos libros, pero mi madre sí leía. Había estos dos estantes [*los señala*], y yo descubrí como en quinto o sexto de primaria los libros de viejo, y durante muchísimo tiempo fue mi biblioteca expropiable; cada domingo iba yo a comprar.

En la escuela, ¿hubo algún profesor que haya contribuido a que tú leyeras?

No. Me temo que no. La atmósfera misma, sí, porque no era todavía la atmósfera del resentimiento antiintelectual que luego se produce, ni era todavía la masificación, pero no tuve un profesor que fuera a la vez un lector que me haya animado a seguir leyendo. Eso para nada. Aunque lo que pasaba también es que yo era un pedante intolerable, y en tercero de secundaria tuve un problema que ahora me abochorna: durante su clase, uno de los profesores se refirió a los enciclopedistas y nombró a Rousseau, a Voltaire, a Diderot… y a Cadillac, y a mí me dio un ataque de risa porque yo había leído ya por entonces el *Tratado de las sensaciones* de Condillac; y la idea de que alguien pudiera confundir a Condillac con Cadillac me parecía enormemente graciosa y, claro, era también, de mi parte, de una pedantería grotesca, pero así fue. El profesor me sacó de la clase, y al otro día tuvo que ir mi madre a solicitar perdón, por una estupidez de mi parte. Pero, en fin, ésta es sólo una anécdota acerca del tono, digamos, de la vida educativa. Otros maestros me sirvieron muchísimo en otro sentido: me orientaron hacia las ideas de izquierda, porque era todavía una generación muy marcada por el cardenismo y por el Partido Comunista, y uno de mis maestros de secundaria, Jorge Fernández Anaya, me reclutó para las Juventudes Comunistas. Se trataba de una experiencia que muy poco tenía que ver con la lectura; su propósito era, básicamente, la militancia.

¿Ha fallado la escuela en la tarea de propiciar el gusto por la lectura?

No es que haya fallado, lo que sucede es que nunca la ha impulsado. No ha fallado en el sentido de que alguna vez quisiera impulsarla y no supiese los métodos conducentes; lo que pasa es que nunca lo ha intentado.

¿A qué lo atribuyes?

A la burocratización de la enseñanza, a la decisión de no ver en los maestros a personas con un desarrollo necesario culturalmente hablando, a sujetarlo todo a un proceso de hecho industrial donde los maestros son capataces del conocimiento y no formadores en el sentido digamos clásico que, por otra parte, tampoco se ha dado en México. Basta leer las crónicas de Altamirano para percibir hasta qué punto no ha habido nunca un verdadero aprecio por el maestro, y esa reducción salvaje del maestro a sus mínimas posibilidades en el siglo XIX tiene un momento de cambio con todo el espíritu de las misiones culturales y educativas, pero dura muy poco y en ese lapso no se consigue fomentar el culto a la lectura. José Vasconcelos lo intenta y lo intenta también Jaime Torres Bodet, pero el proyecto no cuaja.

¿Cuál es el tipo de universidad que requiere México para alcanzar un desarrollo social equitativo?

No se puede depositar en la universidad, en las universidades, la inmensa responsabilidad: el desarrollo social equitativo del país. Eso depende de muchísimos factores, el primero de ellos la condición profunda, histórica de la desigualdad, que no creó ni podía haber creado la educación superior. La formación universitaria puede servir, como está sucediendo cada vez más, para fijar los términos de los problemas pero de ningún de modo para abatirlos. De las universidades pueden surgir explotadores en número infinito, pero la explotación ya estaba.

¿Qué importancia tiene la educación superior en el abatimiento de la desigualdad social?

Como se ha probado en estos años, la educación superior está formando investigadores que ponen al día o analizan por vez primera muchos de los fenómenos de la desigualdad, entre ellos la explotación de género, la situación de los grupos indígenas, las realidades campesinas y obreras, etcétera. Pero el conocimiento por sí mismo no es en este mundo neoliberal un factor de cambio, porque la ignorancia y la codicia del capitalismo salvaje sólo toman en cuenta un hecho: su feroz continuidad.

¿En dónde pueden coincidir los proyectos de la universidad pública y la universidad privada?

Hay muchos espacios de coincidencia, sobre todo los culturales en un sentido amplio, y la información tecnológica. Sin embargo, las relaciones hasta el momento han sido más bien formales o protocolarias en extremo. Además, un número considerable de universidades privadas se rige por el conservadurismo extremo o por el oportunismo político teñido de clericalismo, y allí resulta un anatema la educación pública. Esto no es circunstancial sino, ya se ha visto, esencial. Para que coincidan los proyectos de las universidades públicas y las universidades privadas se requiere algo más que ceremonias, y el cese de la desconfianza mutua, muy acentuado en una parte mayoritaria de la educación privada.

¿Sigue siendo válido en México el apotegma "saber para subir"?

Ya no tanto. Más bien, si se carece de relaciones públicas o familiares, de impulso arribista y de falta de escrúpulos, el apotegma sería: −un poco de saber para mucho trepar−.

¿Cómo explicar que han sido precisamente los universitarios en el poder los que han llevado a México a la crisis y a la desigualdad social?

No estoy tan seguro de esa afirmación. Sin duda, desde el régimen del abogado Miguel Alemán, la voracidad capitalista y sus devastaciones consiguientes, han sido los universitarios los responsables más visibles del atraso general y el saqueo del Estado, pero lo que se ha vivido no es asunto del origen académico, o de lo que haga sus veces, sino de las estructuras de explotación y gobierno, que no dependen de todos los títulos colgados en las paredes de las orgullosísimas familias, sino de grupos vandálicos que responden a una necesidad de crecimiento que no respeta ni derechos humanos ni derechos de las comunidades. La ignorancia y la ineptitud de estos universitarios, por otra parte en su mayoría provenientes de la educación privada, ayudan considerablemente, pero en ningún momento son las causas principales de la crisis y la desigualdad social.

¿Necesitamos más educación superior en México?

Desde luego, es obvio. Lo que no necesitamos es más educación elemental con títulos universitarios, que es lo que hemos visto en los últimos años. El ejemplo supremo: Vicente Fox.

Iván Illich aseguraba que la universidad produce generaciones de frustrados que no encuentran donde trabajar. ¿Cómo lo ves tú?

Lo veo como todos. En efecto, el chiste ahora típico de —se solicitan cinco taxistas con posgrado— o el complementario —se solicitan cinco abogados con bicicleta— da idea del nivel desértico del empleo, sobre todo, aunque al respecto no hay estadísticas confiables, del número de egresados de las universidades públicas involucrados en la frustración, aunque en la encuesta que realizamos sin querer todos los días, no es insignificante el desempleo de los egresados de la educación privada. En cuanto a la frustración, es inevitable porque la distancia entre la vocación y el empleo que se tiene está resultando inmensa.

¿Cómo conseguir que los universitarios no sean únicamente expertos en su carrera, sino también conscientes de su realidad social?

Esa pregunta sólo tiene en este momento respuestas individuales que me sé incapaz siquiera de vislumbrar. La crisis, en su avalancha, obligará a movilizaciones colectivas y allí los universitarios participarán, como ya está sucediendo en las regiones.

¿Cómo entiendes el concepto de universidad moderna?

No lo entiendo muy distinto a lo que vemos ahora, lo que pasa es que se asocia la modernidad con los recursos y con el empleo, y eso si está faltando vigorosamente.

¿Cuál es el futuro de la educación superior en nuestro país?

Habría que buscar la respuesta aproximada en tres lugares: la Secretaría de Hacienda (la Presidencia de la República en estos casos es una dependencia subrogada), las universidades mismas y su capacidad de resistencia cultural y científica, y la sociedad misma que hasta el momento no ha entendido debidamente la función esencial de la educación superior.

¿Qué tipo de lecturas populares influyeron en tu gusto por leer?

El cómic. Leí muchísimo cómic. Leí entonces todo lo que había que leer. De los cómics mexicanos, en especial *La Familia Burrón*, *A Batacazo Limpio* y *Rolando el Rabioso*. También cómics estadounidenses como *El Agente X-9*, que yo ignoraba entonces que tenía guión de Dashiel Hammett, cuando lo supe y lo releí me pareció más extraordinario;

asimismo *Batman*, *Spirit*, *Flash Gordon* y *Tarzán*. Además, de *Tarzán* me leí toda la serie de libros de Edgard Rice Burroughs, los dieciséis tomos. Y, de Arthur Conan Doyle, todo *Sherlock Holmes*, y *El mundo perdido*, una novela que me parece estupenda. Leí todos los libros de *science fiction* de H. G. Wells. Era un consumista de lecturas populares y especialmente de cómics, pero también de libros que habían inspirado esos cómics.

De acuerdo con esta experiencia, ¿crees que el cómic o la historieta faciliten el gusto por la lectura y, a la postre, puedan conducir hacia lecturas más complejas o más serias?

El buen cómic, sí, no la basura que se vende ahora. Es decir, hoy el buen cómic se vende en las librerías, y por lo tanto no es barato y, en consecuencia, no es literatura popular.

¿Hubo amigos o compañeros que hayan influido en tu gusto por la lectura?

Sí, en la preparatoria. Recuerdo el día en que un amigo me prestó el *Retrato del artista adolescente*, de Joyce; fue para mí un vuelco, porque en la secundaria empecé a leer mucha literatura comunista, y llegué a Pablo Neruda por la literatura comunista, no por la poesía. Lo primero que leí de Neruda fue el "Nuevo canto de amor a Stalingrado" [*recita*]:

Guárdame un trozo de violenta espuma,
guárdame un rifle, guárdame un arado,
y que lo pongan en mi sepultura
con una espiga roja de tu estado,

para que sepan, si hay alguna duda,
que he muerto amándote y que me has amado,
y si no he combatido en tu cintura
dejo en tu honor esta granada oscura,
este canto de amor a Stalingrado.

Este poema me lo sé de memoria desde la secundaria. Qué horror por Stalin, pero todavía recuerdo el entusiasmo doliente con el que fui al Teatro Lírico a la ceremonia luctuosa en honor del "camarada Stalin". Y me avergüenzo. Pero entonces tenía quince años.

¿Qué fue lo que te dio, entonces, la lectura?

En todo ese lapso me dio el conocimiento de que no estaba yo encerrado en mi realidad cotidiana. Claro, lo estoy diciendo ahora. En ese momento no lo hubiera podido ni siquiera formular vagamente, pero creo que es eso, exactamente, lo que me dio. Y también la certeza, que todavía conservo, de que la literatura popular es también muy valiosa. Leer en fascículos *Los bandidos de Río Frío*, de Manuel Payno, fue una experiencia extraordinaria.

¿Tuviste lo que se denomina lecturas infantiles?

Sí, pero no me interesaron mucho. No sabía que me parecían bobaliconas, pero ésa era la sensación. Por otra parte, tampoco había muchas. No había nada de lo que hay ahora. Me acuerdo haber leído en secundaria *Winnie the Pooh*, del escritor británico Alan Alexander Milne, que me sigue pareciendo una obra maestra y a la cual creo que la película de Walt Disney no le hace para nada justicia. Leí, desde luego, *Alicia en el País de las Maravillas*, de Lewis Carroll, que como se quiera ver es lo más portentoso que uno pueda leer de niño. Si hay una cumbre de la literatura infantil, si es posible transmutar la formación del niño en un espíritu distinto, eso es *Alicia*, sin duda. Leí estas obras pero sin creer, ni saber, que se trataba de literatura infantil; yo la leía sencillamente como literatura. La idea de una "literatura infantil", así masivamente, como se conoce ahora, con esa superabundancia de publicaciones, es posterior, es ya de la década de los sesenta y los setenta.

¿Qué encontrabas en tus libros de texto?

Bueno, los leía, que ya era mucho. En esto sí soy un desastre. No los hojeaba, como muchos de mis compañeros, sino que los leía completos. Me interesaban mucho los de historia, pero la historia, independientemente de los libros de texto, la comencé a leer después, en la preparatoria. Por supuesto, sabía cómo se llamaba el Héroe de Nacozari, sabía frases de Morelos o de Guerrero y tenía una idea más o menos clara de la genealogía de los reyes de Francia, lo que, por cierto, yo le debía a Alejandro Dumas.

Esto quiere decir que también te entusiasmaron las novelas de aventuras...

Dumas, Michel Zévaco, Emilio Salgari y Julio Verne, sobre todo, a los que, con toda injusticia, se les ha relegado, constituyeron para mí lecturas compulsivas en secundaria. Los leí completos: los veintidós tomos de *Los Pardaillan*, de Zévaco, y todos los episodios de *Los tigres de Mompracem*, de Salgari, además de todas las historias fantásticas de Verne: *Viaje al centro de la Tierra*, *De la Tierra a la Luna*, *Veinte mil leguas de viaje submarino*, *Cinco semanas en globo*, *La vuelta al mundo en 80 días*, *Los hijos del capitán Grant*, *La isla misteriosa*, *Miguel Strogoff*, etcétera. Estos autores me daban lo que me daba también, complementariamente, el cine, porque en el caso de mi generación el cine y la literatura fueron una misma experiencia formativa, nunca desligada.

¿Crees que una mala película venza siempre a un buen libro?

No, por supuesto que no. Una mala película vence la buena idea que tengas de ti mismo si la ves completa. Ésta es la razón por la cual no me he decidido a ver *Zapata*, de Alfonso Arau, porque sé que es una mala película. A cambio vi *¡Viva Zapata!*, de Elia Kazan, que no es una muy buena película pero que tiene la actuación de Marlon Brando, que es en sí misma de un aliento épico que te subyuga. En cambio, una mala película, si no la estás gozando, inventándotela, te descompone la experiencia misma.

Leer y escribir ¿fueron para ti actividades simultáneas?

Si es que escribo, empecé a hacerlo en la secundaria, en donde realizaba parodias acerca de mis compañeros; unas quizá muy tontas, pero que me divertían enormemente. Eran parodias de poetas, porque, eso sí, tengo una gran facilidad de versificación. No podré escribir un poema, pero sí puedo hacer parodias. Y ya, luego, por el periodismo, empecé a escribir, entre 1954 y 1955.

¿Cuál es, desde tu experiencia, la mejor manera de contagiar el gusto por la lectura?

El entusiasmo familiar. No conozco otro. En segundo lugar, pero *sólo en segundo lugar*, el entusiasmo del profesor. La familia como crepitación de la gana de leer es primordial, y luego si el maestro además está contagiado de esa alegría puede ser muy útil. Pero el del maestro no es un ejemplo cotidiano, en la medida en que los grandes lectores, si son profesores, duran un año en su influencia, mientras que la familia, por desgracia y por fortuna, dura mucho más tiempo. Entonces, creo que el ejemplo familiar es el más importante para contagiar ese entusiasmo.

¿Crees que se necesite una disposición especial para ser lector, del mismo modo que hay toreros, futbolistas, boxeadores, etcétera?

Sí. Cualquiera puede ser un lector regular, pero para ser un lector compulsivo, un lector profesional, por así decirlo, sí se necesita una predisposición especial. Se necesita renunciar al chantaje de que cuando lees no estás viviendo. Esto requiere, absolutamente, una predisposición.

¿Para qué sirve leer?

Cada quien responde a su manera. A todos les sirve para conocer, para abandonar prejuicios, para disciplinar su mente y para usar creativamente el idioma. Ya más específicamente, cada quien lo hace a su manera. El gozo de la metáfora sólo lo conoce a fondo quien lee poesía. Estoy haciendo un trabajo sobre la anécdota para un simposio y de pronto me acordé de líneas poéticas que son en sí mismas pequeños cuentos. Dice Pellicer: "El otoño en Atenas es una primavera en ruinas". Ahí, al leer esto, entro en otra realidad. O dice Emily Dickinson: "La esperanza es una cosa con plumas". En ambos casos la metáfora te ilumina. Y te ilumina para el resto de tu vida.

¿Hay libros que cambian el curso de la historia?

Algunos, no todos. La Biblia, el Corán, *El origen de las especies*, la literatura de Freud… Son muy pocos.

¿Hay realmente demasiados libros?

Sí, esto nadie lo puede dudar, pero tampoco puede uno dudar de que gracias a esos demasiados libros se mantiene el espíritu del conocimiento y de la imaginación. Una cosa por la otra.

¿Por qué elegiste el ensayo y la crónica como medios habituales de expresión?

Se me impusieron, en parte por mi flojera, en parte porque eran géneros periodísticos, y yo he vivido del periodismo. En parte, también, porque me parecen maravillosos como géneros. Por estas tres razones.

¿Has sentido que tus libros hayan modificado en algún momento la percepción de tus lectores?

No, para nada. Eso no es fácil. Si me preguntas de alguien a quien se le pueda reconocer ese don te digo de inmediato que Juan Rulfo y López Velarde, pero ésas son palabras mayores.

¿Y Octavio Paz?

Sí, en cierto sentido, pero por el conjunto de su obra. Ningún libro de Paz tiene la fuerza de *Pedro Páramo*, *El Llano en llamas* o *La sangre devota*. La totalidad de su obra, sí.

¿Contribuye Internet a la lectura?

Muchísimo, pero es una lectura tan de fragmentos que rompe el propósito unitario que ha hecho posible la cultura del libro.

¿Hiciste uso de las bibliotecas públicas en algún momento de tu vida?

Sí, toda mi secundaria y toda la preparatoria fui a las bibliotecas, en especial a la Benjamín Franklin. Después ya no, porque, como te puedes dar cuenta, tengo una modesta biblioteca aquí en la casa.

¿De cuántos volúmenes?

Poco más de veinticinco mil.

¿Cómo está integrada?

Literatura, historia y arte, básicamente.

¿Notas la diferencia entre el hábito lector que hay en México y el que existe en otros países?

Sí, claro. Como quiera que sea, no puedes comparar Francia, Inglaterra y Estados Unidos con México. El hábito lector en esos países es sin duda superior, infinitamente superior.

¿Te preocupa transmitir la necesidad de leer?

No, porque sé que a fin de cuentas leer es una decisión personal, y a nadie le preocupa transmitir decisiones personales que, por definición, resultan ajenas para los demás. Me preocupa, esto sí, apoyar que los libros estén al alcance de los lectores probables, pero la necesidad de leer es un asunto tan personal que dudo mucho que alguien pueda transmitirla.

Un buen lector, ¿lee de todo?

Sí, lee de todo y abandona rápidamente lo que no le sirve y lo que le molesta. Un buen lector no está hecho de sacrificios.

¿Cómo determinas tus lecturas?

Por necesidades de trabajo y por la imposibilidad de abandonar un libro.

¿Cuál es la diferencia entre una emoción de lector y una emoción no lectora?

La emoción del lector tiene que ver con el pasmo ante el idioma o ante la creación de personajes, y la emoción no lectora tiene que ver con la capacidad que tengas de vivir a fondo una relación amorosa, una situación familiar, un momento político o una frustración histórica que puede darse en la pertenencia a una comunidad a la que se le cierran todas las salidas creativas y laborales.

Para ti, ¿la lectura es un hábito en el sentido de que no puedas estar sin leer, o más bien una afición que puedes relegar sin sentimiento de culpa?

Si abandono la lectura, sólo vivo ya para el sentimiento de culpa. Decreto mi propia Almoloya.

¿La lectura y la escritura producen siempre mejores personas?

No. Producen mejores personas en quienes son mejores personas. Me explico: no es fácil encontrar a un gran lector que sea un verdadero imbécil, definitivamente no es fácil, pero sí es posible encontrar a un gran lector que sea un canalla. Desde luego, no hay un determinismo en tanto tal. En general, un gran lector no es un canalla ni sería un carcelero en Auschwitz, ni se prestaría a las trampas del racismo, pero tampoco hay que olvidar que, por ejemplo, el siglo xix está lleno de conservadores que eran grandes lectores y que, al mismo tiempo, eran absolutos enemigos de la libertad de creencias.

¿Hay alguna diferencia entre usuarios de la cultura escrita y no lectores en cuanto a su capacidad sensible y para expresar sentimientos?

Sí la hay, y se nota. Sin embargo, debemos tomar en cuenta ciertas cosas. Tú haces una buena argumentación al respecto en tu libro *¿Qué leen los que no leen?* cuando dices que no es posible ponderar la ventaja moral del lector sobre el no lector, porque sería algo insano y porque ello, de alguna manera, sugiere un clasismo. Esto me parece no sólo atendible sino también perfectamente razonado, apoyándote en un momento en algunas reflexiones de Gabriel Zaid, igualmente justas. Pero, por otra parte, lo que me queda muy claro también es que el no lector no vive cotidianamente el goce del idioma del buen lector; entonces, su expresión, como sea, está reducida, y esa reducción del uso de la palabra, que no indica ninguna disminución moral, sí indica una desvinculación de la fuente del goce idiomático que se empobrece. Otra cosa que hallo en el no lector es la disminución del poder de las comparaciones: un buen lector siempre está comparando lo que vive, lo sepa o no, con situaciones de las novelas o está recordando un poema en el momento en que, por ejemplo, ve un paisaje. En uno de sus más hermosos "Nocturnos", Pellicer dice [*recita*]:

Al hallar el otoño, qué sorpresa
de ver lo que fue oscuro ya amarillo.
El mismo sol, aerógrafo y caudillo,
con aire de ganado que regresa.

Cuando he memorizado estas líneas y veo un paisaje, estoy remitiéndolo siempre a Pellicer, o cuando me propongo la autocrítica, pienso en los primeros dos versos, extraordinarios, que escribió López Velarde en "El perro de San Roque" [*recita*]:

Yo sólo soy un hombre débil, un espontáneo
que nunca tomó en serio los sesos de su cráneo.

Todo eso está allá y, como lector, me enriquece la intensidad de lo que vivo.

Sociológicamente, hay quienes creen que la falta del hábito lector predispone a actividades negativas o antisociales, ¿tú crees que esto sea así?

Para responderte esto, te remito, nuevamente, a la lectura del libro *¿Qué leen los que no leen?*, que me parece que al respecto tiene una buena argumentación. O dicho, rápidamente, y en ello estarás de acuerdo, no creo, en definitiva, que eso sea así.

¿Cuál es el futuro de la lectura?

El futuro de la lectura depende del futuro de los lectores. Cuando la gente se resigna a perder ese depósito invaluable de las generaciones, cuando se resigna a no leer a los clásicos, cuando se resigna a no leer a Eliot, a Homero, a Virgilio, a Dante, cuando se resigna claramente a no beneficiarse de lo mejor de la humanidad entonces no hay futuro para la lectura, porque tampoco hay futuro para una minoría importantísima, no la mejor ni la peor moralmente, pero sí la más dispuesta al goce idiomático e imaginativo. Y, entonces, si no hay futuro para ellos, no hay futuro para la lectura. Así lo veo, tan apocalíptica o tan genésicamente.

CIUDAD DE MÉXICO, 31 DE MAYO DE 2004 Y 7 DE AGOSTO DE 2009.

MICHÈLE PETIT

El libro y la lectura van más allá del utilitarismo y del placer

Michèle Petit ha encontrado y estudiado, en la actividad de leer, la existencia de una cultura restauradora, es decir, de un ejercicio íntimo, individual, que ofrece la posibilidad de la elaboración de identidades. Explica:

> Si la lectura sigue teniendo sentido para nuestros numerosos niños y adolescentes que leen, ya sea con frenesí o de manera episódica, es, en mi opinión, porque la consideran un medio privilegiado para elaborar su mundo interior y, en consecuencia, de manera indisolublemente ligada, para establecer su relación con el mundo exterior. Es ante todo porque les permite descubrirse o construirse, darle forma a su experiencia, elaborar sentido. Esto no es algo nuevo en absoluto, pero adopta una dimensión particular en estos tiempos en los que, mucho más que en el pasado, tienen que construir ellos mismos su identidad.

Nacida en Francia, quien es hoy, en el ámbito mundial, una de las más prestigiadas especialistas en el vasto y polémico tema de la lectura, se graduó en sociología y luego realizó estudios en antropología, psicoanálisis y lenguas orientales. A lo largo ya de varios años ha conducido investigaciones que han dado como frutos, entre otras obras, *Lecteurs en campagnes* (1993), *De la bibliothèque au droit de cité* (1996) y *Éloge de la lecture* (2002). En la actualidad es investigadora del Laboratorio Dinámicas Sociales y Recomposición de

Espacios del Centro Nacional para la Investigación Científica (CNRS) y de la Universidad de París 1.

Es también autora de dos libros de ensayos y conferencias que, traducidos al español y publicados en México por el Fondo de Cultura Económica, han influido decisivamente en todo el ámbito hispanoamericano: *Nuevos acercamientos a los jóvenes y la lectura* (1999) y *Lecturas: del espacio íntimo al espacio público* (2001). A ellos se añaden los volúmenes *Pero ¿y qué buscan nuestros niños en sus libros?* (2002), *Leer y liar: lectura y familia* (2005), *Una infancia en el país de los libros* (2008) y *El arte de la lectura en tiempos de crisis* (2009).

En su "Autobiografía de una lectora nacida en París en los años de posguerra", Michèle Petit relata la multiplicidad y diversidad de sus lecturas e influencias (desde el Pato Donald a Thomas Bernhard, pasando por Tintín, Molière, La Rochefoucauld, Freud, Lacan, Montaigne, Camus, Breton, Villon, Proust y muchos más) y enfatiza la dimensión indispensable de la literatura para su existencia: el viaje permanente por el mundo, y por los mundos, que significa leer a los desencantados que "pulverizan los discursos de santurrones".

Porque —explica— en la ciudad donde vivo [París], que es una de las más hermosas de Europa, la gente no para, como en todas partes (aunque quizás en mayor grado), de repetir los mismos convencionalismos, la misma jerga, los mismos comentarios. Estamos enfermos del lenguaje, somos grises, previsibles: ya sé de memoria lo que me van a decir, yo misma repito frases hechas, le callo la boca a los demás. Me siento avergonzada. Entonces, por la noche busco palabras que no estén cubiertas de polvo ni alteradas por las frases trilladas. Leo. Los libros me lanzan al aire fresco.

Michèle Petit ha abierto puertas y ventanas para dejar correr, precisamente, un aire fresco en el análisis del fenómeno de la lectura. Aplicando los conocimientos de su formación psicoanalítica, ha puesto mucha atención en la importancia que tienen el libro y la lectura para la reparación, la construcción y la reconstrucción de las personas en situaciones límite.

Alejada de prejuicios y de conceptos preconcebidos, ha examinado la cultura del libro desde perspectivas hasta entonces inéditas. Su visión sobre este tema es hoy, sin duda, la más estimulante y la más provocadora desde que Daniel Pennac publicó su libro *Como una novela*, hace poco más de una década; entre otras cosas porque su visión aporta, en efecto, nuevos acercamientos, más allá de la dimensión utilitarista de la lectura y más allá también del placer por el placer mismo.

Michèle Petit ha trazado caminos y ha sembrado, en ellos, señas orientadoras. Sus libros han hecho más para formar lectores "que muchos manuales llenos de recetas mágicas", como dijera, con entera razón, su editor mexicano Daniel Goldin.

En una época de conceptos culturales demasiado enfáticos y exclusivistas, Michèle Petit ha devuelto a la cultura literaria su más auténtica dimensión restauradora. En la siguiente conversación la investigadora francesa nos habla precisamente de esa cultura del libro creadora de sentidos y reforzadora de identidades.

¿Cómo vislumbras el futuro de la lectura?

Por supuesto, no lo sé. Me parece imposible vislumbrar ese futuro, porque la aceleración de los cambios es tal que no tenemos realmente idea de lo que pasará. Desgraciadamente, lo casi cierto es que seguiremos hacia un mundo con más segregación, fragmentación y violencia; violencia que, en mi país, se manifiesta también, ¡contra los lectores!

Por otra parte, lo que no cambiará, según mi opinión, porque constituye nuestra especificidad humana, es la necesidad de simbolizar nuestra experiencia, la necesidad de los relatos, de las narraciones, así como la exigencia del pensamiento y de la poesía. Como lo dice el escritor Pascal Quignard en una entrevista de 1989 ("La déprogrammation de la littérature"), publicada en el número 54 de *Le Débat*: "Somos una especie sujeta al relato… Nuestra especie parece estar atada a la necesidad de una regurgitación lingüística de su experiencia". Y agrega: "Esa necesidad de relato es particularmente intensa en ciertos momentos de la existencia individual o colectiva, por ejemplo cuando hay depresión o crisis. En ese caso el relato proporciona un recurso casi único".

En relación con eso, podemos pensar que mucha gente, en diferentes partes del mundo, va a redescubrir la función reparadora de la lectura y, de una manera más amplia, del arte y de la cultura, si tiene acceso, por supuesto, a bienes culturales. Lo podemos observar desde ahora en algunas experiencias en las cuales niños, adolescentes y adultos, aprisionados en el odio o en el silencio después de haber vivido situaciones de sufrimiento, comienzan a recuperar la memoria y a transformarse en los narradores de su propia historia a partir de un relato, de una metáfora poética que un mediador les ha leído. Experiencias de este tipo las podemos observar en Francia, pero también en diversos países de América Latina, en donde he encontrado a muchos bibliotecarios, docentes y voluntarios trabajando con niños o adultos que viven en terribles situaciones de pobreza y violencia, y a los que tratan de ayudar a construirse o reconstruirse con la ayuda de la lectura, de la escritura, del dibujo, etcétera.

No quiero decir que la lectura y la literatura vayan a tener solamente una finalidad terapéutica o autoterapéutica, sino que en estos tiempos en que muchas personas se interrogan sobre la reparación o la capacidad de reconstruirse tras un traumatismo, la contribución irremplazable de la literatura, del arte, a la actividad psíquica, al pensamiento, a la vida simplemente, sigue subestimándose. En los próximos meses, intento dedicarme a estudiar un poco más el tema, tratando de recoger experiencias para analizarlas.

En América Latina comprendí que cuanto más difícil y violento es el contexto, más vital resulta mantener espacios para el respiro, el ensueño, el pensamiento, la humanidad. No sólo para olvidar, sino también para mantener un poco de sentido en medio del caos, para recuperarse. Un libro, una biblioteca son eso, espacios. El libro y la lectura son también espacios de resistencia, para no dejar el monopolio del sentido, de las narraciones, a los poderes autoritarios, a los fanatismos religiosos o al "orden de hierro" televisivo, como dice Armando Petrucci; en otras palabras, a la uniformidad creciente de sus productos.

No hay que ignorar, desde luego, que hay una gran cantidad de emisiones de radio o de telerrealidad, de ficciones televisivas concebidas a medida, que proponen a los niños, adolescentes y adultos, narraciones y comentarios de sus experiencias, pero las confesiones exhibicionistas de la telerrealidad no nos devuelven el mismo eco que una obra sacada del trabajo lento, en recogimiento, de un escritor o un artista. Transmitir lo que a uno le afecta es una tarea mucho más compleja de lo que parece; no tenemos más que pensar en lo pasmados que nos quedamos tras haber vivido algo que nos ha afectado, incapaces de comunicar cualquier cosa. Todas las sociedades han recurrido, para ello, a "traductores" profesionales, relatores, poetas, dramaturgos, artistas o, en modo distinto, psicoanalistas.

Has dicho que Francia no está exenta de la violencia contra los lectores. ¿Cómo se manifiesta esta violencia?

Por ejemplo, en una cierta forma de considerar a la lectora como una egoísta, una haragana o una enferma, y al lector como a un afeminado o un hijo de papi, de tratarle de "marica", de "lameculo", de atacarle con burlas e incluso con golpes. En algunos ámbitos, los lectores son parias y uno debe leer clandestinamente. Esas actitudes son frecuentes en una parte de los medios populares (no en todos), en los cuales las conductas de rechazo a la escuela, al saber, a la cultura, a la lectura, vienen a sustentar una armadura que confunden con la virilidad. No se trata de algo nuevo, pero actualmente, por múltiples causas, las cosas no van mejorando. Hay en particular una crisis de la identidad masculina, en una parte de esos medios, que se traduce en una reacción muy agresiva contra todo lo asociado a las mujeres, a la interioridad, etcétera.

Pero de vez en cuando los lectores resultan también sospechosos en medios sociales con recursos, "cultos", e incluso en la misma universidad en la cual leer un libro puede ser considerado por algunos como un signo de afectación, de voluntad de mantenerse ¡al margen de los colegas! Por supuesto, es aberrante: no hay que confundir gregarismo con sociabilidad, o individualismo con construcción de sí, elaboración de la interioridad, de la subjetividad. Basta con pensar que en muchos países las mujeres son las que más leen, y sin embargo, no me parece que sean las que dediquen menos tiempo a los otros, al bien común. Pero es que la lectura (y aún más la lectura de obras literarias) supone tal vez aceptar ser vulnerables, aceptar que algo nos invade: una voz ajena, unas palabras, un pensamiento ajeno. Como lo dice mi editor y amigo Daniel Goldin: quizá sea esa desigual capacidad de aceptar que se es vulnerable lo que explica que haya más mujeres que leen. Por el contrario, cuando uno pretende negar la vulnerabilidad, negar la falta, la pérdida, cuando es todo músculos y control, entonces evita la literatura, o trata de dominarla.

La lectura de libros, por otro lado, tiene hoy, por compañía, o por competencia, a las nuevas tecnologías. ¿En qué forma afectan, tanto para bien como para mal, las nuevas tecnologías de la información al libro y a la lectura?

Es muy temprano para decirlo. Aunque en Francia hay personas que lo están estudiando, yo no soy una de ellas, y me siento incómoda para contestarte. Yo plantearía tu pregunta de una manera un poco diferente, aunque el formularla no me obligue, desde luego, a responderla: si la lectura de libros ha sido, en los últimos siglos, y sigue siendo, un camino para construir una intimidad rebelde, ¿a qué formas de configuración política van a ser propicias la lectura y la escritura electrónicas? Por otra parte, no debemos olvidar que el libro sigue teniendo, sin duda, un futuro: un medio no tiene por qué excluir o rechazar forzosamente al otro.

Es sin duda muy afortunado que en la actualidad se hable, y se hable bastante, del libro y la lectura y del papel fundamental de los mediadores, pero ¿cuál crees que sea la mejor manera de contagiar el más entusiasta y placentero hábito de leer?

Si parto de la experiencia propia y considero a las personas que he encontrado en mi camino y que se han vuelto lectoras, incluso en lugares en los cuales no era nada fácil convertirse en lector, creo que el contagio de ese entusiasmo por la lectura principia y tiene éxito con quienes se tiene una relación de afecto, ya sea en la familia o fuera de la familia, en un encuentro con un docente o con un bibliotecario. Conocemos la importancia de la familiaridad precoz con los libros, de la posibilidad de manipularlos para que no lleguen a investirse de poder y provoquen miedo. Tendríamos que hablar, también, de la importancia de los intercambios en torno a los libros, y en particular de la lectura en voz alta, de la importancia de ver a los adultos leyendo con interés y placer.

A menudo, uno se dedica a la lectura porque ha visto a una persona amada sumergida en sus libros, inaccesible, y la lectura apareció como un medio de acercarse a ella y de apropiarse de su mundo, de sus cualidades, de su encanto, de su misterio. Uno se dedica a la lectura porque piensa que hay en los libros un secreto y lo va a buscar en un montón de libros —o en algunos— a lo largo de su vida. Notemos de paso que muchas personas que no leen creen también que hay en los libros un secreto del cual están excluidas, porque ninguna persona les ha abierto el camino, y para ellas esto es un sufrimiento. Entonces, la mejor manera de contagiar el hábito de leer, en medios donde leer no es un hecho natural, es multiplicar las oportunidades de mediaciones, de encuentros.

¿Es quizá ésta, entonces, la mejor estrategia, la clave del éxito para que funcionen realmente los programas de lectura?

Sí, yo diría que, antes que nada, la participación de mediadores con gusto por los libros y por compartirlos, con libertad de pensamiento, poesía e imaginación; con profesionalismo e intuición... y, por supuesto, con subsidios. Todo esto junto existe en muchas partes del mundo, aunque, desgraciadamente, sin suficientes subsidios. Como ya he dicho, la dimensión del encuentro, de los intercambios, es esencial. Esto no significa forzosamente que tales mediadores hayan leído un montón de libros. Algunas personas habrán leído y releído unos cuantos libros en su vida, pero saben transmitirlos de tal manera que dan ganas de salir corriendo a buscar una librería o una biblioteca. Y hay otras personas muy cultivadas, todos las conocemos, que transforman los libros en un monumento fúnebre.

El éxito en la mediación de la lectura no significa automáticamente una relación regular ni continua; a veces un encuentro fugaz puede influir de manera decisiva en el destino. Tampoco significa familiaridad alejada de toda seducción; se trata de una actitud hecha de benevolencia y de distancia, de apertura a la singularidad de cada uno y de respeto de sus territorios íntimos, de inteligencia de su oficio y de gusto por esos objetos culturales que se proponen.

Una relación personalizada significa darle un lugar al otro, en el sentido más sincero del término.

Llegados a este punto, ¿puede la escuela contribuir a lograr la costumbre de leer?

A propósito de la lectura, a menudo encuentro mucha agresividad contra la escuela y los docentes, y no me parece justo. Me acuerdo de una periodista que me preguntó con arrogancia y vehemencia: "Sabemos que los docentes no leen. Entonces, ¿cómo podrían contribuir a difundir el hábito lector?". En contraposición a esta idea dogmática, yo me pregunto: ¿qué sabía ella de lo que hacen los docentes: si leen o no leen?, porque lo cierto es que se ha estudiado muy poco de manera seria y profunda la relación de los docentes con la lectura.

Es verdad que hay como una especie de contradicción irremediable entre la dimensión clandestina, rebelde, eminentemente íntima de la lectura personal, y los ejercicios obligatorios hechos en clase, en ese espacio transparente, bajo la mirada de los otros; entre la ensoñación de un niño construyendo un sentido y la sumisión a la letra, la imposición de una cierta lectura; entre el placer inmediato y la confrontación con textos difíciles, etcétera. Sin embargo, a algunas personas el gusto por la lectura les ha sido transmitido no por la escuela como institución sino por un docente que, a pesar de la rigidez de ciertos programas, ha logrado contagiar su gusto por las obras estudiadas, e incluso ha conseguido entusiasmar a adolescentes con obras clásicas difíciles, exigentes.

Por otra parte, la escuela, a diferencia de las bibliotecas, es, supuestamente, el único lugar adonde irán todos los niños de un país, si la educación es obligatoria. Desde luego, es una suerte cuando existen ambas instituciones —escuela y biblioteca—, cada una con su vocación propia, porque no debemos confundir las cosas.

Finalmente, ¿cómo juzgas las inquietudes de lectura en Francia y cómo las observas en América Latina?

En Francia, me impresiona la dimensión excesivamente utilitarista de las preguntas que se plantean desde hace unos treinta años. En la mayoría de las interrogaciones sobre la lectura durante la infancia y la adolescencia, la parte medular ha sido la de la *rentabilidad escolar*. Por ejemplo: "¿Contribuye la lectura de obras literarias al éxito de los alumnos de categorías sociales acomodadas?". "¿Lleva a mejores resultados en la adquisición de la lengua?". "¿Introduce a aprendizajes particulares y competencias específicas?". Estas preguntas suelen combinarse con un debate a propósito de los eventuales beneficios socializantes de la lectura, en particular por el hecho de compartir "un patrimonio común". La única alternativa, durante años, fue aquella que, siguiendo a Daniel Pennac, ha reivindicado "el placer de leer".

Los testimonios de lectores, de diferentes categorías sociales; el análisis de recuerdos de lectura transcritos por escritores, o de experiencias de diversos mediadores, particularmente en contextos de pobreza o de violencia, sugiere que lo más importante, quizá, no se encuentra en esa dimensión de *rentabilidad escolar* ni en esa otra del placer por el placer mismo. En esta época de crisis de los puntos de referencia, lo esencial sería más bien elaborar sentidos, construir otro espacio, otro tiempo, otra lengua y, por esa vía, abrir un margen de maniobra; simbolizar un mundo interior, secreto; formalizar la propia experiencia, descubrirse o construirse, y reparar algo que se rompió en la relación con la propia historia o con los otros. Todas estas cosas que pueden ser placenteras, en ciertas condiciones, también se sitúan "más allá" del placer.

En cuanto a América Latina, lo que más me impresiona quizá es el hecho de que el saber, la cultura, los libros, se siguen considerando, según me parece, como algo deseable por una gran proporción de la gente. Por ejemplo, me impresionó mucho, hace algunos años, cuando fui invitada a la Feria del Libro de Buenos Aires, la enorme cantidad de personas, e incluso mucha gente de sectores muy populares o pobres, que esperaban horas para visitar la Feria y pasear en medio de los libros. En mi país, es decir en Francia, hay mucha gente a la que le gusta visitar las ferias de libros, pero se trata en su gran mayoría de personas que han estudiado mucho, de categorías sociales denominadas "cultas".

CIUDAD DE MÉXICO, 13 DE MAYO DE 2003.

ELENA PONIATOWSKA

Los libros imparten felicidad

Nacida en París, Francia, en 1932, Elena Poniatowska radica en México desde los nueve años de edad, a partir de que su madre, Paula Amor, decide regresar a su patria en 1942. Casada con el astrónomo Guillermo Haro, adquirió la nacionalidad mexicana en 1969, pero desde mucho antes su trayectoria vital y literaria ha estado marcada por una profunda raíz que ha abrazado lo mexicano en sus formas más auténticas y dinámicas: las de la tradición popular y las de la cultura viva, dialogante.

Entre sus libros cabe destacar los siguientes: *Hasta no verte Jesús mío* (1969), que sin contar las traducciones, únicamente en México ha alcanzado cincuenta ediciones; *Querido Diego, te abraza Quiela* (1978), *De noche vienes* (1979), *¡Ay vida, no me mereces!* (1985), *La "Flor de Lis"* (1988), *Tinísima* (1992), *Luz y luna, las lunitas* (1994), *Paseo de la Reforma* (1996), *Las palabras del árbol* (1998), *Las siete cabritas* (2000) y *La piel del cielo* (2001), con el cual obtuvo, en España, el Premio Internacional Alfaguara de Novela, *El tren pasa primero* (2006), Premio Rómulo Gallegos, *Rondas de la niña mala* (2008) y *Leonora* (2011).

Una vertiente muy importante de su labor periodística va más allá de las páginas de los diarios y las revistas concretándose en intensos y magníficos libros como *La noche de Tlatelolco* (1971), que ha alcanzado cincuenta y cinco ediciones y ha sido traducido al inglés; *Gaby Brimer* (1979); *Fuerte es el silencio* (1989); *Domingo siete* (1982); *Nada, nadie:*

las voces del temblor (1988), *Octavio Paz, las palabras del árbol* (1998), *Las soldaderas* (1999) y *Juan Soriano, niño de mil años* (2000), obras en las que el testimonio y el reportaje, la crónica y el ensayo se fusionan admirablemente para entregar a los lectores páginas inolvidables; como igualmente inolvidables son sus recopilaciones de entrevistas, entre ellas *Palabras cruzadas* (1961) y sus siete volúmenes, a la fecha, de *Todo México*, un ambicioso y muy útil proyecto de reunir sus principales trabajos en este género y que de 1991 a 2002 ha sumado ya más de un millar y medio de páginas.

De modo tal que el periodismo y la literatura han sido las dos vías de la escritura a través de las cuales Elena Poniatowska ha entregado a México, a lo largo ya de medio siglo, contribuciones de enorme significación. Respecto del primero, ha dicho que, desde sus inicios, en la década del cincuenta, este oficio constituyó una manera de internarse en México y amarlo. Explica:

> Mis maestros fueron, en cierta forma, mis entrevistados: Diego Rivera, Octavio Paz, Alfonso Reyes, Gabriel Figueroa, David Alfaro Siqueiros, Carlos Pellicer, Rosario Castellanos, Luis Buñuel, Elena Garro, Leonora Carrington, Luis Barragán, Juan Soriano, Carlos Fuentes, etcétera. Al escuchar sus respuestas y al leer sus libros o conocer sus obras tuve un aprendizaje extraordinario, único.

Casi simultáneamente a su trabajo periodístico, Elena Poniatowska inició una carrera literaria que le ha dado también grandes satisfacciones y que ha aportado a México, sobre todo en los géneros del cuento y la novela, libros fundamentales que gozan del aprecio y la admiración de los lectores y del juicio favorable y entusiasta de la crítica especializada. Asimismo, ha conseguido insuflar al género de la crónica virtudes estéticas que se funden sabiamente con sus atributos éticos y sus exigencias de verdad y de justicia.

En este sentido, es difícil separar en su obra lo estrictamente periodístico de lo literario, porque la autora va más allá de la clasificación de los géneros y los entrelaza haciéndolos participar en diestras correspondencias complementarias, de forma que puede afirmarse que ha venido trabajando, a la par de su pródigo ejercicio en la literatura, en un excelente periodismo literario para nada ajeno al compromiso político que siempre ha asumido y reivindicado. Lo que ella dijo alguna vez para definir a Rosario Castellanos, se puede aplicar también a ella misma: su obra la refleja, y en las revelaciones que nos entrega cada una de sus páginas hay una mujer y una escritora cuya vocación creativa ha sido de fundamental importancia en el desarrollo de nuestras letras.

El gran poeta y ensayista Octavio Paz, que cultivó con ella una sólida amistad y que siempre manifestó admiración hacia su obra, señaló lo siguiente:

Elena Poniatowska se dio a conocer como uno de los mejores periodistas de México y un poco después como autora de intensos cuentos y originales novelas, mundos regidos por un humor y una fantasía que vuelven indecisas las fronteras entre lo cotidiano y lo insólito. Lo mismo en sus reportajes que en sus obras de ficción, su lenguaje está más cerca de la tradición oral que de la escrita. En *La noche de Tlatelolco* pone al servicio de la historia su admirable capacidad para oír y reproducir el habla de los otros. Crónica histórica y, asimismo, obra de imaginación verbal, el libro de Elena Poniatowska es un testimonio apasionado pero no partidista. Apasionado porque, frente a la injusticia, la frialdad es complicidad. La pasión que corre por sus páginas es pasión por la justicia, la misma que inspiró a los estudiantes en sus manifestaciones y protestas.

Por su parte, Carlos Monsiváis denomina a Poniatowska como entrevistadora singular y coincide con Octavio Paz en señalar que *La noche de Tlatelolco*, un libro ya clásico para nuestra cultura, es una "obra maestra del periodismo participatorio", un gran montaje coral que "registra las múltiples voces de la hazaña de masas del movimiento estudiantil de 1968".

Añade Monsiváis que en este libro en el cual su autora revitaliza y diversifica la crónica, el diestro montaje de las voces da noticia de la toma de conciencia multitudinaria y de los hechos represivos: "Gracias al entramado de imágenes narrativas y de testimonios, Poniatowska reconstruye las dimensiones objetivas y subjetivas del movimiento estudiantil, la espontaneidad que el arrojo solidifica, la ideología visceral y las actitudes épicas que se hallan, literalmente, a la vuelta de la esquina".

Virtudes parecidas son las que encuentra este escritor en otra de las crónicas relevantes de esta autora, *Fuerte es el silencio*, en la cual Poniatowska mezcla diversos recursos del género: la evocación sentimental, el recuento político, el relato mítico de los orígenes, la novela corta sin ficción, la viñeta, la estampa, el ensayo, y en la cual "el texto culminante es 'La colonia Rubén Jaramillo', donde Poniatowska es el personaje apenas vislumbrado que describe la nueva, incesante parábola de la fundación de Aztlán".

En otras palabras, en la mayor parte de los libros de esta escritora, periodismo y literatura se entrelazan en sus vitales y muchas veces vívidas páginas, pero también se unen en ellas la búsqueda de la verdad y la necesidad de justicia; ese muy antiguo anhelo de los escritores comprometidos con su tiempo y su realidad: que ahí donde esté la estética esté, también, la ética.

Elena Poniatowska es en nuestra literatura una voz que habla por los que no hablan. Cada uno de sus libros, en cualquiera de los géneros que ha cultivado, es un documento profundamente humano, en donde se manifiesta pleno el conflicto de la vida pero también a plenitud la solidaridad y el necesario elemento estético. Su arte literario no ha estado nunca ajeno de la palpitante realidad.

Preocupada permanentemente por el tema de la lectura, conversamos con ella y esto es lo que nos dice.

¿Cuando y de qué forma descubriste la lectura?

Acuérdate que yo tengo una formación francesa. En mi niñez, me educó una institutriz que me decía: "Cuando usted lea, se va a esconder en los rincones para estar sola y poder escuchar la voz del libro". Yo tenía seis años y aún no sabía leer. Me sentaba en un rincón y veía atentamente las páginas para que ella creyera que yo estaba leyendo. Cuando aprendí realmente a leer, mis primeros libros, obviamente en francés, fueron los de la condesa de Segur; eran historias para niños, de las cuales recuerdo *Las desgracias de Sofía, El general Durakin* y *Las niñas modelo*. El que me gustó más fue *Las desgracias de Sofía*, y creo que me daría un enorme gusto releerlo hoy. Obviamente, los niños franceses de ahora no los conocen. Recuerdo también un periodiquito, *La Semana de Suzette*, que habré leído de los siete a los nueve años. Cuando me trajeron a México, leí menos que en Francia, porque allá había más exigencia o más requerimiento de lectura. En español, empecé a leer los libros de la primaria, pero de ellos no tengo grandes recuerdos. No me acuerdo, por ejemplo, de María Enriqueta y sus *Rosas de la infancia*, por lo cual supongo que nunca los llevé en mi escuela, en donde la mitad de la mañana se estudiaba en inglés. Sí recuerdo, en cambio, haber leído, a los diez u once años, algunos libros de misterio para niños de una escritora muy popular entonces, Caroline Keene, que hacía que nos sintiéramos detectives. De tal forma que pasé más bien del francés al inglés, y en español leí entonces muy poco. Descubrí *Platero y yo* muy tardíamente, y mucho después *El Cid* y los clásicos del Siglo de Oro. Nunca leí a Salgari, y Verne fue una lectura que hice en la juventud. Lo que más leía en español eran los periódicos.

¿Había biblioteca en tu casa?

Sí, era la casa del abuelo Poniatowski, en donde por supuesto había biblioteca porque él además era escritor, autor de tres libros. Mi primo Michel escribió también unos ocho o diez. De modo que en esa casa había un ambiente intelectual y un gran amor por los libros. Mi madre solía comprarlos, y nunca me resultaron objetos extraños. Los libros han estado presentes en mi vida desde siempre.

¿Hubo algún profesor que haya reafirmado tu gusto por la lectura?

LOS LIBROS IMPARTEN FELICIDAD   389

Me acuerdo de madame Alban, del Liceo Franco-Mexicano, que era muy cariñosa y me hizo leer algunas páginas muy bellas. Después, cuando me fui al convento, en Estados Unidos, leí otra vez en inglés: a Percy B. Shelley y a John Keats, entre otros, pero sobre todo libros que tenían que ver con la religión. Durante toda mi adolescencia mis lecturas estuvieron marcadas por el catolicismo. No leí, por ejemplo, libros atrevidos en los cuales pudiera descubrir la sexualidad. Leí, seguramente, alguna novelita rosa, pero no recuerdo nada de eso. Mis lecturas frecuentes eran sobre las vidas ejemplares de Juana de Arco o de Pasteur. Cuando empecé a hacer periodismo, a los veintiún años, cayó en mis manos un libro que no sabes cómo me escandalizó. Sentía que era un pecado leerlo. Era la *Historia de las religiones*, de Salomón Reynak, en el cual se refería a las vírgenes inmaculadas que concebían sin intervención del hombre. El tema me parecía tan pecaminoso que cerraba el libro y luego lo volvía a abrir, siempre asaeteada por un sentimiento de culpa.

¿Crees que un lector pueda pasar de la afición de lecturas populares a obras más serias o complejas?

Tal vez, pero creo también que eso depende del tipo de lecturas populares. Por ejemplo, *El código Da Vinci*, de Dan Brown, del que según la publicidad se han vendido cuarenta millones de ejemplares en todo el mundo, me parece tan simplista, tan discutible, tan comercial en el peor sentido, que no creo que favorezca una afición por otro tipo de literatura más pensante y creativa. Su autor es simplemente alguien que te cuenta algo que nada más te entretiene, una *good story*, como dicen los gringos, pero de la que sales como entraste, sin aprender nada.

En su momento, ¿te interesó el cómic?

Sí, sobre todo *Mad*, y *Los Supermachos* y *Los Agachados*, de Rius. También *Los Superlocos* y *La Familia Burrón*, de don Gabriel Vargas. Me hice fan de "Cuataneta".

¿Crees que el cómic pueda conducir a lecturas más exigentes?

Creo que sí, del mismo modo que muchas películas conducen a los libros que las originaron. También se puede dar el caso contrario: que un buen libro te lleve a una buena película.

Una mala película, ¿vence siempre a un buen libro?

Por desgracia, sí. Es enorme la cantidad de malas películas que ve la gente; mucho más grande desde luego que la cantidad de buenos libros que deja de leer por ver esas malas películas. Esto me parece innegable y hace más evidente el hecho de que en México no se tiene la costumbre de leer. En Francia, por ejemplo, en el metro, la cantidad de gente que ves leyendo es inmensa. Es difícil que encuentres un vagón donde no haya lectores. Es un hábito, como cualquier otro. Y cuando se adquiere un hábito, ya no se puede estar sin él.

¿Tuviste amigos o compañeros que te indujeran a leer o que compartieran contigo la lectura?

Sí, cuando estuve en los Scouts leí a los grandes escritores católicos y con mis compañeras guías comentábamos algunas de esas lecturas. De esa etapa recuerdo los libros de Albert Béguin y Jacques Maritain. Desde luego, a Antoine de Saint-Exupéry, no sólo por *El principito*, sino también por sus otros relatos sobre la aviación: *El aviador, Correo del sur, Vuelo nocturno, Piloto de guerra*, etcétera. Luego, en el convento hubo una monja que me hablaba mucho de Keats, Dante Gabriel Rosetti y otros más, a los cuales leí gracias a su entusiasmo.

¿Te consideras una lectora "profesional"?

No. Siempre he leído muchísimo, pero no con una formación profesional o disciplinada. He leído un poco de todo y para ello me ha servido saber idiomas porque puedo hacerlo en inglés, francés y español. Quiero decirte con esto que no me he ceñido a una disciplina rigurosa para leer, por ejemplo, en orden de épocas, corrientes y escuelas literarias, a Tolstoi, Dostoievski, Joyce o Lezama Lima. Hay libros que me cuesta muchísimo trabajo leer, y si aun con toda la concentración que ponga me siguen costando trabajo, no me obligo a terminarlos.

¿Qué es lo que buscas en los libros?

Quizá pueda parecerte muy simplista, pero en los libros de literatura, que son los que más frecuento, lo que busco es que me cuenten, de principio a fin, una historia profunda y amena; profunda, para que me enseñen algo sobre la condición humana, y amena, para que pueda yo seguir leyendo apasionadamente. El *Noveau Roman* y todos esos experimentos difíciles, densos, introspectivos, los leí con muy poca fascinación; por eso, cada vez me impongo menos el deber de leer lo que no me interesa o no despierta mi entusiasmo.

¿Qué encontrabas en tus libros de la escuela?

Me estimulaban siempre al sacrificio, porque eran lecturas en el fondo muy dirigidas. Hay que tomar en cuenta que era una escuela de religiosas. Eran lecturas muy marcadas hacia las buenas acciones, y todo ello me llevaba a extremos un tanto delirantes. Me imaginaba en actos heroicos que, por influencia del cine, siempre asociaba con héroes como Gregory Peck, Clark Gable y Cary Grant, que eran mis ídolos.

Leer y escribir ¿fueron para ti actividades simultáneas?

No, primeramente fui nada más lectora. Después, entre los quince y los dieciséis años copié en un cuaderno enorme, donde también pegaba postales, los fragmentos de los libros que más me gustaban. Lo hacía cuidando que mi letra fuese lo más bonita posible. Ese fue el principio de la escritura, porque antes yo no me atreví a escribir realmente nada. Fue hasta los dieciocho o diecinueve años que escribí *Lilus Kikus*. Entonces, andaba buscando siempre a alguien en la casa que leyera o que escuchara lo que yo estaba escribiendo. Eso fue hace ya más de medio siglo, porque como bien sabes *Lilus Kikus* se publicó en 1954.

¿Crees que se necesite una disposición especial para ser lector del mismo modo que otros son futbolistas, toreros, boxeadores, etcétera?

Creo que se necesita un entrenamiento desde muy temprana edad que, generalmente, por principio de cuentas, proporcionan los padres y, en especial, la madre. Hay que contarles y leerles a los niños incluso antes de que sepan leer, pues es así como se comienza a formar a un lector que ya después fortalecerán la escuela o la propia inclinación. La lectura es un hábito y, como todo hábito, se desarrolla a través de la repetición, de la costumbre y del placer. La gente adulta que no lee es porque, en muchos casos, jamás conoció el goce de que le leyeran en voz alta ni que le mostraran que la lectura es un acto placentero.

¿Ha fallado la escuela en incentivar el gusto por leer?

Sí, definitivamente. Esto lo puedo constatar en mis hijos y en los amigos de mis hijos, que en general leen poco o relativamente poco. Pero también en esto influye la televisión, pues ha sido la peor enemiga de la lectura. Para los niños es mucho más fácil sentarse frente al televisor que hacer un esfuerzo y leer un libro. Por eso, cuando se me acerca un niño que lee, me parece asombroso. En una ocasión, un niño de doce años me pidió que le dedicara su ejemplar de *La noche de Tlatelolco* y me contó que su abuelo y sus papás le habían recomendado el libro; es decir, esa lectura había pasado de generación a generación. Eso me impactó muchísimo y me pareció extraordinario, porque yo creo que la televisión ha matado a la lectura y está acabando con la posibilidad de que los niños sean lectores.

¿La lectura y la escritura producen siempre mejores personas?

No, y esto representa, al menos para mí, un verdadero drama existencial. Conozco escritores que son malísimas personas: gente muy vanidosa, mala, tramposa, etcétera. Cuando yo era joven, ésta era una de las cosas que menos comprendía: cómo era posible, me preguntaba, que gente célebre, extraordinariamente talentosa, a la que antes de conocer yo había leído y santificado como la más buena de la tierra, resultara tan vanidosa y tan egoísta. Yo era joven y tal vez pecaba de ingenuidad, pero había algo que no encajaba, que no encuadraba en la consecuencia que yo suponía lógica de leer y escribir. Grandes escritores y artistas, a los que veía con veneración, me resultaron un terrible fiasco cuando los conocí y los traté. Entrevisté a mucha gente que me decepcionó y que, en algunos casos, hasta me pareció muy por debajo de la inteligencia y de la coherencia de pensamiento que yo supuse que tenían. Algunos eran tan limitados que hasta yo, que soy una estúpida, tenía que componerles sus respuestas para que su imagen no quedara tan mal.

O sea, no encontrabas congruencia entre su fama y su persona...

Lo que yo me preguntaba era muy simple: ¿cómo alguien puede ser, a la vez, tan buen escritor y tan mal bicho? Esa para mí ha sido siempre una píldora difícil de tragar. Con el tiempo, la duda me llevó a plantearme que, a lo mejor, yo también podría parecerle a mucha gente una bruja espeluznante. Lo que siempre me ha llamado la atención del mundo de los intelectuales es que, si lo planteamos en términos de mejoría, las cosas resulten tan decepcionantes: todos hablan muy mal de todos y cuentan anécdotas terroríficas sobre unos y otros, pero luego, cuando se encuentran, se abrazan. Cuando yo era muy joven, aquello me sumía en un enorme desconcierto. A veces, alguno de ellos me decía, por ejemplo: "Tal político es un ladrón y tal otro es una rata". Entonces yo trataba de no saludarlos, pero luego veía que los mismos que me habían advertido acerca de ellos cuando se los encontraban los saludaban muy ceremonio-samente y los abrazaban muy sonrientes. Todo era de una gran incongruencia no sólo artística, sino incluso moral.

¿Desmentirías la frase de Plinio según la cual no hay libro que sea malo?

Por supuesto. No sólo hay libros malos, sino malísimos. Tie-ne razón Gabriel Zaid: hay demasiados libros. Toda la gente se siente obligada a publicar, y abundan los que escriben no únicamente mal, sino muy mal, pésimamente, y que se mandan hacer ediciones de lujo en detrimento de los ár-boles: unas páginas maravillosas, un papel carísimo y sobre ellas puras cagarrutas, cosas como "dame un beso/ te doy un beso/ una naranja cayó del cielo". Pasas otra página y es lo mismo. Como Pita Amor, al final de su vida, en la que todo era "el brillo que saqué de mi zapato/ y la negra Zambomba Zambomba/ caminó diciendo bomba", y cosas por el estilo. Ese tipo de libros lo que hace es ahuyentar a los lectores.

¿Para que sirve leer?

Para mí, leer es la manera de no irme al fondo del pozo de la angustia o de la soledad. Para decirlo con un horrible lu-gar común, el libro es, en efecto, uno de los mejores amigos del hombre, pues yo veo a los libros como amigos y recurro a ellos permanentemente para no morirme. *La tumba sin sosiego*, de Cyril Connolly, que he leído y releído múltiples veces me ha servido, me ha ayudado. Y lo mismo puedo decir de *La Plaza del Diamante*, de Mercè Rodoreda, que es un libro que me estimula y me conmueve siempre. Son sólo dos ejemplos de un sinfin de libros que para mí son muy importantes. Cuando leo un libro bueno, es una alegría inmensa, es como encontrarme con una esperanza. Yo no me imagino sin libros. Rosario Castellanos decía, y era verdad, que ella tenía grandes depresiones que la llevaban incluso a pensar en el suicidio, pero que, pese a ello, siempre podía leer y escribir. Esto a mí me parece espléndido porque cuando yo estoy triste o deprimida, no le encuentro sentido a las cosas, sino a través de los libros. Por eso te digo que los libros tienen la capacidad de sacarme del pozo y de rescatarme de los peores momentos.

Los libros, entonces, tienen poderes terapéuticos…

Totalmente. Los libros imparten felicidad. Un buen libro o un pensamiento bien expresado en un libro, tienen el poder de sacarte adelante. Un libro inteligente te hace inteligente, y ese es un indudable poder terapéutico.

¿Cuál es el mejor modo de contagiar el gusto por la lectura?

Revelar el entusiasmo que te suscita aquello que lees, prestar y aun regalar los libros que te seducen. Que te vean tan feliz de ser lector, que los demás constaten en tu persona, en tu ser, que hay algo trascendente en la lectura. O sea, no basta con pregonar los valores del libro, sino que es necesario que se note en ti mismo que esos valores han transformado efectivamente tu existencia.

¿Te resultaría más aceptable una persona inmoral, deshonesta, egoísta, en fin, una mala persona, nada más por el hecho de ser lectora?

No creo que eso deba plantearse como una elección. Tú sabes que ha habido y hay grandes autores y grandes lectores que fueron, a la vez, personas inmorales y deshonestas. El problema de la moralidad en relación con el libro es un problema fascinante que no se ha resuelto y que posiblemente no se resuelva nunca.

Los libros, ¿cambian el curso de la historia?

Por lo menos la influyen y la afectan. Hitler fue como fue porque leyó una serie de cosas en las cuales creyó. Lo mismo se podría decir de Gandhi. No creo que haya ningún personaje decisivo de la historia que no haya tenido libros y lecturas tras de sí. Desde luego, hay auténticos sabios analfabetos, gente ágrafa que posee una sabiduría natural; sin embargo, la lectura tiende a hacer mejor al ser humano, en el sentido de producir personas que no estén empeñadas en dañar a los demás, aunque este deseo lo desmentiría muy fácilmente el mismo Hitler.

En Los demasiados libros, *Gabriel Zaid incluye una serie de preguntas irónicas y provocativas que me gustaría formularte, textualmente, para saber cómo las responderías: "¿Sirve realmente la 'poesía comprometida'? ¿Daña realmente la literatura pornográfica? Los suicidas wertherianos, de no leer el* Werther, *¿no se hubieran* *suicidado? La lectura de Marx, ¿produjo el 26 de julio en Cuba? La lectura de los evangelios, ¿produjo el bombardeo de Hiroshima?"*

¿Cuál es la primera?

"¿Sirve realmente la 'poesía comprometida'?"

No creo. Ese tipo de poesía es siempre la más criticada, incluso en grandes poetas como Pablo Neruda, pues lo que más se nota ahí no es tanto la poesía como la militancia política.

"¿Daña realmente la literatura pornográfica?"

Aunque yo no creo haber leído jamás un texto realmente pornográfico, pienso que, en general, la literatura no daña. No sé, por lo demás, qué sea pornográfico en literatura, pues lo que yo he leído, por ejemplo, del Marqués de Sade, lo encuentro truculento y aun desagradable pero no sé si sea pornográfico.

"Los suicidas wertherianos, de no leer el Werther, *¿no se hubieran suicidado?"*

Sí se hubieran suicidado. No creo que se hayan suicidado como una consecuencia de la lectura de Goethe.

"La lectura de Marx, ¿produjo el 26 de julio en Cuba?"

Tampoco lo creo. Si entonces, a mediados del siglo xx en México, era tan poca la gente que había leído a Marx, pienso que en Cuba era muchos menos. Siempre he oído decir que en México los marxistas no pasan de cuatro, entre ellos Adolfo Sánchez Vázquez. Yo te confieso que nunca he leído a Marx; no lo conozco.

¿No leíste El capital*?*

No, nunca, y creo que me voy a morir sin leerlo.

"La lectura de los evangelios, ¿produjo el bombardeo de Hiroshima?"

No. El bombardeo de Hiroshima lo llevó a cabo Harry S. Truman sin calcular las terribles consecuencias. Yo creo que él nunca imaginó ese tremendo daño. De otro modo, sería un monstruo.

¿Por qué escribes?

Escribo para pertenecer, porque yo vengo de una familia de mexicanos que nacieron en Francia y que se habían ido del país con Porfirio Díaz. Algunos vivieron durante años en hoteles y otros andaban todo el tiempo tomando trenes, como gitanos. Luego, por parte de mi padre, mis familiares eran polacos que vivían en Francia, expulsados también. Entonces, yo quise ser mexicana, pertenecer, echar mis raíces, y la escritura me ha servido para documentar cómo es mi país, qué sucede en él. *Quise* es un decir, porque yo nunca he tomado una decisión en mi vida; más bien este fue mi destino. A mí me han sucedido las cosas y las hago mías a medida que me van sucediendo. El periodismo fue la puerta que yo encontré a este conocimiento; eso sí, en él he puesto toda mi voluntad, todo mi empeño.

¿Has sentido que tus libros hayan modificado en algún momento la existencia de otras personas?

Bueno, me lo suelen decir a raíz de *La noche de Tlatelolco* y *Hasta no verte Jesús mío*. Más recientemente, a propósito de *La piel del cielo*. Me lo han dicho y lo creo porque respeto a las personas que me lo dicen.

¿Internet contribuye a la lectura?

Digamos que les facilita la tarea a los jóvenes, que sin necesidad de investigar demasiado, resuelven sus problemas escolares. Buscar en los libros es sin duda más difícil y pesado, pero también más formativo. Hoy sé de alumnos que simplemente bajan de Internet cinco o seis cuartillas con información, las imprimen, les ponen su nombre y las entregan a su profesor sin tomarse siquiera la molestia de leerlas. Desde luego, hay que reconocer que el problema de las nuevas tecnologías no está precisamente en ellas sino en el uso que se les da, porque en sí mismas las nuevas tecnologías constituyen una gran aportación cultural.

¿Has notado la diferencia del hábito lector de otros países en relación con México?

Sin duda alguna. En Europa y en Estados Unidos se lee muchísimo más. Yo creo que mientras más pobre es un pueblo, menos lector es, porque además los libros cuestan muchísimo.

¿Te preocupa transmitir la necesidad de leer?

Este es un tema sobre el que vuelvo una y otra vez, sin gran éxito, debo reconocerlo, pero con gran preocupación e incluso con angustia, porque siento que la gente que no lee se está perdiendo de algo valiosísimo en su existencia. Yo soy a veces tan jacobina que a una amiga que tiene varios vestidos y que se llega a comprar otro más, le digo: "Con eso te puedes comprar unos libros que te van a vestir mucho más que ese trapo".

¿Y te hace caso?

Alguna vez sí, pero generalmente no. Claro, en mi caso es todo lo contrario. Yo prefiero mil veces un libro que cualquier otra cosa. No me quita el sueño un vestido. Si no me importó cuando era joven y bonita, mucho menos me importa ahora.

¿Qué tipo de biblioteca has formado?

Cuando era joven iba mucho a la librería francesa, entonces compraba los libros de La Pléiade. Adquiría los libros que me decían que eran buenos y, además, aquellos relacionados con mi trabajo periodístico. Tengo muchos libros sobre astronomía y astrofísica, sobre el México de los treinta, la época de Tina Modotti y la Revolución mexicana. Por mi labor periodística, las editoriales me mandan también, de manera sistemática, sus novedades. Tengo desde todo Dickens hasta *En busca del tiempo perdido*, de Proust; desde Lucas Alamán hasta Octavio Paz, Alfonso Reyes y Juan Rulfo.

¿Un buen lector lee de todo?

Yo diría que sí. Pero te lo está diciendo una persona que es terriblemente desordenada en sus lecturas. Te reitero que no soy una lectora que tenga un sistema ni una disciplina especial. Libro que no me gusta, no lo sufro. Simplemente lo dejo y punto. En este sentido, pertenezco a los lectores dispersos: leo lo mismo novelas que ensayos y biografías, textos de historia que materiales periodísticos. Como no poseo una formación académica, tampoco tengo formación de lectura. Sé que leo más que el común de la gente, porque a fin de cuentas, leer y escribir no sólo son mis aficiones sino también mis oficios.

¿Encuentras alguna diferencia entre la emoción de un lector y la emoción de un no lector?

Creo que el lector es más exigente, menos inocente. Quien está acostumbrado a leer, pierde un poco su virginidad y tiene una mayor capacidad de juicio no sólo acerca de los libros que lee sino en general de la realidad que le rodea. Luego, es frecuente que esa gente que lee, tienda a querer escribir y a fijarse mucho en la escritura, en la redacción de un libro. Sabe cuando algo está escrito con los pies, y sabe también cuando un escritor tiene algo que decir aunque su estilo sea descuidado, como el de Juan García Ponce, por ejemplo. Por cierto, a diferencia de García Ponce, que sí era descuidado, es difícil encontrar a un escritor tan preciso como Salvador Novo, que transformaba en maravilla de la escritura hasta la cosa más vana, banal, cortesana y lambiscona. Escribir bien era su natural inclinación, su condición; es un espléndido prosista, nada forzado. Otro que escribe extraordinariamente, lo mismo en prosa que en verso, es José Emilio Pacheco.

Para ti, ¿la lectura es un hábito, es decir, no puedes estar sin leer, o es sólo una afición que puedes suspender cuando desees sin sentimiento de culpa?

Es un hábito. No pasa un solo día sin que lea algo. Incluso cuando estoy enferma, mi necesidad de leer resulta más imperiosa que las molestias de salud que puedan aquejarme. Leer para mí es como una devoción. A donde quiera que vaya, llevo un libro. Te puedes dar cuenta de que, en esta casa, no hay sitio en donde no haya libros.

¿Existe alguna diferencia entre usuarios de la cultura escrita y no lectores en cuanto a su capacidad sensible?

¿Te refieres a que puedan ser más sensitivos los que leen que los que no leen?

Sí, por ejemplo.

Es difícil decirlo, y muy peligroso, porque eso nos puede llevar a denigrar al otro. Yo no noto tanto esto, porque también, a lo largo de mi vida, me he encontrado con ejemplos que son todo lo contrario: personas maravillosas, extraordinarias, que nunca han leído o que no saben leer ni escribir. Sin embargo, tampoco en esto hay que generalizar porque hay también una buena cantidad de gente que no lee jamás y que es horrible. Quizá si hubieran leído y hubiesen tenido otro tipo de formación, serían diferentes.

Desde un punto de vista sociológico, hay quienes creen que la falta del hábito lector predispone a actividades negativas o antisociales...

Lo que yo creo es que, desde luego, alguien que lee tiene por lo menos una especie de control de sí mismo. Creo en los poderes curativos de la terapia lectora y en los poderes de la enseñanza, la cultura y la lectura. Creo que leer no sólo puede cambiar el carácter individual, sino que también puede propiciar el cambio social.

¿Cuál es el futuro de la lectura?

Aunque nos digan que el futuro de los libros está en Internet, yo creo que la pantalla es una gran enemiga de la lectura si la gente no ocupa su tiempo sino en estar frente al televisor y la computadora. Leer es otra cosa. Esto lo sabía Borges y lo saben los lectores que, en un momento determinado de su vida, pierden la capacidad de la lectura. Quienes han sido lectores y ya no pueden leer porque se han quedado ciegos, por ejemplo, sufren realmente, porque no poder leer es uno de los mayores dolores y una de las más grandes pérdidas que pueda tener una persona. Por lo demás, el libro en sí es un objeto muy bello, y confío y espero, con toda mi alma, que, independientemente de los beneficios de las nuevas tecnologías, siga siendo el objeto fundamental que es desde hace siglos.

CIUDAD DE MÉXICO, 25 DE JUNIO DE 2004.

Eduardo del Río, Rius

Los gobiernos son felices con súbditos ignorantes

Eduardo del Río García cumplió setenta y cinco años el 20 de junio de 2009. Una década antes había llegado a su libro número cien, *Filatelia para cuerdos*. Nacido en Zamora, Michoacán, en 1934, fue llevado por su familia a la ciudad de México en 1935. Huérfano de padre el mismo año de su nacimiento, fue internado en el Colegio Salesiano donde permaneció más de un lustro. Actualmente, y desde hace varios años, radica en Tepoztlán, Morelos.

Caricaturista, historietista y escritor de divulgación popular, con un lenguaje ameno, divertido y crítico, tanto en la imagen gráfica como en la escritura, Eduardo del Río se convirtió en Rius y, a lo largo ya de cincuenta y cinco años, ha publicado más de un centenar de libros de los más diversos temas: historia, filosofía, religión, política, medicina popular, música, gastronomía, sexualidad, pintura, arte en general y un amplio etcétera. Entre algunos de sus títulos emblemáticos están: *Cuba para principiantes, Pequeño Rius ilustrado, Marx para principiantes, Cristo de carne y hueso, La panza es primero, No consulte a su médico, El museo de Rius, ABChé, Su Majestad el PRI, Hitler para masoquistas, Los Panuchos, Guía incompleta del jazz, La iglesia y otros cuentos, Manual del perfecto ateo, Votas y te vas, ¿Sería católico Jesucristo?* y *Ni independencia ni revolución.*

En las antípodas de la derecha y con un propósito pedagógico y didáctico o, mejor dicho, magisterial en el mejor sentido, Rius se propuso, desde un principio, contribuir a la educación y politización del mexicano, combatir la alienación y favorecer el espíritu crítico, por medio de estrategias nunca exentas de humor, pero también plenas de sátira y diatriba contra los poderes establecidos (político, eclesiástico, económico, etcétera). A decir del pensador Iván Illich, las historietas de Rius acompañaron, informaron y educaron, durante varios años, en la segunda mitad del siglo xx, al lector popular mexicano y a los estudiantes del nivel medio superior.

En los años sesenta fundó y dirigió las revistas *Los Supermachos* y *Los Agachados*, que constituyen un hito en la historia de la crítica política en México. Sus personajes habitan hoy el Museo del Estanquillo de la ciudad de México; un museo de lo auténticamente popular, creado a partir de las colecciones del escritor Carlos Monsiváis.

Ha colaborado en los principales diarios y revistas de México, y ha obtenido diversos premios nacionales e internacionales, entre ellos el Premio de Caricatura "La Catrina", en 2004, que concede la Feria Internacional del Libro de Guadalajara y que han obtenido también algunos de sus destacados colegas, entre otros, Rogelio Naranjo, Fontanarrosa, Gabriel Vargas y Quino. Actualmente, colabora en la revista *El Chamuco y los Hijos del Averno*. A fin de conocer su historia de lector, conversamos con este Rius de 75 años y autor de más de un centenar de libros. Hela aquí.

Antes que cualquier cosa, tu identidad: ¿ateo, anticlerical o las dos cosas juntas?

Le tengo que agradecer a Dios que me volvió ateo, y a la Iglesia católica que me volvió anticlerical. Pero más que a esas dos instituciones nefastas, debo mi ateísmo a los libros.

Sin embargo, hay quienes dicen que los jóvenes son esclavos del narcotráfico y de las adicciones porque tienen pocos asideros trascendentes y poco en que creer: "no creen en la familia, que no tuvieron; no creen en la economía ni en la escuela, ni creen en Dios, porque no lo conocen". ¿Qué respondes a esto, señor ateo?

Los que creen en dioses les echan la culpa de todo —lo bueno y lo malo— a esos fantasiosos seres. Yo conozco a varios amigos y amigas que se las truenan, o se recetan sus honguitos, dizque "para ver a Dios". Otros lo hacen con fines distintos, como para acrecentar y disfrutar más del sexo o para descansar o echar un viajecito por mundos sicodélicos. Claro que los ateos también disfrutamos del derecho de ponernos hasta atrás con un buen mezcal o un pulquito, o de surtirnos un buen porro de vez en cuando. Y sospecho que lo mismo hacen muchos de los que sí creen en esos "divinos" seres. Finalmente, no hay que olvidar que el hombre hizo a Dios y no al revés. Y si quieren conocer las opiniones de muy insignes escritores ateos, los remito a mis dos libros de citas, aforismos y demás, *Herejes, ateos y malpensados.*

¿Cuándo, en dónde y de qué forma descubriste la lectura?

Sólo al salir del Seminario Salesiano (donde hasta Verne y Salgari estaban prohibidos) pude empezar a leer de a de veras. Considero a la Funeraria Gayosso (donde trabajaba como telefonista encargado del conmutador) mi universidad y facultad de letras, porque junto a ella —en la avenida Hidalgo, detrás de Bellas Artes— se encontraba la famosa Librería Duarte, de libros de segunda mano, donde la amabilidad de Polo Duarte me permitió leer buenas cosas que él me sugería. Polo me daba chance de leer y cambiar un libro hasta tres veces, y todo por el mismo precio. Así conocí a los grandes de la literatura mexicana y universal. En su librería, además, funcionaba los sábados una especie de tertulia medio etílica donde se congregaban los entonces principiantes Carlos Fuentes, Carlos Monsiváis, Juan Rulfo, Pepe de la Colina, etcétera. Esto fue entre 1952 y 1954.

¿Había libros en tu casa o antecedentes lectores?

Yo fui niño de vecindad y en mi casa, familia católica, no había nada que leer fuera de devocionarios. En el mejor de los casos, había algún número del *Selecciones del Reader's Digest* y la revista del PAN, pues mi hermano mayor era panista.

¿Contribuyeron la escuela o algún profesor a facilitar tu hábito lector?

La primaria la hice en diversas escuelas. En cuarto de primaria estuve —becado— en el Bachillerato de Gelati 29 o Instituto Patria de los jesuitas. Al año siguiente pasé al internado salesiano en Huipulco, donde no había nada para leer, ni nos convocaban a la lectura.

¿Qué tipo de publicaciones populares influyeron en tu afición por la lectura?

Lo primero que leí fueron las historietas de ese tiempo, en especial *Los Superlocos*, de Gabriel Vargas, *Rolando el Rabioso*, *El Pirata Negro* (mi favorita, de futbol) y cosas así. Todo a escondidas, claro, porque no estaban consideradas como lecturas "decentes".

¿Crees que el cómic o la historieta faciliten el camino de un lector hacia libros y lecturas sin imágenes?

Creo que mucha gente empezó a leer con el cómic; aunque muchos se quedaban en esa cultura. A mí me hubiera pasado lo mismo seguramente, pero en Gayosso (donde tenía mucho tiempo libre) pasé de la historieta a las revistas *Vea*, *Vodevil*, etcétera, y luego, como ya expliqué, a los libros recomendados por Polo Duarte.

¿Hubo amigos o compañeros que hayan reforzado tus intereses de lectura?

En la universidad Gayosso había una secretaria que era buena lectora e intercambiábamos libros. Besos no, por mi enorme timidez.

¿Qué encontraste en los libros de la escuela primaria?

Había unos libros de texto que se llamaban, creo, *Lecturas*, donde sacaban fragmentos de los clásicos españoles, pero muy ñoños, muy conservadores. A mí no me tocaron los libros de texto gratuitos.

¿En qué momento descubriste tu vocación narrativa a través de la historieta?

De Gayosso entré por chiripa a la revista *Ja-Já*, en 1954. Un cliente me vio haciendo dibujitos en la funeraria y resultó ser el director del *Ja-Já*. Me dio su tarjeta y me dijo que si se me ocurrían algunos chistes, él me los publicaba. Así empecé, sin proponérmelo, mi carrera de bandido. Sólo diez años después, por otra chiripada, pasé a la historieta, y con *Los Supermachos* avancé un algo en el manejo del lenguaje dizque literario. Al igual que en el cuento, en la historieta hay que contar una pequeña historia, y a eso me entregué.

¿Leer y escribir fueron para ti actividades simultáneas?

Claro. Yo seguí leyendo, no sólo novelas, sino otro tipo de libros. La lectura de Marx y compañía influyó muchísimo en mi trabajo. John Steinbeck, Faulkner, Balzac, Stendhal y otros más por el estilo, me enseñaron un mundo que yo no me imaginaba, donde ricos y pobres convivían y se peleaban.

¿Crees que se necesite una disposición especial para ser lector del mismo modo que otros son futbolistas, boxeadores o toreros?

No. Yo siento que puede haber buenos lectores en cualquier profesión; basta que los motiven a leer. No importa la condición social; yo he tenido amigos pobres de solemnidad, que en un momento dado tuvieron acceso a los libros y se aficionaron a ellos. Y siguen leyendo.

¿La lectura y la escritura producen siempre mejores personas?

Pienso que la lectura puede mejorar mucho a una persona, porque la hace pensar y actuar en consecuencia. Claro, quienes se quedan leyendo a Corín Tellado o cosas por el estilo, pueden ser buenas personas, pero hasta ahí. Casi todos los buenos escritores son gente de izquierda o liberales (en el buen sentido) y aportan mucho en sus obras para alimentar el coco. Hay quien se queda en la Biblia y ahí sigue sin darse cuenta de que hay otro mundo donde viajar.

¿Desmentirías la frase de Plinio: "No hay libro que sea malo"?

A don Plinio no le tocaron los *best sellers*... ni las vidas de santos.

¿Para qué sirve leer?

Leer sirve para viajar, para echar a volar la imaginación, para llegarle a la masturbación (gulp), para adquirir un chorro de conocimientos, para evadirse de la realidad que a veces es muy canija, para divertirse y pasar un buen rato, para tener buenos argumentos para las discusiones; en fin, que sirve para mucho más de lo que uno cree. Añadiría que me gusta leer porque, además, es apasionante y terapéutico.

¿Cuál es, desde tu experiencia, la mejor manera de contagiar el gusto y la necesidad por la lectura?

Empezar a leer es difícil, si no hay alguien que te hable bien de algún autor. Es algo que se espera que hagan los maestros en la primaria o secundaria, y de repente se encuentra uno con ellos y no siempre hay tal cosa. Introducir a alguien a la buena lectura, es una enorme satisfacción que se agiganta si se trata de muchachas que, por lo general, leen menos que los hombres, no sé por qué.

¿Crees que una mala película venza siempre a un buen libro?

Las buenas películas casi nunca salen de los buenos libros. Hay películas tan buenas, que le permiten a uno dejar el libro a un lado. Pero hasta ahora no he visto que un buen libro sirva de base para una película buena. Casi siempre se quedan en lo anecdótico o en la aventura y no nos permiten disfrutar el lenguaje y la esencia del libro.

¿Dirías que no hay cultura sin libros y, en este sentido, que no hay cultura si no se es lector?

Hay una cultura literaria, como hay una cultura musical, gastronómica o plástica, que pueden crecer muchísimo leyendo libros de música, gastronomía o artes plásticas. Mientras más campos se frecuenten, puede decirse (creo) que es más culta una persona.

¿Te resulta más aceptable o menos censurable una persona inmoral, deshonesta, egoísta, etcétera, por el hecho de ser lectora?

Todo es relativo, como diría Einstein.

¿Los libros cambian el curso de la historia?

Dicen por ahí que la historia la escriben los vencedores, de modo que no creo que un libro cambie la historia. Aunque sí puede cambiar a alguien que pueda cambiar la historia, como ha ocurrido un chingo de veces.

¿Cómo responderías las siguientes preguntas que Gabriel Zaid formula en su libro Los demasiados libros*?: "¿Sirve realmente la poesía comprometida? ¿Daña realmente la literatura pornográfica?"*

También me remito a don Einstein. En ambos casos es sumamente relativo.

"Los suicidas wertherianos, de no leer el Werther, *¿no se hubieran suicidado?"*

Sepa. Nunca he leído ese libro. Pero si me decido a suicidarme, tendré que hacerlo.

"La lectura de Marx, ¿produjo el 26 de julio en Cuba? La lectura de los evangelios, ¿produjo el bombardeo de Hiroshima?"

¡Ah, jijos! Creo que estas preguntas se las dejamos a Monsiváis.

¿Crees que hay realmente demasiados libros?

Si me pongo a contar los libros que me faltan por leer, sí: son demasiados y a lo mejor no acabo de leerlos antes de pasar al otro barrio.

¿Por qué escribes y narras la historia y la política a través de la historieta?

He encontrado que con la historieta y los libros-cómic que hago, se pueden decir muchas cosas impunemente. Pienso que la gente le tiene pánico a los libros llenos de letras y que, con la ayuda de materiales gráficos y con algo de humor, pueden —casi sin darse cuenta— iniciarse en la lectura y pasar a mejores libros. Mis historietas y libros cuentan todos con bibliografía.

414 EDUARDO DEL RÍO, RIUS

¿Has sentido o sabido que tus libros hayan modificado, en algún momento, la existencia de otras personas?

Muchísima gente, para mi gloria, ha cambiado sus vidas leyéndome. Desde los comandantes sandinistas hasta el Sub zapatista, pasando por una runfla de guerrilleros, curas y estudiantes de bachillerato. Mucha gente se ha vuelto atea, vegetariana o rojilla ora sí que por mi culpa. Y eso me da muchísimo gusto, como comprenderás. Como que le ha dado sentido a mi vida.

¿Cuál es el futuro de la historieta?

El futuro de la historieta depende mucho de los editores. Pero ha bajado muchísimo su consumo en todo el mundo, sobre todo como revista. En Europa se imprimen muchas historietas, pero en forma de libro.

¿Contribuye Internet a la lectura?

No creo. O por lo menos en mi caso, Internet no me ha ayudado o motivado a leer más y mejor.

¿Hiciste uso, en alguna etapa de tu vida, de las bibliotecas públicas?

Sólo últimamente, y aquí en Tepoztlán, he sacado mi credencial de lector de la biblioteca. Y he encontrado, curiosamente, que hay muy buen material para leer, pero, claro, debe uno tener idea de qué leer y en qué anaquel se puede encontrar.

¿Qué tipo de biblioteca personal has formado y por qué?

Por mi trabajo de divulgador de todos los temas, he tenido que hacerme una pequeña biblioteca de consulta, donde predominan los temas religiosos, alimenticios, políticos, de historia, psicología y de otros. También cuento con una buena biblioteca de artes plásticas, de caricatura e historieta, de humorismo gráfico, etcétera. Y aparte, otra que ha crecido mucho, de cuentos y novelas, por tener ahora un poco más de tiempo para leer. Puedo mencionar, en riguroso desorden de todas clases, a los siguientes autores: Mario Benedetti, Paco Ignacio Taibo II, Laura Restrepo, John Coetzee, Milan Kundera, Gabriel García Márquez, la Poniatowska (gran amiga), Álvaro Mutis, Mario Vargas Llosa, José Saramago (mi favorito), Fernando del Paso, José Agustín, Juan Rulfo, Manuel Puig, António Lobo Antunes, Jesús Díaz, João Guimarães Rosa, Graham Greene, Manuel Scorza, Sergio Ramírez, Philip Roth, Alfredo Bryce Echenique, Fernando Vallejo, Ricardo Garibay, María Luisa Puga, Rosa Montero, Isabel Allende (la de los primeros libros), Carmen Boullosa, William Saroyan, Zoé Valdés, Anatole France, John Steinbeck, Erskine Caldwell, José Donoso, Kurt Vonnegut, José Rubén Romero y ahí le paro o nunca acabo. Me refiero únicamente a los autores que conservo, porque, por otra parte, regalo muchos libros: algunos en cuanto los leo ya no me interesa demasiado conservarlos.

¿Un buen lector lee de todo?

Pues sí. Yo he tenido que leer de todo, por mi trabajo de divulgación, y eso que a lo mejor no soy un "buen" lector.

¿Cómo determinas tus lecturas?

Según el trabajo que estoy haciendo.

¿Crees que a los gobiernos les interesa realmente que la gente lea?

Obviamente, no. Los gobiernos son felices con súbditos ignorantes.

TEPOZTLÁN, MORELOS, 7 DE JULIO DE 2009.

EPÍLOGO

Los caminos de la lectura

> Cada hombre sólo puede aprender
> lo que desea saber: nada más.
>
> José M. Tola

El libro y ciertas cosas en torno del libro se vuelven consustancialidad del lector. Por ejemplo, en *La tentación del fracaso*, volumen que contiene una parte considerable del *Diario personal*, y quizá la obra maestra, del gran escritor peruano Julio Ramón Ribeyro (1929-1994), podemos releer la anotación correspondiente al 11 de noviembre de 1956, a las doce de la noche, en París (el incipiente escritor tiene entonces veintisiete años y está sumido en la más terrible miseria, a grado tal que recorre la ciudad y recolecta periódicos viejos que luego venderá para ganarse algunos francos):

Despierto insomne luego de tres horas de sueño turbulento. Sigo pensando en la manera de evitar la venta de mis libros. Ahora veo que aquello sería un crimen imperdonable, una forma de suicidio espiritual. Voy a malbaratar años de lecturas, de reflexiones, de hallazgos, de notas marginales que sólo para mí tienen sentido. Mis libros son mi pan, mi sombra, mi memoria, todo esto y más aún… ¿Dónde me voy a buscar y reconocer? Siento un dolor desgarrador y estoy a punto de echarme a llorar. ¡Cuántas veces me he privado de una comida para comprar un libro! Si ahora vendo mis libros no es para comer sino para pagar a los malditos, a los inhumanos hoteleros de París, porque si no les pago serían capaces de hacerme un daño horrible, de matarme tal vez; en una palabra, de impedirme que alguna vez vuelva a comprar libros.

En esto último, seguramente Ribeyro exageraba, por la misma razón de que se encontraba profundamente deprimido y resentido con la vida. A lo largo de sus primeros años europeos, el autor de las excelentes *Prosas apátridas* padeció en efecto terribles privaciones que lo llevaron, por ejemplo, a caminar largos trayectos de París, sin haber probado alimento, porque no tenía en el bolsillo ni siquiera para comprar un boleto del metro. Y más de una vez vendió sus libros para poder tomarse una taza de café o un vaso de leche o resurtirse de cigarrillos. En otra ocasión, para poder comprar el pasaje del tren de Madrid a París, dejó en prenda una maleta con libros que nunca más recuperó. Refiere, en otro momento, que ciertos títulos por él muy queridos se transformaron, luego de malvenderlos, en un plato de sopa, una copa de vino y algo de pan.

Pero lo que queremos destacar de todo esto no es tanto la miseria como la conciencia del escritor de que, para un lector que merezca ser llamado así, sus libros, es decir, los libros que ha leído, que relee y que lo acompañan, son, en efecto, una especie de memoria gracias a la cual se reconoce, se mira, se identifica. Y que, ciertamente, un lector que merezca este nombre, puede privarse de una buena comida a cambio de un buen libro. Quien lo ha vivido, lo sabe. Y no lo saben, desde luego, los que no tienen ningún aprecio por el libro.

Maurice Sachs (1906-1945), escritor francés amigo de Jean Cocteau, Blaise Cendrars, André Gide y otros artistas de la vanguardia europea, llevó un diario personal de 1919 a 1929. Publicado póstumamente con el título *Au temps du boeuf sur le toit: Journal d'un jeune bourgeois à l'époque de la prospérité* y dado a conocer en español con el título *París canalla*, en él Sachs hace la siguiente anotación el 7 de septiembre de 1919:

> Un libro que costaba 3 francos 50 antes de la guerra va a subir a 7 francos. Paul Bourguet escribe para quejarse. Todo el mundo dice: "Es una locura. ¡Nadie leerá!". Sin embargo, el libro sigue siendo uno de los placeres menos caros que existen, mucho más barato que cualquier espectáculo. Es absurdo dudar en comprar un libro cuando sólo tres aperitivos cuestan lo mismo. Eso sí, hay que comprar buenos libros. Ahí está la dificultad. Y no es que éstos falten: es que carecen de lectores; todos ellos pegados como moscas cada temporada a algunos títulos mediocres y desdeñando casi siempre lo mejor.

Mucha gente no lectora gasta dinero a diario en cualquier cosa, incluso en las más fútiles y peregrinas, pero cuando se trata de libros no cree que deba comprarlos; si le resultan útiles o necesarios en un momento dado, para un fin práctico, piensa que se los pueden prestar e incluso regalar. ¿Pidió prestado, acaso, el televisor? ¿El traje que lleva encima lo pidió prestado a un amigo que tenía muchos? ¿El automóvil que usa todos los días, se lo prestaron? ¿Pidió en préstamo o le obsequiaron el paquete de cigarrillos?

Es en este punto en el que entendemos qué es exactamente lo que Gabriel Zaid identifica como el valor simbólico del libro; ese valor "sacramental" que la gente, incluso la que no lee, le concede al libro hasta hacer de él una especie de materia transubstanciada en Espíritu. Socialmente,

nos advierte el autor de *Los demasiados libros*, a este objeto
tan solemne se le erige un pedestal, y este extraño pensamiento religioso es compartido y transmitido por cada
ciudadano, de modo tal que sólo una minoría piensa que
comprar y leer libros es vital. La mayoría no relaciona el libro con un valor económico sino con uno puramente "espiritual", y por lo tanto prescindible. Millones de personas
en el mundo compran a diario cigarrillos, camisas, corbatas,
relojes, discos, televisores, teléfonos, automóviles, etcétera,
¿pero libros? No, los libros se los pueden prestar o regalar
y, en muchos casos, pedirlos prestados y ya no devolverlos.

El valor simbólico del libro es tan grande que muchos
pueden gastarse en una comida lo que cuesta, tres o cuatro
veces, un libro, pero protestan y se muestran indignados por
el precio de los libros. No sacrificarían ni por un momento
los aperitivos y los licores postreros para comprarse un libro.
Por ello, ha dejado de sorprendernos que personas muy
espléndidas para comer sean tacañísimas para comprar
libros, porque para ellas el libro carece de valor económico.
Si, por casualidad, llegaran a saber de la confesión desesperada de Julio Ramón Ribeyro, quedarían más que sor-
prendidos, anonadados.

Que alguien se quede sin comer por comprar un libro,
seguramente les parecerá una absoluta locura. En cambio,
para los lectores que ya no pueden dejar de serlo, los libros
que los apasionan son sus puntos de referencia y gracias
a ellos se sitúan en el mundo. Aunque ya los hayan leído una
vez, los conservan con la esperanza de regresar algún día
a esos momentos fundamentales de su vida que se distinguen por estar subrayados o anotados al margen de las páginas. Con el ejemplo de Ribeyro, nos referimos a un lector

que elige y que entabla una relación no sólo de pertenencia sino de identidad con los libros que le placen. Sus libros leídos, y a los que puede volver una y otra vez, no sólo son su propiedad sino su existencia misma: lo que les da sentido de realidad. Literal, textualmente, esos libros forman parte de su vida, de esa vida que, mirada con los ojos de los que no aprecian los libros, resulta llanamente una locura.

Sin saberlo del todo, estos últimos, que piensan así, están de algún modo en lo cierto. Quienes han leído el *Quijote*, e incluso los que tan sólo tienen algunas referencias vagas de los episodios más famosos de esta obra, saben que el principio disparador de la gran novela de Miguel de Cervantes es la locura de su protagonista a consecuencia de la lectura voraz de libros de caballería. Desde el primer capítulo ("Que trata de la condición y ejercicio del famoso y valiente hidalgo don Quijote de la Mancha"), el autor nos anuncia a propósito de su personaje que se enfrascó de tal modo en la lectura

> que se le pasaban las noches leyendo de claro en claro, y los días de turbio en turbio; y así, del poco dormir y del mucho leer se le secó el celebro de manera que vino a perder el juicio. Llenósele la fantasía de todo aquello que leía en los libros, así de encantamentos como de pendencias, batallas, desafíos, heridas, requiebros, amores, tormentas y disparates imposibles; y asentósele de tal modo en la imaginación que era verdad toda aquella máquina de aquellas soñadas invenciones que leía, que para él no había otra historia más cierta en el mundo.

En uno de sus espléndidos ensayos ("Bibliofarmacia: riesgos y prevención en la ingestión de libros") del no menos espléndido volumen *La experiencia de la lectura: estudios sobre literatura y formación*, el gran lector e investigador español Jorge Larrosa nos avisa que

> la idea de que la palabra tiene efectos en las personas está implícita en el empleo de fórmulas verbales de intención maligna o terapéutica presente en gran parte de las culturas "primitivas". En lo que aun reconocemos como el origen de Occidente, en la tradición homérica, se recogen prácticas, seguramente mucho más antiguas, en las que se utilizan ensalmos o conjuros de efectos curativos que oscilan entre la magia y la plegaria.

Precisa este autor que en algunos casos, los efectos de la palabra no son el resultado de sus virtudes mágicas o de su capacidad para hacer intervenir favorablemente a las fuerzas divinas, sino que dependen más bien y únicamente "del modo como actúan por sí mismas, por su propia significación anímica, 'encantando' el ánimo del enfermo de una manera análoga a como las drogas actúan sobre su cuerpo.

Cervantes y Larrosa saben de lo que hablan, como no suelen saberlo muchas personas que creen que leer libros es un acto inocuo. Volviendo al *Quijote*, Cervantes mismo nos presenta al protagonista de la novela como presa de los encantamientos de los poderes malignos que pretenden hacerlo quedar mal, confundiéndolo o tratando de confundirlo a fin de que no perciba (como no lo percibe en un principio Sancho, el no lector) que detrás de la realidad se oculta algo distinto. Porque ha leído, don Quijote no se deja engañar por los encantadores y sabe (como no lo pueden saber ni su escudero ni la gente con la que se topan en su camino) que los molinos de viento son en realidad gigantes, que los rebaños de ovejas son ejércitos y que una bacía de barbero es realmente el yelmo de oro de Mambrino. Así, en el muy famoso episodio de los molinos de viento, cuando Sancho acude a socorrer a su señor que no se puede mover debido al golpe de aspa que lo ha dejado maltrecho, le reprocha el que no se hubiese fijado bien en lo que hacía y que no hubiera atendido su aviso de que aquellos no eran gigantes sino simples molinos de viento. A lo cual, don Quijote responde: "Calla, amigo Sancho, que las cosas de la guerra más que otras están sujetas a continua mudanza; cuanto más, que yo pienso, y así es verdad, que aquel sabio Frestón que me robó el aposento y los libros ha vuelto estos gigantes en molinos, por quitarme la gloria de su vencimiento".

La lectura puede modificar, sin duda, la percepción de quienes la consumen. El escritor mexicano Carlos Fuentes lo sabe también. En su libro *Cervantes o la crítica de la lectura*, nos recuerda que

> don Quijote viene de la lectura y a ella va: don Quijote es el embajador de la lectura. Y para él, no es la realidad la que se cruza entre sus empresas y la verdad: son los encantadores que conoce por sus lecturas. [...] Nacido de la lectura, don Quijote, cada vez que fracasa, se refugia en la lectura. Y refugiado en la lectura, seguirá viendo ejércitos donde sólo hay ovejas sin perder la razón de su lectura.

Sólo al final, "la realidad le roba su imaginación". Para Cervantes y para don Quijote, "no hay cosa segura en esta vida". Esto lo pueden concluir porque la lectura los ha hecho mirar la realidad de otra manera. En el *Los trabajos de Persiles Sigismunda*, Cervantes no tiene duda al afirmar que "las lecciones de los libros muchas veces hacen más cierta la esperiencia de las cosas, que no la tienen los mismos que las han visto, a causa que el que lee con atención, repara una y muchas veces en lo que va leyendo, y el que mira sin ella, no repara en nada".

Como una poderosa droga, la lectura, cuando cala en lo profundo de la experiencia humana nos da, en efecto y como lo ilustra el inolvidable personaje de Cervantes, la capacidad de mirar más imaginativa, más fabulosamente, la prosaica realidad.

No olvidemos, sin embargo, que hay múltiples razones para leer un libro y sólo una para dejar de hacerlo: el hastío. Cuando, a pesar del hastío, uno sigue leyendo, o es muy disciplinado o desconoce la pasión. A veces ambas cosas, sumándose a ellas el exigente deber que no admite excusas ni preferencias individuales.

Entre los lectores que uno puede conocer, abundan los que se asombran de que se pueda dejar un libro a la mitad porque nos fue imposible entablar una relación apasionada con él. Sin embargo, tengo la sospecha de que entre esos muchos lectores que se asombran de esto, hay bastantes que son insinceros. Admito que sólo es una sospecha, pero mi hipótesis es que les da pena intelectual confesar que hay libros que les aburren mortalmente y que en realidad nunca terminan de leer. No lo confiesan porque admitirlo sería como una vergüenza intelectual, una derrota de la inteligencia que no están dispuestos a revelar.

Pierre Bayard, en cambio, es más terminante al respecto. En su libro *Cómo hablar de los libros que no se han leído*, afirma que el sistema coactivo de obligaciones y prohibiciones en nuestra sociedad "tiene como consecuencia haber suscitado una hipocresía generalizada sobre los libros efectivamente leídos". La tesis, que no hipótesis, de Bayard es que una enorme cantidad de personas miente en relación con los libros que, presuntamente, ha leído. Henry Hitchings, por su parte, suscribe las afirmaciones de Bayard y va más allá. En su libro *Saber de libros sin leer* (que se inspira en el del escritor francés), asegura que, entre los lectores, los mentirosos son legión, pues "la gente suele ser poco sincera en lo que respecta a sus hábitos de lectura". Añade que, como se está entre mentirosos, todos hablan el mismo idioma, y quien afirma haber leído libros como *Anatomía de la melancolía*, de Robert Burton; *Finnegan's Wake*, de James Joyce; *El hombre sin atributos*, de Robert Musil, o *En busca del tiempo perdido*, de Marcel Proust, sabe de antemano que, la mayoría de sus interlocutores, tampoco los ha leído realmente aunque, en el corrillo, todo el mundo hable de ellos con mucha propiedad y sapiencia.

Hitchings, graduado en letras por las universidades de Oxford y Londres, y crítico habitual de literatura en periódicos como *The Guardian* y *Financial Times*, refiere, divertido: "Cuando confieso en público no haber acabado un libro, o haberlo hojeado por encima, me llevo miradas de espanto. Yo sí que suelo terminar los libros, pero me niego a que me retenga algo que no me resulta gratificante". Y, para que se comprenda su aserto, nos deja la siguiente anécdota: "Cuando a Ezra Pound, un poeta cuyas obras no podrían definirse precisamente como sencillas, le preguntaron qué opinaba de *Finnegan's Wake*, sugirió que la única justificación para leerlo sería que ese acto sirviera para curar una enfermedad venérea".

Cuando se han leído muchos libros (y "muchos libros" quiere decir doce, quince o veinte al año), se acaba conociendo muchísimos otros por referencia, y el orgullo intelectual lleva a bastantes lectores a decir, y a creer, que ya leyeron, por ejemplo, la Biblia, el Corán o *Las mil y una noches*, sólo por mencionar tres, aunque apenas los conozcan fragmentariamente y muy de paso. El lector acomplejado arriesga su prestigio si reconoce que no ha leído una determinada obra maestra que, se supone, nadie debería ignorar.

Hace algún tiempo supe de alguien que afirmaba haber leído, íntegro, *El capital*, y hay quienes creen que han leído la *Ilíada* y la *Odisea*, la *Divina comedia*, y el *Ulises* de Joyce, a pesar de las dudas que suscita esa creencia optimista si juzgamos el comportamiento intelectual y emotivo de dichos "lectores". Los que leen realmente se delatan como lectores, de la misma forma que se delatan los falsos lectores. Por su comportamiento y por su actitud. Leer es esa acción que modifica, siempre, a las personas, incluso cuando las vuelve pedantes o insufribles. En el mejor de los casos las torna más humanas. Dígase lo que se diga sobre la lectura, Rousseau siempre tendrá razón cuando sentencia: "No puedo imaginar qué clase de bondad puede tener un libro si es incapaz de hacer buenos a sus lectores".

A veces, mientras más libros acumulamos, por el solo hecho de acumularlos, menos cultos somos; a diferencia de los que leen no por cultura aditiva (y adictiva), sino por plena satisfacción espiritual más que bibliográfica. Un lector no se mide por la cantidad de libros leídos, y además de no estar hecho de sacrificios o de imposiciones sacrificadas, no vive acomplejado porque otros han leído más libros que él. Gabriel Zaid lo ha dicho con perfecto razonamiento: "La superioridad de unas culturas sobre otras o de unos medios culturales sobre otros, cuando existe, está en la animación, en el nivel de vida resultante, que se puede apreciar, aunque escapa a las estadísticas. No está en las credenciales, ni en las estadísticas". Dicho de otro modo y con perfecta síntesis irrebatible: "la medida de la lectura no debe ser el número de libros leídos, sino el estado en que nos dejan".

En cierta ocasión, durante una conversación, una persona sorprendió a todos los parroquianos al afirmar que nunca había terminado el *Ulises* porque le había parecido aburrido. Y lo dijo sin sentirse desdichada. Los lectores acomplejados jamás confesarían una cosa así. ¿Aburrido el *Ulises*? ¡Horror! Quien esto afirme debe estar cerrado de la mente y obstruido de la sensibilidad. Confesar algo así es un pecado de lesa cultura. Los que se escandalizan miran con reprobación al sincero, como miraría una persona beata a un hereje o a un incrédulo. La cultura lectora así entendida engendra sus beaterías y sus puritanismos. Y cuando se ha caído en este dogma culto, ni siquiera la advertencia sincera y sensata de Daniel Pennac consigue iluminar al dogmático:

Un buen día *simpatizamos* con la obra de Borges que hasta entonces nos mantenía a distancia, pero permanecemos toda nuestra vida extraños a la de Musil… Entonces tenemos dos opciones: o pensar que es culpa nuestra, que nos falta una casilla, que albergamos una parte irreductible de estupidez, o hurgar del lado de la noción muy controvertida de *gusto* e intentar establecer el mapa de los nuestros. Es prudente recomendar a nuestros hijos esta segunda solución. Y más aún cuando puede ofrecer un placer excepcional: releer entendiendo al fin *por qué* no nos gusta. Y otro placer excepcional: escuchar sin emoción al pedante de turno berrearnos al oído: "Pero ¿cóooooomo es posible que no le guste Stendhaaaaaal?". Es posible.

Por lo demás, en cuestión de estadísticas, que tanto preocupan a los especialistas académicos de la lectura, valdría la pena preguntarse cuántos libros puede leer realmente, en una vida plena y activa de lectura, un lector asiduo y a la vez gozoso. Por ejemplo: ¿cuantos libros leyó Alfonso Reyes? Si tomamos en cuenta que escribió muchísimo, ello quiere decir que no todo el tiempo estuvo leyendo o que, más bien, leía para alimentar su escritura, pero ello implicó forzosamente tener una dieta selectiva. Siendo un autor clásico, apasionado de los clásicos, Alfonso Reyes leyó lo esencial. Esencial, por otra parte, para él. Lo que quiso y disfrutó leer, no lo que la moda o la publicidad afirmaban que *había que leer*. Como dijera José M. Tola, en el estudio preliminar de su admirable edición del *Tao te King*, "cada hombre sólo puede aprender lo que desea saber: nada más".

Cuando se habla de estadísticas de lectura y se llega a conclusiones abstractas, es pertinente insistir en la pregunta: ¿cuantos libros leyó Alfonso Reyes? Sabemos que fue un lector precoz y constante, pero aun la precocidad y la constancia tienen sus límites.

Reyes confiesa que, con el deseo de comprender las estampas, leyó, "a una edad inverosímil", la *Divina comedia*, en la famosa traducción de Cheste; asimismo, el *Quijote*, ilustrado por Doré, "en una edición tan enorme —acota— que me sentaba yo encima del libro para alcanzar los primeros renglones de cada página".

¿Exageraba Reyes? Por mucho que exagerase, esa edad inverosímil de la que habla, al referirse a sus inicios de lector, con toda seguridad no rebasaba los seis o los siete años. Si tomamos en cuenta que Reyes nació en 1889 y murió en 1959, restando los primeros años de la infancia y los últimos de la vejez, su vida activa como gran lector fue de aproximadamente sesenta años. Y si a alguien, en cualquier tiempo y en cualquier idioma podríamos denominar "gran lector", ese es sin duda Alfonso Reyes. Pero, además de gran lector, Reyes fue también un gran escritor; esto es, escribió en calidad y en cantidad una obra que muy pocos podrían alcanzar no ya digamos en seis décadas, sino ni siquiera en diez.

Dicho todo lo anterior, la inquietud inicial vuelve a presentarse en forma de interrogante aunque ahora con una leve pero decisiva modificación: ¿cuántos libros leyó *el gran lector* Alfonso Reyes? Si hubiese podido leer, en el promedio más optimista, un libro por semana, al término de un año sumaría cincuenta y dos títulos, y al final de toda su vida, tres mil ciento veinte. Pero es prudente suponer que fueron menos, pues tal vez hubo algunas semanas en las que leyó más de un libro (quizá dos), pero algunas otras en las que no leyó ninguno. (Nos referimos, por supuesto, a libros completos.) La escritura, los placeres artísticos y culinarios y los deberes diplomáticos y domésticos algo tuvieron que distraer al gran lector.

Si en lugar de cincuenta y dos títulos al año, pusiéramos hipotéticamente la cifra más conservadoramente razonable de cuarenta y cinco, restaríamos algunos cientos y tendríamos que el número total de volúmenes de toda una vida de lectura, a lo largo de seis décadas, sería de dos mil setecientos, que sigue siendo una enorme biblioteca, como alimento extraordinario de un gran lector.

Estos dos mil setecientos títulos, ya de suyo muchísimos, pueden sufrir una reducción adicional si consideramos que algunos de ellos se repetirían en la relectura, pues, entre los lectores asiduos y experimentados, como lo fue Reyes, un ejercicio tan pleno como el de leer por vez primera un libro, lo es el de leerlo más de una vez, es decir, el placer de la relectura. Si a lo largo de sus sesenta años de lector, Reyes releyó unos quinientos títulos, la cifra total de sus lecturas podría quedar en algo así como dos mil doscientos libros, aunque sin duda, como todo lector ávido y experimentado, ojeó y consultó fragmentariamente algunos cientos más. No son pocos, pero hay que tomar en cuenta que constituyen el proyecto de lectura cabalmente realizado a lo largo de toda una vida.

En su ensayo "Constelaciones de libros", Gabriel Zaid señala:

> Un lector que lee atentamente, reflexiona, habla animadamente con otros lectores, recuerda, relee, puede volverse amigo de un millar de libros a lo largo de su vida. Un lector prodigio o un lector profesional, que maneja y consulta libros con propósitos concretos, puede leer varias veces más, pero no mucho más.

¿Qué queremos enfatizar con todo esto? Que hasta los más grandes lectores apenas si pueden leer, realmente, lo que se considera el canon universal de las letras y algunas pocas cosas fundamentales o imprescindibles de otras materias: psicología, filosofía, lingüística, historia, religiones, antropología, política, ciencia, etcétera. Y que una prolongada vida de lectura, como la del precoz y constante Alfonso

Reyes, por más que incluya sus dosis de disciplina, tiene que regirse por la feliz inclinación, por el gusto y, con ello, por la discriminación, por la selección. Puesto que no podemos leerlo todo, muy buena elección será leer, y releer, sólo aquello que nos gusta y que, sin lugar a dudas, nos enriquece el espíritu.

Leer puede convertirse, sin duda, en una pasión adictiva a prueba de todo. Sin embargo, hasta para los más grandes lectores, como lo fue Reyes, leer libros exige de disposición y, no menos necesariamente, de dosificación. ¿Puede alguien imaginar a Alfonso Reyes harto de los libros? Quien no lo pueda imaginar, debe leer la breve nota que en 1949 le envía a Jorge Luis Borges, con motivo de la lectura de *El Aleph*. Le dice: "Estoy deleitado con *El Aleph*. Acaso por culpa de mis obligaciones didácticas, me siento harto de los libros. Usted me reconcilia con las letras".

Cuando la lectura se vuelve hastío, no hay índice estadístico que nos salve, por más que cumplamos con entera destreza el ejercicio de leer. La práctica acumulativa de lecturas, impulsada por el deber disciplinario, nos puede llevar al conocimiento de ciertas cosas pero no necesariamente a la alegría de saber y emocionarnos. Si no podemos ser Alfonso Reyes, bien podríamos estar satisfechos con ser los lectores de Alfonso Reyes y de algunos otros autores y otros libros, leídos con la certeza de que alguna puerta han abierto en nuestro entendimiento y en nuestro corazón. ¿Para qué pedirle algo más que esto a la lectura?

Al reflexionar en esto, tal vez debamos advertir que hay falsos mecanismos en la promoción de la lectura que a simple vista parecen no sólo verdaderos sino muy dignos de aplauso. Por ejemplo, dar premios a quienes hayan leído

—y puedan comprobar que han leído— más libros que otros lectores. Parafraseando al Gabriel Zaid del espléndido ensayo "Organizados para no leer", en un caso así, lo que importa es el premio, no la lectura: el libro es nada más un pretexto; lo importante es lo que te dan a cambio de leerlo.

Cuando se pierde de vista, así, que lo fundamental de leer reside en el hecho de que quien lo hace lo considera en sí mismo importante, el libro se deslegitima y la práctica de lectura se convierte en una tarea para alcanzar únicamente un fin práctico y, muchas veces, una ordinaria utilidad, un vulgar provecho. La recompensa de la lectura está en la lectura misma, y no en las retribuciones de otra naturaleza que sólo sirven para condicionar otro tipo de beneficio.

El que lee libros pensando en ganar una competencia que, a su vez, le dará una gratificación que no sea la satisfacción misma de disfrutar el libro en cuestión, cae en la trampa de no saber que el sobreprecio, que el plus de leer no está en la compensación externa al libro sino en el hecho mismo de tener la experiencia de leer y gozar un libro.

Por eso son tan absurdos, fallidos y equívocos estos mecanismos que se presentan como magníficas estrategias para conseguir que los niños y los jóvenes lean. Los que van a un estadio de futbol a presenciar el partido de su equipo favorito, no piensan ni por un momento que deben obtener otra ganancia que no sea ver jugar y ganar a su equipo. El plus, para ellos, sería que su equipo goleara. Y aunque se hagan sorteos entre los aficionados que asisten al estadio con boleto pagado para tener derecho a algún premio en efectivo o en especie (cien mil pesos, un viaje, un automóvil, etcétera), es seguro que los verdaderos aficionados al futbol no van tanto al estadio por esa promesa sino por el futbol mismo. Aun si no sortearan o no regalaran absolutamente nada, seguirían comprando su boleto (como de hecho lo hacen) para ir al estadio cada vez que juega su equipo. En esto consiste el auténtico interés por algo, en este caso por el futbol.

Los que consideran que deben darse "alicientes" para que los niños y los muchachos lean más libros, argumentan que entretenimientos como el futbol le ganan la partida a la lectura y tienen infinitamente muchos más aficionados porque gozan de enorme publicidad, pero esto no es cierto. La razón para que el futbol tenga infinitamente más aficionados que la lectura no reside sólo en la enorme publicidad, sino en el auténtico interés masivo por el futbol. Cosa muy distinta es decir que los estadios, la televisión y los vendedores de cerveza, refrescos, comida, banderines, cornetas, playeras, etcétera, aprovechan este enorme interés de los aficionados al futbol para sacar ganancias y, además de todo o en consecuencia, alimentar, fortalecer y preservar dicho interés y dicho público para que, también, el negocio no se termine.

Leer libros y acumular un determinado número de lecturas con la promesa de alcanzar una retribución que no sea la satisfacción misma de leer, no producirá jamás auténticos lectores, sino practicantes de la lectura interesados más en la recompensa ajena al libro que en el placer mismo de leer. Los que van a los estadios de futbol viven cada partido como si fuera el último que verán, aunque por supuesto guarden la esperanza y el deseo de ver futbol toda su vida, pero no presumen por la cantidad de partidos que han visto sino que les satisface o les frustra cada uno de esos partidos, según haya ganado o perdido su equipo, según hayan obtenido, a su parecer, buen o mal futbol.

Esto lo saben desde luego aquellos lectores que son a la vez aficionados al futbol, mismos que no cambian una cosa por otra: es decir, que leen, porque les gusta leer, aquellos libros que no cambiarían por un partido de futbol, y asisten al estadio o ven por la televisión el partido que no cambiarían, en ese momento al menos, por la lectura de ningún libro, así sea aquel que está reputado como el mejor.

Habrá que reiterarlo: las recompensas de la lectura están en la lectura misma. Y aunque todos los libros sean un medio y nunca un fin, lo mejor que nos dan los libros no tiene que ver con la acumulación de lecturas sino con el gozo de leer (y, en consecuencia, de sentir y saber), ese gozo, esa locura, que no puede sustituir ninguna otra actividad.

Sabemos que hay lectores, los conocemos, los vemos a diario (aunque no sean legión). Lo que generalmente no conocemos son los caminos que puede seguir cada lector, para llegar a ser uno entre los muchos tipos de lectores posibles, y de qué modo se produce la lectura en condiciones que rara vez son iguales. Por eso hemos ideado este libro. Para saber algo de ciertos lectores que nos pueda servir como un apoyo a la didáctica y a la pedagogía de la lectura.

Si después de haber leído estas dieciséis historias de vidas lectoras quedamos convencidos de que siempre será posible contagiar lectores, entonces la publicación de este libro no habrá sido en vano.

ÍNDICE ONOMÁSTICO

Los 120 días de Sodoma (Marqués de Sade): 233

Los crímenes del amor (Marqués de Sade): 233

Los demasiados libros (G. Zaid): 40-41, 61, 98, 134, 161, 213, 270, 335-336, 397, 412, 420

Los elixires del diablo (E. T. A. Hoffman): 235, 241

Los hijos del capitán Grant (J. Verne): 363

Los jardines de luz (A. Maalouf): 239

Los muros de agua (J. Revueltas): 241

"Los Niños Mártires de Chapultepec" (A. Nervo): 32

Los orígenes de la familia, la propiedad privada y el Estado (F. Engels): 239

Los orígenes y fundamentos del cristianismo (K. Kautsky): 239

Los Panuchos (Rius): 405

Los papeles póstumos del Club Pickwick (Ch. Dickens): 350

Los Pardaillan (M. Zévaco): 362

Los rituales del caos (C. Monsiváis): 347, 349

Los siete pecados capitales del pequeño burgués (B. Brecht): 248

Los siete secretos, historieta: 205

Los superlocos, historieta: 390, 408

Los supermachos, historieta: 390, 410

Los supersabios (y Yanko), historieta: 30

Los tigres de Mompracem (E. Salgari): 363

Los trabajos de Persiles y Sigismunda (M. de Cervantes): 424

Los tres mosqueteros (A. Dumas): 29

Los viajes de Gulliver (J. Swift): 64

Lowry, Malcolm: 241, 243

Luca de Tena, Torcuato: 325

Lugones, Leopoldo: 26, 30, 33

Luz externa (J. Agustín): 223

Luz interna (J. Agustín): 223

Luz y luna, las lunitas (E. Poniatowska): 383

Lynch, Benito: 29

Maalouf, Amin: 239

Macbeth (W. Shakespeare): 262

Machado, Antonio: 152, 257

Mad, revista: 232, 390

Madame Bovary (G. Flaubert): 103, 234, 241, 270

Maeyer, Gregie de: 328

Mahabharata: 245

Mahler, Gustav: 235

Mallarmé, Stéphane: 235

Mallorquí, José: 324

Manara, Milo: 232

Mancisidor, José: 175

Manifiesto comunista (K. Marx y F. Engels): 239

Manson, Marilyn: 271

Mansilla, Lucio V.: 350

Manual del perfecto ateo (Rius): 405

Mañana, revista: 155

Maquiavelo, Nicolás: 98

María (J. Isaacs): 28

Marianela (B. Pérez Galdós): 262

Maritain, Jacques: 391

Marlowe, Philip: 241

Martí, José: 32, 36

Martín, Andreu: 308

Martín Gaite, Carmen: 264

Martín Vigil, José Luis: 325

Martínez, José Luis: 81-82, 350

Martínez, Rosa María: 175

Martínez Cano, Sergio: 233

Marx, Karl: 41, 61-62, 99, 134-135, 161-162, 184, 213, 239, 254, 270-271, 337, 398-399, 410, 413

Torre, Gerardo de la: 230
Torres Bodet, Jaime: 356
Tovar, Juan: 246
Tragicomedia mexicana (J. Agustín):
    223, 249
Trampa 22 (J. Heller): 241
Tres tristes tigres (G. Cabrera Infan-
    te): 38
Trinidad, Victorino: 29
Tropa vieja (F. L. Urquizo): 29
Trotski, León: 95
Truffaut, François: 242
Truman, Harry S.: 196, 338, 399
Turner, John Kenneth: 175
Turpin, Dick: 70
Twain, Mark: 231, 262

Ubik (P. K. Dick): 241
Ulises (J. Joyce): 242, 246, 334,
    426-427
Umbral, Francisco: 284
"Un ejemplo de belleza" (F. Hi-
    nojosa): 204
Un experimento con el tiempo (J. W.
    Dune): 237
Un hombre de mar (R. Castro): 48
Un paseo por el universo (J. Fierro,
    E. Burgos y S. Arau): 120
Un tipo de cuidado (F. Hinojosa):
    203
Una excursión a los indios ranqueles
    (L. V. Mansilla): 350
Una idea de las ciencias sociales (F.
    Escalante Gonzalbo): 86, 89
Una infancia en el país de los libros
    (M. Petit): 372
Una semana en Lugano
    (F. Hinojosa): 203
Unamuno, Miguel de: 286,
    301, 305
Uno no sabe (M. Lavín): 256
Urquizo, Francisco L.: 29

Valadés, Edmundo: 29
Valdés, Zoe: 415
Valéry, Paul: 243, 247
Valle-Inclán, Ramón María del:
    88, 96
Vallejo, César: 68, 284
Vallejo, Fernando: 18, 415
Vanmechelen, Koen: 328
Vargas, Gabriel: 390, 406, 408
Vargas Llosa, Mario: 284, 289,
    304, 309, 325, 415
Vargas Vila, José María: 28, 234
Vasconcelos, José: 194, 356
Vea, revista: 409
Vedas: 245
Vega, Garcilaso de la: 307
Vega, Lope de: 92, 309
Veinte mil leguas de viaje submarino
    (J. Verne): 363
*Veinte poemas de amor y una canción
    desesperada* (P. Neruda):
    305, 307
Velázquez, Diego: 235
Venus de las pieles (L. Sacher-
    Masoch): 233
Vera Hidalgo, Manuel: 319
Verlaine, Paul: 228
Vermeer, Johannes: 234
Verne, Julio: 50, 147, 177, 231,
    265, 274, 362-363, 388, 407
Viaje al centro de la Tierra (J. Verne):
    177, 265, 274, 363
Vida con mi viuda (J. Agustín): 223
Vidas ejemplares, historieta: 31
Viento del este, viento del oeste (P. S.
    Buck): 335
"Vientos" (H. E. Paniagua): 29
Villarreal Cueva, Rogelio: 22
Villarrubia, Andrea: 318
Villaurrutia, Xavier: 71, 74, 77
Villegas Borbolla, Óscar: 252
Villon, François: 247, 372
Villoro, Juan: 224, 250

Esta obra se imprimió y
encuadernó en el mes de septiembre
de 2014, en los talleres de
Litográfica Ingramex, S.A. de C.V.,
en la ciudad de México.